LA VILLE INCLUSIVE

LA VILLE INCLUSIVE
Dans les pas de Caroline Andrew

Sous la direction de Guy Chiasson et d'Anne Gilbert

Les Presses de l'Université d'Ottawa

2022

University of Ottawa **Press**
Les **Presses** de l'Université d'Ottawa

Les Presses de l'Université d'Ottawa (PUO) sont fières d'être la plus ancienne maison d'édition universitaire francophone au Canada et le plus ancien éditeur universitaire bilingue en Amérique du Nord. Depuis 1936, les PUO enrichissent la vie intellectuelle et culturelle en publiant, en français ou en anglais, des livres évalués par les pairs et primés dans le domaine des arts et lettres et des sciences sociales.

www.presses.uOttawa.ca

Catalogage avant publication de Bibliothèque et Archives Canada et Bibliothèque et Archives nationales du Québec
Titre : La ville inclusive : dans les pas de Caroline Andrew /
    sous la direction de Guy Chiasson et Anne Gilbert.
Noms : Chiasson, Guy, 1971- éditeur intellectuel. | Gilbert, Anne, 1954- éditeur intellectuel. |
    Andrew, Caroline, 1942- agent honoré.
Description : Mention de collection : PPP | Comprend des références bibliographiques.
Identifiants : Canadiana (livre imprimé) 20220199612 | Canadiana (livre numérique) 20220199779 |
    ISBN 9782760337725 (couverture rigide) |
    ISBN 9782760337718 (couverture souple) |
    ISBN 9782760337732 (PDF) |
    ISBN 9782760337749 (EPUB)
Vedettes-matière : RVM : Vie urbaine—Canada. | RVM : Intégration sociale—Canada. | RVM :
    Sociologie
urbaine—Canada. | RVM : Politique urbaine—Canada. | RVMGF : Mélanges (Recueils)
Classification : LCC HT127 .V53 2022 | CDD 307.760971—dc23

Dépôt légal : Quatrième trimestre 2022
Bibliothèque et Archives Canada
Bibliothèque et Archives nationales du Québec
© Les Presses de l'Université d'Ottawa 2022
Tous droits réservés

Imprimé au Canada

Équipe de la production

Révision linguistique	Catherine Bouchard (Traductions Laurentiennes)
Correction d'épreuves	Agathe Rhéaume
Mise en page	Édiscript enr.
Maquette de couverture	Lefrançois, agence marketing B2B

Image de la couverture

Pierre Huot, *Un froid glacial (Basse-Ville)*, Ottawa, huile sur panneau, 30,48 cm × 40,64 cm (12 po × 16 po).

Ce livre a été publié grâce au soutien financier du Centre d'études en gouvernance de l'Université d'Ottawa et de l'Université du Québec en Outaouais.

Les Presses de l'Université d'Ottawa sont reconnaissantes du soutien qu'apportent, à leur programme d'édition, le gouvernement du Canada, le Conseil des arts du Canada, le Conseil des arts de l'Ontario, Ontario créatif, la Fédération canadienne des sciences humaines par l'entremise du programme Prix d'auteurs pour l'édition savante et l'entremise du Conseil de recherches en sciences humaines, et surtout, l'Université d'Ottawa.

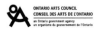

uOttawa

Table des matières

Liste des tableaux et des figures

Préface

J'espère que vous partagerez l'intérêt et le plaisir que j'ai eus à découvrir le parcours intellectuel exceptionnel de Caroline Andrew tel qu'il est présenté dans cet ouvrage. Au fil des chapitres, vous verrez apparaître les différentes facettes de l'importante contribution faite par cette « grande » professeure. Qu'on l'attribue aux nombreux étudiants qu'elle a formés, mais aussi accompagnés, encouragés et guidés, ou encore aux thèmes de recherche qu'elle a abordés, son influence professionnelle et intellectuelle dans les domaines de la science politique et des sciences sociales en général est à la fois considérable et durable. Cette influence, d'ailleurs, déborde l'objet de ses recherches : bien qu'elle soit avant tout une spécialiste des questions urbaines, ses travaux sur des questions aussi variées que la gouvernance, l'égalité des chances et l'inclusion représentent un apport indéniable à diverses disciplines.

Si elle s'est imposée comme une grande chercheuse en sciences sociales, c'est en partie parce qu'elle a su mettre ses connaissances et ses compétences au service des autres. On pense souvent que le travail des chercheurs se limite à participer à la découverte de nouvelles connaissances scientifiques ; qu'ils ne travaillent que de façon isolée, entourés seulement de leurs pairs et de leurs étudiants (dans leur tour d'ivoire, disent même certains), et qu'ils s'intéressent à des thèmes hautement théoriques et abstraits. Il serait toutefois erroné de croire que le travail de scientifique doive concerner seulement la recherche de pointe. Il concerne aussi – et avant toute chose, dans le cas de Caroline – l'application des connaissances scientifiques à la recherche de solutions aux divers enjeux qui confrontent nos sociétés. Par ailleurs, les résultats de cette recherche doivent être diffusés et expliqués. Le financement des activités de recherche n'a de sens que si les connaissances nouvellement acquises peuvent ensuite être utilisées dans le but d'améliorer le monde dans lequel nous vivons. C'est exactement le message que nous envoie Caroline. Grâce aux liens qu'elle a su tisser tout au long de sa carrière avec les milieux communautaires, que ce soit pour la défense des droits des femmes, l'aide aux nouveaux arrivants, le soutien aux jeunes ou encore l'appui aux victimes de violences sexuelles, elle a démontré que la participation active des chercheurs à la résolution de problèmes fait partie intégrante de la mission de l'université.

L'influence de Caroline tient aussi pour une large part au fait qu'elle a arrimé ses recherches aux deux grandes traditions universitaires française et anglaise, qu'elle a elle-même enrichies par ses nombreuses contributions. Elle est une excellente ambassadrice de la promotion de la dualité linguistique au Canada. Il est dommage qu'un grand nombre d'intellectuels canadiens ne prennent pas au sérieux cette dimension. Dans une recherche publiée il y a quelques années, son collègue François Rocher démontrait, chiffres à l'appui, que les politologues anglophones du Canada ne citaient pas les travaux de leurs collègues francophones[1]. Ils auraient tout intérêt à s'inspirer du parcours de Caroline. Ils constateraient notamment que ses publications dans les deux langues et son engagement actif dans la défense de diverses causes ne l'ont pas empêchée d'obtenir des postes prestigieux dans la communauté scientifique. Bien au contraire, puisqu'elle a été, entre autres, présidente de l'Association canadienne de science politique, présidente de la Fédération canadienne des sciences humaines, présidente du 67ᵉ colloque de l'ACFAS et doyenne de la Faculté des sciences sociales de l'Université d'Ottawa.

Il est à espérer que le parcours de Caroline saura inspirer les chercheurs actuels et des prochaines générations. Cependant, pour pouvoir mener une carrière aussi riche que la sienne, ces chercheurs auront besoin de l'appui des établissements et organismes qui les

---

1.   Rocher, François, « The End of the "Two Solitudes"? The Presence (Or Absence) of the Work of French-Speaking Scholars in Canadian Politics », *Canadian Journal of Political Science/Revue canadienne de science politique.* vol. 40, nᵒ 4, 2007, p. 833-857.

embauchent et qui les financent. Malheureusement, on constate que le métier de professeur est devenu précaire. Les universités privilégient de plus en plus les postes d'enseignement à temps partiel qui n'offrent aucune sécurité d'emploi. Ces professeurs doivent consacrer l'essentiel de leur temps à des tâches liées à l'enseignement, au détriment de leurs propres activités de recherche. De plus, les fonds dédiés à la recherche scientifique sont de plus en plus rares. Il faut souhaiter que ceux qui façonnent l'avenir des universités par leurs décisions (nos administrateurs universitaires, nos gouvernements) s'adonneront tout comme vous à la lecture de cet ouvrage et qu'ils en tireront de précieux éclairages sur ce qu'est et devrait être la profession d'universitaire et sur le rôle des intellectuels dans la société.

Je vous souhaite à toutes et à tous une bonne lecture.

GENEVIÈVE TELLIER
Directrice de la collection
Politique et politiques publiques
des Presses de l'Université d'Ottawa
Collègue de Caroline Andrew
à l'École d'études politiques
de l'Université d'Ottawa

La ville inclusive :
dans les pas de Caroline Andrew

Guy Chiasson et Anne Gilbert

C e livre vise à célébrer la contribution de Caroline Andrew à
l'étude des villes. Caroline[1] a été professeure et chercheuse au
Département de sciences politiques[2] de l'Université d'Ottawa durant
un peu plus de quarante ans.

Née à Vancouver, elle fait ses études de premier cycle à l'Université de Colombie-Britannique, où elle obtient un baccalauréat
en sciences politiques en 1964. Par la suite, elle migre vers l'est du
Canada, à Québec, où elle fait une maîtrise à l'Université Laval sous
la direction de Vincent Lemieux. Elle soutiendra plus tard (1975) une
thèse de doctorat en sciences politiques sous la direction de Stefan
Dupré, à l'Université de Toronto. Au début des années 1970, elle est
embauchée au Département de sciences politiques de l'Université
d'Ottawa, où elle mènera l'ensemble de sa carrière. Son apport à l'Université revêtira diverses formes. Mentionnons sa participation active
au groupe de pionnières qui ont jeté les bases, dans les années 1970 et
1980, d'un programme d'enseignement en études des femmes. Après
avoir assuré la direction du Département de sciences politiques, elle

---

1.   Caroline Andrew a été directrice de thèse (pour Guy Chiasson) et collègue (pour
     Anne Gilbert). Nous avons collaboré avec elle à de nombreuses recherches et la
     côtoyons amicalement depuis les années 1990. Pour cette raison, il nous a semblé
     naturel de l'appeler par son prénom dans cette introduction.
2.   Le Département de sciences politiques de l'Université d'Ottawa est devenu
     l'École d'études politiques en 2003.

devient la doyenne de la Faculté des sciences sociales, poste qu'elle occupera pendant huit ans (1997-2005). Au cours de son décanat, elle donne l'impulsion pour la refonte du Département de sciences politiques en École d'études politiques qui intégrera le nouveau secteur des politiques publiques et de l'administration publique. Malgré sa retraite, elle continue d'être très active, notamment à titre de directrice du Centre d'études en gouvernance. En 2014, elle préside l'important Groupe de travail sur le respect et l'égalité, créé dans le contexte d'une discussion sur la culture du viol dans les collèges et les universités de l'Amérique du Nord[3].

Les premiers écrits de Caroline remontent au milieu des années 1970 et, comme en témoigne la liste de ses principales publications présentée au dernier chapitre du présent volume, sa production est restée tout à fait remarquable tout au long de sa carrière.

La contribution de Caroline Andrew aux études urbaines ne se limite cependant pas au fait qu'elle a été une auteure prolifique. Elle s'est démarquée au cours de sa carrière par sa capacité assez exceptionnelle à faire le pont entre ce que nous appellerons ici, faute de terme plus convenable, des « univers » différents. Nous retiendrons ici deux de ces ponts, où le travail de Caroline a favorisé des contributions croisées : 1) les univers de la recherche francophone et de la recherche anglophone, 2) les univers de la recherche universitaire et de l'action militante.

Saisir la ville à l'épreuve de la diversité linguistique

Que ce soit en termes d'enseignement, de recherche ou d'implication communautaire, Caroline a toujours été très présente dans les réseaux francophones et anglophones. Déjà, son choix de venir faire une maîtrise en sciences politiques à l'Université Laval après avoir grandi en Colombie-Britannique, où l'on peut présumer que la réalité francophone était très peu présente, traduit son intérêt particulier pour la francophonie canadienne. Son embauche comme professeure à l'Université d'Ottawa a sans doute contribué à accroître la place du français dans sa carrière. Pendant de nombreuses années, les cours du Département de sciences politiques, où elle enseignait, étaient

---

3. Université d'Ottawa, Rapport du Groupe de travail sur le respect et l'égalité : mettre fin à la violence sexuelle à l'Université d'Ottawa, [Fichier PDF], https://www.uottawa.ca/recteur/sites/www.uottawa.ca.president/files/rapport-du-groupe-de-travail-sur-le-respect-et-l-egalite.pdf.

offerts majoritairement en français. Le français a également occupé une place importante très tôt dans sa carrière de chercheuse. Ses premiers livres sont publiés en français et portent sur des milieux francophones tel l'Outaouais urbain, auquel elle consacre un premier ouvrage publié en 1976 (Andrew, Blais et DesRosiers, 1976), puis un second, publié en 1981 (Andrew, Bordeleau et Guimond, 1981). Les deux ouvrages mettent en évidence la restructuration urbaine causée par la construction des édifices fédéraux dans le centre-ville de Hull. Elle s'intéresse aussi à la grève contre Amoco Fabrics à Hawkesbury, petite ville francophone de l'est de l'Ontario (Andrew et coll., 1986). Si la thématique des classes ouvrières et leur place dans la ville est au cœur de ces publications, il est significatif que l'auteure ait choisi de travailler sur des lieux majoritairement francophones. Sa contribution un peu plus récente à *Histoire de l'Outaouais* (Gaffield, 1994), référence incontournable pour les chercheurs contemporains qui s'intéressent à cette région, confirme son statut de pionnière dans la petite communauté de chercheurs qui vouent leurs travaux aux territoires urbains de l'Outaouais.

L'intérêt de Caroline et sa préoccupation pour la francophonie se sont aussi manifestés dans ses recherches sur la ville d'Ottawa. Tôt dans sa carrière, elle s'engage dans l'étude du quartier de la Basse-Ville à Ottawa. À l'instar du centre-ville de Hull, ce quartier est alors engagé dans un processus de rénovation urbaine qui force l'évacuation d'une partie de ses habitants.

Tout comme son inscription dans le tissu urbain et la reconnaissance du français par l'administration municipale d'Ottawa, la francophonie d'Ottawa est restée une préoccupation importante dans les recherches de Caroline (voir notamment Cardinal, Andrew et Kérisit, 2001 et Andrew et Chiasson, 2012). La reconnaissance du français et des communautés francophones par la Ville d'Ottawa a d'ailleurs été une source d'engagement pour Caroline, qui a siégé au Comité consultatif sur les services en français de la Ville d'Ottawa, comité dont elle a assuré la co-présidence dans les années 2000. Ces engagements et ses recherches lui ont d'ailleurs valu le Prix de la francophonie de l'Ontario décerné par le ministère des Affaires francophones de la province en 2006.

Cette reconnaissance dans les réseaux francophones pourrait presque faire oublier la contribution de Caroline aux études urbaines anglophones. À l'Université de Toronto, elle a soutenu une thèse de doctorat portant sur la place des gouvernements locaux dans le

fédéralisme canadien. Ce questionnement sur un fédéralisme canadien qui reconnaît mal la place politique des villes la suivra tout au
long de sa carrière et donnera lieu à de nombreuses publications, la
plupart en anglais (Andrew, Graham et Phillips, 2002 ; Andrew, 2004).
À cela s'ajoutent des travaux plus spécifiques à Ottawa qui interrogent
sur la place (restreinte) du gouvernement local dans l'aménagement
de la région de la capitale nationale (Andrew, 2013). Ces travaux ins-
criront les recherches de Caroline dans un réseau de chercheurs internationaux sur les capitales qui échangent presque exclusivement en
anglais.

Il en va de même pour ses travaux de recherche sur l'inclusion
des femmes et des immigrants dans la ville, qu'elle a menés plus souvent en anglais qu'en français. Comme on pourrait s'y attendre de la
part de Caroline, elle a certes publié en français des travaux sur la réalité des femmes francophones à Ottawa, et notamment sur les femmes
francophones issues de l'immigration dans la région. Cependant,
sur ces deux thèmes, la plupart de ses recherches ont été publiées en
anglais, et leurs résultats ont été disséminés par le biais de réseaux de
chercheurs anglophones qui se spécialisent en études urbaines ou qui
s'intéressent à la place des femmes dans la ville.

En somme, si les recherches de Caroline Andrew ont manifestement traité de thématiques différentes en français et en anglais, elles
auront eu pour résultat de faire avancer la connaissance de la ville et
de sa gouvernance dans les deux langues.

La recherche à la rencontre de l'implication citoyenne

Depuis le début de sa carrière, Caroline Andrew entretient aussi une
autre préoccupation : faire le pont entre l'univers de la recherche et
celui de l'action militante. Ici encore, la ville a été son terrain de prédilection. Ses recherches et son implication sociale lui ont d'ailleurs valu
d'être nommée membre de l'Ordre du Canada en 2014. C'est d'abord
à l'échelle de son quartier qu'elle s'engage, alors qu'elle travaille étroitement avec le Centre de ressources communautaires de la Basse-Ville.
À l'échelle de la ville d'Ottawa, Caroline a notamment été très impli-
quée dans L'Initiative : une ville pour toutes les femmes (IVTF) lancée
en 2004 pour promouvoir la recherche sur les meilleures façons d'assurer la prise en considération systématique des préoccupations des
femmes d'origines variées lors de la prise de décisions. C'est à Caroline
qu'on doit l'existence de *L'Optique d'équité et d'inclusion*, guide publié

conjointement par l'IVTF et la Ville d'Ottawa et mis à jour à quelques reprises depuis sa publication initiale en 2010. Elle a également été active au sein du Partenariat local pour l'immigration d'Ottawa et du programme Avenir Jeunesse, important projet collaboratif entre la Ville d'Ottawa et des institutions d'enseignement postsecondaire visant à favoriser l'intégration des jeunes issus de l'immigration. Finalement, à une échelle plus internationale, Caroline a œuvré durant de nombreuses années auprès de l'organisme Femmes et Villes International, dont elle a assuré la présidence, qui vise à accroître la sécurité des femmes dans de nombreuses villes du monde.

On constatera facilement – et ce n'est pas un hasard – la proximité entre les problématiques que nous venons d'évoquer (sécurité des femmes, intégration des immigrants et des jeunes) et celles qui sont au cœur des travaux de recherche de Caroline. S'il est vrai que cette action a débouché sur des partenariats avec des institutions municipales, elle n'en demeure pas moins ancrée dans des dynamiques communautaires avec des personnes issues de groupes qui recherchent l'inclusion dans la ville. Pour le dire autrement, Caroline a toujours puisé de son action sociale une grande source d'inspiration pour ses recherches. Ces dernières visent d'ailleurs explicitement à produire des connaissances qui sont utiles pour l'action sociale dans la ville. Avec d'autres (Klodawsky, Siltanen et Andrew, 2017), elle a d'ailleurs proposé un terme pour nommer le type de recherche proche de l'action qu'elle a souvent et longtemps privilégiée, soit « la recherche critique engagée » (*critical praxis-oriented research*). Cette expression nous semble tout indiquée pour désigner le pont que Caroline a su maintenir au fil de sa carrière entre la recherche et l'action militante.

Ce que propose cet ouvrage

Le titre de « ville inclusive » donné à cet ouvrage en l'honneur de Caroline Andrew s'est largement imposé de lui-même. La ville inclusive renvoie en effet à au moins deux idées-forces qui sont omniprésentes dans l'œuvre de Caroline. Pour elle, la ville inclusive renvoie tout d'abord à l'**inclusion de la ville**. À titre d'exemple parmi d'autres, dans « The Shame of (Ignoring) the Cities » publié dans *Journal of Canadian Studies/Revue d'études canadiennes* (2001, voir aussi Andrew, 1999 et Andrew et Morrison, 2001), elle prend ses distances par rapport à la perspective canadienne voulant que les municipalités soient des « créatures des provinces » pour faire valoir la nécessité de reconnaître les villes comme des espaces politiques importants (et pas uniquement soumis aux gouvernements supérieurs) et faciliter cette fonction. Il s'agit de considérer la ville comme un « palier de gouvernement » à part entière, au même titre que les gouvernements provinciaux ou fédéraux. L'intérêt soutenu de Caroline pour les villes-capitales participe de cette même volonté, qu'elle a toujours manifestée, de faire de la ville un lieu de pouvoir sur l'échiquier politique au Canada (Andrew, 2013).

L'autre idée qui sert de fil conducteur à sa contribution est celle de l'**inclusion dans la ville**. Ici, elle se penche sur le rôle et l'influence de divers « groupes en quête d'équité » – terme particulièrement évocateur qu'elle met de l'avant (Andrew, 2007) – et sur les différentes stratégies qu'ont développées ces groupes pour se donner une voix dans la ville, pour s'assurer une place dans sa gouvernance. Ses premiers travaux ont porté sur les « bas-salariés » à Hull, sur les défis que représentait pour eux l'absence de logement abordable dans la ville (Andrew, 1976 ; 1981). Elle s'est ensuite intéressée aux femmes, leur consacrant vers la fin des années 1980 un livre fondateur (Andrew et Moore-Milroy, 1988) où figurent plusieurs des thèmes centraux de sa recherche : famille, travail, participation politique. L'introduction de ce collectif est on ne peut plus évocatrice de ses ambitions :

> Existing theories about urban structure make no allowance for the fact that women's and men's experiences of cities are different or that women's activities shape and are shaped by urban structure and processes [...] Eliminating women as a distinct category of urban actors leads to inaccurate descriptions, explanations, and prescriptions for our cities. (p. 1)

Cet ouvrage, et de nombreuses autres contributions qu'elle consacrera par la suite aux femmes dans la ville (Whitzman, Andrew et Viswanath, 2014 ; Andrew, 2008), font voir que c'est au croisement de ces différentes dimensions de la vie quotidienne que se construit le genre, à leur intersection, pour reprendre un terme qui s'est imposé depuis. Caroline Andrew était une grande visionnaire ! Plus récemment, elle a mené un éventail de projets de recherche sur les défis et les enjeux que rencontrent les immigrants dans la ville, depuis leur établissement jusqu'à l'accès au travail et aux mécanismes favorisant leur représentation politique. Femme d'action, Caroline s'est mobilisée activement pour trouver des manières inédites de favoriser leur pleine participation aux affaires de la Cité. Sa contribution à la compréhension de l'expérience de ces divers groupes en quête d'équité est unique.

Le sous-titre « dans les pas de Caroline Andrew » est également porteur de sens. Il se voulait une invitation à suivre les nombreuses pistes qu'elle a ouvertes dans le champ des connaissances. Les auteurs et auteures de ce volume, dont beaucoup ont travaillé étroitement avec Caroline à un moment ou à un autre de sa longue carrière et qui ont tous et toutes été profondément influencés par sa rencontre, ont accepté cette invitation de marcher à nouveau dans ses pas, tout en explorant dans bien des cas de nouvelles avenues. Et nous espérons que les lecteurs et lectrices de cet ouvrage accepteront à leur tour cette invitation.

Pour plusieurs d'entre nous qui avons côtoyé Caroline – étudiants et collègues, membres des multiples groupes avec lesquels elle a travaillé –, le sous-titre « dans les pas de Caroline Andrew » prend également un sens un peu plus littéral. La marche a toujours occupé une place importante dans la vie de Caroline, et en particulier dans sa façon de vivre la ville. Plusieurs se souviendront d'elle marchant (la plupart du temps au pas de course) sur le campus de l'Université d'Ottawa pour rejoindre une autre réunion dans un autre pavillon. Mais, plus que cela, durant sa vie professionnelle à Ottawa, Caroline a habité la Basse-Ville. Malgré une rénovation urbaine décrétée par les institutions municipales au tournant des années 1970 qui a fait de ce quartier central d'Ottawa un espace de transit vers la Colline parlementaire, la Basse-Ville reste un des rares secteurs de la capitale où la vie sans voiture est encore une possibilité bien réelle. Son choix d'habiter ce quartier francophone d'Ottawa, propice à la marche, reflète pleinement la façon dont elle conceptualise la ville inclusive.

Chez Caroline Andrew, comme nous l'avons souligné plus haut, la vie personnelle et la vie professionnelle s'entrecroisent. C'est ainsi que cette question de la mobilité urbaine, si chère à ses yeux, s'est invitée dans ses travaux (voir notamment Grant, Edwards, Sveistrup, Andrew et Egan, 2010). Ce n'est guère étonnant : les bas-salariés, les femmes et les immigrants, groupes qui ont été au cœur de ses recherches, sont particulièrement dépendants du transport en commun ou du « transport actif ». Si bien que lorsqu'elle voudra qu'ils prennent toute la place à laquelle ils aspirent dans la ville, elle se mobilisera pour que les villes délaissent le modèle d'après-guerre de l'étalement centré sur la voiture personnelle. La ville inclusive, c'est aussi, pour elle, une ville où les infrastructures (y compris les structures de prise de position) permettent à ceux qui n'ont pas ou ne veulent pas de voiture d'y vivre pleinement. C'est dans ce type de ville que Caroline Andrew a toujours voulu marcher et c'est ce type de ville qu'elle a défendu dans ses recherches tout comme dans son action militante.

Le contenu du livre

L'ouvrage compte 10 chapitres. Nous avons regroupé les huit premiers sous deux grandes rubriques qui correspondent aux deux grands axes de la recherche de Caroline que nous venons d'évoquer, soit les actions publiques et les pratiques sociales, les unes et les autres dans la perspective de la ville inclusive. Ensemble, ils fournissent une base de réflexion unique sur les conditions, tant géographiques et sociologiques que politiques, sur lesquelles repose la ville inclusive.

Les premiers chapitres de l'ouvrage traitent de l'action publique des municipalités. Ils s'inspirent des travaux de Caroline pour poser la question de la place des villes sur l'échiquier politique canadien. Considérant l'action des villes dans divers secteurs de la vie collective, ils nous livrent des analyses originales de la façon dont elles ont réussi à se donner un rôle beaucoup plus large que celui qu'on leur avait assigné jusqu'ici, en s'appuyant notamment sur la société civile. Ainsi, citant un article phare de Caroline sur « la honte d'ignorer les villes » (Andrew, 2000 ; notre traduction), Anne Mévellec et Nathalie Burlone s'interrogent sur l'affirmation des villes dans le paysage institutionnel canadien et québécois. Après avoir présenté les différentes réformes qui ont aidé les municipalités québécoises à évoluer vers un statut de gouvernement à part entière depuis les années 2000, elles illustrent comment la territorialisation de certains champs de pratiques provinciales leur a permis de s'imposer comme des acteurs incontournables dans divers secteurs. Elles en font la démonstration à l'aide de deux exemples, les politiques familiales et l'immigration. Aude-Claire Fourot met à contribution le dossier de l'immigration pour analyser le rôle des villes et, à travers elles, des réseaux de la société civile de la francophonie canadienne. Son texte porte sur l'ambiguïté qui subsiste dans divers modèles de gouvernance collaborative multiniveaux – ambiguïté quant au pouvoir de chacun des acteurs dans la prise de décision, aux objectifs de la collaboration, aux modalités de la redevabilité, entre autres – et qui, contre toute attente, donne d'excellents résultats. Jean-Sébastien Caron De Montigny et Guy Chiasson s'intéressent aussi à la gouvernance collaborative, par le biais cette fois d'une étude de la participation d'un organisme en économie sociale au développement urbain de Gatineau. Une analyse fine des différentes étapes ayant mené à la participation de l'organisme Vision Multisport Outaouais au projet d'un aréna et les négociations autour de l'accès aux futures installations illustre tout le potentiel issu de la collaboration municipalité-économie sociale pour favoriser l'inclusion. Le texte de Winnie Frohn nous éclaire quant à lui sur l'un des principaux facteurs de tels changements, soit la vision du développement local qu'ont les élus et responsables de l'aménagement urbain. S'appuyant sur deux enquêtes qu'elle a menées en 2000 et en 2008 dans la région de la Capitale-Nationale du Québec et voulant répondre aux interrogations de Caroline Andrew quant à ce que serait une « ville féministe » (Andrew, 1992), elle dresse un portrait des ambitions respectives des femmes et des hommes. Son étude illustre que leur vision est assez similaire et qu'ils s'intéressent aux mêmes dossiers. Son analyse révèle que celles et ceux sur qui repose le devenir de la ville tardent à s'approprier les dossiers portés par le mouvement féministe du début des années 2000. L'auteure soutient que le contexte récent créé par la pandémie pourrait avoir des effets plus marqués sur l'avancement de dossiers chers au féminisme, telle la conciliation travail-famille. Sylvie Paré réfléchit elle aussi à la vision de celles et ceux qui façonnent et gèrent la ville, en analysant pour sa part les modalités par lesquelles ils tentent de la rendre plus inclusive. Elle se sert du récent Projet de ville, déposé par la Ville de Montréal en prévision de son futur Plan d'urbanisme et de mobilité 2050, comme point de départ d'une conversation sur les différentes façons dont la ville pourrait être aménagée pour répondre aux aspirations et aux besoins futurs de sa population. Après avoir rappelé l'objectif, soit de faire de Montréal « une ville inclusive, attractive et créative », elle scrute certaines des stratégies retenues pour y parvenir et fait le constat que le futur de Montréal reste, à cet égard, bien incertain. La participation des populations les plus vulnérables à la consultation lancée au printemps 2021 constitue, de son point de vue, un enjeu incontournable.

Les chapitres suivants traitent de la ville inclusive du point de vue cette fois des pratiques sociales ou, plus précisément, des actions menées par les individus et les groupes qui l'habitent et qui cherchent à faire entendre leur voix. Leurs auteurs ont suivi les pas de Caroline en réalisant divers travaux sur les groupes en quête d'équité pour lesquels elle a milité au cours de sa carrière. Denyse Côté s'intéresse aux enjeux de la démocratie participative vue sous l'angle des groupes communautaires actifs au palier local. L'objectif de son chapitre est d'illustrer par trois cas de figure les écueils qui les guettent lorsqu'ils doivent définir leur propre vision, se donner une approche qui traduise les aspirations qui les ont fait naître, élaborer leur plan d'action et, plus généralement, se gouverner. Ses constats quant à la difficulté d'éviter de reproduire certaines pratiques d'exclusion dans les groupes dont le mandat est justement de les combattre rappellent tout le travail qu'il reste à faire pour que les villes deviennent des lieux d'inclusion. Sahada Alolo et Fran Klodawsky se sont penchées pour leur part sur l'action d'une organisation à vocation religieuse en matière de logement social pour aborder la question de la ville inclusive. Profitant d'informations privilégiées du fait de leur engagement personnel dans le projet, elles s'inspirent d'une méthodologie éprouvée par Caroline – la recherche critique engagée – pour faire une analyse approfondie de l'Initiative multiconfessionnelle sur l'habitation, amorcée à Ottawa en 2002, comme un exemple des possibilités ouvertes par la collaboration et le dialogue entre divers groupes d'acteurs dans le contexte de l'engagement de plus en plus marqué des villes dans le dossier du logement. Le texte de Luisa Veronis, Rachel Walker et Anyck Dauphin porte plus généralement sur « l'habitabilité » d'Ottawa-Gatineau, telle qu'analysée selon quatre dimensions retenues par Angela Franovic et Caroline (2018) pour la mesurer : la communauté, la durabilité, la marchabilité et l'interconnectivité. Partant des résultats d'une étude menée auprès de familles immigrantes récemment arrivées dans la région, leur chapitre offre une analyse inédite de leur expérience en matière d'inclusion dans trois des quartiers les plus diversifiés. Le diagnostic que posent ces immigrants, citations à l'appui, révèle l'ampleur des défis qu'ils rencontrent pour accéder à des ressources essentielles telles que des logements à prix abordable et de bonnes qualités, à des infrastructures urbaines publiques (transports en commun, parcs, centres récréatifs), ainsi qu'à divers services et programmes sociaux.

Les deux dernières contributions appartiennent à un autre registre et font donc en quelque sorte office d'épilogue. Joseph Yvon Thériault revient sur la carrière atypique de Caroline, que nous avons relatée plus haut, et notamment sur le fait que cette dernière a évolué en français à l'Université d'Ottawa, quoique sa langue maternelle soit l'anglais. Non seulement il rappelle les points saillants du parcours de notre amie, mais il choisit aussi de l'inscrire dans un phénomène plus générationnel, celui du rapport des intellectuels canadiens-anglais avec le Québec, voire de la francophonie canadienne. S'il révèle ainsi certaines facettes moins connues de sa carrière, il soutient aussi et surtout le fait qu'elle n'a jamais hésité à sortir des sentiers battus et à faire une œuvre originale. Anne Gilbert propose pour sa part une liste de ses principales publications, qu'elle regroupe et présente sous 11 rubriques, qui reprennent assez bien les grands questionnements qui ont habité Caroline à différents moments de sa carrière. Si ces rubriques suivent un certain ordre chronologique, l'auteur explique qu'elles ne s'y conforment pas tout à fait, « son cheminement n'ayant rien d'un long fleuve tranquille ». Caroline a en effet mené, avec des dizaines de collaborateurs issus d'une multitude de disciplines, de nombreux chantiers de recherche en parallèle, qu'Anne décrit brièvement.

Références

ANDREW, Caroline (1992). « The Feminist City », dans Henri Lustiger Thaler (dir.), *Political Arrangements: Power and the City*, Montréal, Black Rose Books, p. 109-122.

ANDREW, Caroline (1999). « Les métropoles canadiennes », dans Caroline Andrew (dir.), *Dislocation et permanence : l'invention du Canada au quotidien*, Ottawa, Les Presses de l'Université d'Ottawa, p. 61-79.

ANDREW, Caroline (2000). « The Shame of (Ignoring) the Cities », *Journal of Canadian Studies/Revue d'études canadiennes*, vol. 35, n° 4, p. 100-111.

ANDREW, Caroline (2004). « The Urban Legacy of Jean Chrétien », *Review of Constitutional Studie/Revue d'études constitutionnelles*, vol. 9, n° 1-2, p. 53-70.

ANDREW, Caroline (2007). « La gestion de la complexité urbaine : le rôle et l'influence des groupes en quête d'équité dans les grandes villes canadiennes », *Télescope*, vol. 13, n° 3, printemps, p. 60-67.

ANDREW, Caroline (2008). « Gendering Nation-States and/or Gendering City-States: Debates about the Nature of Citizenship », dans Yasmeen Abu-Laban (dir.), *Gendering the Nation State: Canadian and Comparative Perspectives*, Vancouver, University of British Columbia Press, p. 239-251.

ANDREW, Caroline (2013). « The Case of Ottawa », dans Nagel Klaus-Jürgen (dir.), *The Problem of the Capital City: New Research on Federal Capitals and Their Territory*, Generalitat de Catalunya, Institut d'Estudis Autonòmics, p. 60-71.

ANDREW, Caroline, André BLAIS et Rachel DESROSIERS (1976). *Les élites politiques, les bas-salariés et la politique du logement*, Ottawa, Les Presses de l'Université d'Ottawa.

ANDREW, Caroline, Serge BORDELEAU et Alain GUIMONT (1981). *L'urbanisation : une affaire*, Ottawa, Les Presses de l'Université d'Ottawa.

ANDREW, Caroline et Guy CHIASSON (2012). « La Ville d'Ottawa : représentation symbolique et image publique », dans Richard Clément et Caroline
Andrew (dir.), *Villes et langues : gouvernance et politiques – Symposium
international*, Ottawa, Invenire.

ANDREW, Caroline et coll. (1986). *Une communauté en colère : la grève contre
Amoco Fabrics à Hawkesbury en 1980*, Hull, Éditions Asticou.

ANDREW, Caroline, Katherine A. H. GRAHAM et Susan D. PHILLIPS (2002).
« Urban Affairs in Canada: Changing Roles and Changing Perspec-
tives », dans Caroline Andrew, Katherine A. H. Graham et Susan D.
Phillips (dir.), *Urban Affairs: Back on the Policy Agenda*, Montréal et
Kingston, McGill-Queen's University Press, p. 3-20.

ANDREW, Caroline et Beth MOORE MILROY (dir.) (1988). *Life Spaces: Gender,
Household, Employment*, Vancouver, University of British Columbia
Press.

ANDREW, Caroline et Jeff MORRISON (2001). « Infrastructure », dans Edmund
P. Fowler et David Siegel (dir.), *Urban Policy Issues: Canadian Perspective*,
2ᵉ éd., Don Mills (Ont.), Oxford University Press, p. 237-252.

CARDINAL, Linda, Caroline ANDREW et Michèle KÉRISIT (2001). *Chroniques
d'une vie politique mouvementée : l'Ontario francophone de 1986 à 1996*,
Ottawa, Le Nordir.

FRANOVIC, Angela et Caroline ANDREW (2018). « Place-Making and Livability
in Ottawa and the National Capital Region », dans Roger W. Caves et
Fritz Wagner (dir.), *Livable Cities from a Global Perspective*, Londres et
New York, Routledge, p. 45-57.

GRANT, Theresa L., Nancy EDWARDS, Heidi SVEISTRUP, Caroline ANDREW
et Mary EGAN (2010). « Neighborhood Walkability: Older People's
Perspectives from Four Neighborhoods in Ottawa, Canada », *Journal of
Aging and Physical Activity*, vol. 18, nᵒ 3, p. 293-312.

KLODAWSKY, Fran, Janet SILTANEN et Caroline ANDREW (dir.) (2017). *Toward
Equity and Inclusion in Canadian Cities: Lessons from Critical Praxis-
Oriented Research*, Montréal et Kingston, McGill-Queen's University
Press, 2017.

UNIVERSITÉ D'OTTAWA (2021). *Rapport du Groupe de travail sur le respect et l'égalité : mettre fin à la violence sexuelle à l'Université d'Ottawa*, [Fichier PDF],
[https://www.uottawa.ca/recteur/sites/www.uottawa.ca.president/
files/rapport-du-groupe-de-travail-sur-le-respect-et-l-egalite.pdf].

WHITZMAN, Carolyn, Caroline ANDREW et Kalpana VISWANATH (2014).
« Partnerships for Women's Safety in the City: "Four Legs for a Good
Table" », *Environment and Urbanization*, vol. 26, nᵒ 2, p. 443-456.

PARTIE I

ACTIONS PUBLIQUES

La place des villes dans le système d'action publique québécois, ou l'impossibilité d'ignorer les villes

Anne Mévellec et Nathalie Burlone

Dans un article de 2001 intitulé « The Shame of (Ignoring) the Cities », Caroline Andrew plaidait pour que les municipalités canadiennes, notamment celles des grandes villes, soient reconnues comme un palier de gouvernement à part entière. Selon elle, cette reconnaissance s'avérait nécessaire et urgente afin que les municipalités puissent répondre à deux grands enjeux de société, soit la polarisation sociale et la diversité ethnoculturelle. Pour ce faire, elle donnait de nombreuses pistes permettant de renforcer la capacité des villes (*city-building*). Les premières avenues concernaient surtout des modifications de la part des gouvernements fédéral et provinciaux dans leurs pratiques de décentralisation et de transfert de compétences. En cela, il s'agissait de stratégies invitant les paliers supérieurs à mieux prendre en compte les municipalités, traditionnellement conçues comme un échelon mineur dans l'élaboration et la mise en œuvre de plusieurs secteurs de politiques publiques. De façon complémentaire, Caroline Andrew indiquait que les villes devaient aussi s'affirmer en démontrant aux gouvernements supérieurs qu'elles pouvaient développer leur propre capacité politique. Dans une optique de gouvernance urbaine, l'auteure appelait ainsi les villes à mobiliser les réseaux locaux qui animent le tissu urbain afin d'appuyer leur capacité d'action. De plus, en travaillant avec des réseaux de la société civile, les villes pourraient avantageusement s'éloigner d'un modèle plus traditionnel de *boosterism* (Garber et Imbroscio, 1996) qui privilégie les acteurs économiques comme principaux interlocuteurs des autorités municipales.

Près de vingt ans après la publication de cet article, les municipalités urbaines se sont-elles affirmées dans le paysage institutionnel canadien ? En s'appuyant sur le cas québécois, trois principaux éléments nous conduisent à répondre par l'affirmative à cette question. Premièrement, certaines provinces ont élaboré et mis en œuvre des réformes rapprochant les municipalités du statut de palier de gouvernement à part entière (Garcea et LeSage, 2005). Certains observateurs évoquent ainsi l'affirmation d'un système à « deux paliers et demi », composé du fédéral, du provincial et d'un échelon municipal encore incomplet (Frate et Robitaille, 2021). Deuxièmement, les enjeux sociaux relevés par Caroline Andrew sont désormais au cœur des préoccupations urbaines, qu'il s'agisse de l'accueil des nouveaux arrivants, de la reconnaissance des diversités, de la paupérisation de certains quartiers ou, inversement, de l'embourgeoisement des centres-villes, etc. Les dernières années ont également vu naître de nouveaux défis ; on peut penser aux changements et aux risques climatiques (comme les inondations et les canicules) ou à la gestion des crises sanitaires comme celle générée par la COVID-19. Troisièmement, parallèlement à ces deux premières dynamiques présentes dans plusieurs provinces, le Québec s'est engagé, comme d'autres États, dans un mouvement de territorialisation de l'action publique qui, comme l'énoncent Douillet, Faure et Négrier, correspond à un « mode de légitimation de l'action publique et/ou comme une conception du changement selon laquelle c'est en traitant les problèmes au plus près du terrain, de manière concertée et transversale, que les problèmes publics seront le mieux pris en charge » (2015, p. 337). Ainsi, en plus des réformes visant explicitement le fonctionnement du palier municipal, l'État québécois interpelle les instances infraprovinciales afin qu'elles participent à la mise en œuvre de certains pans de ses politiques sectorielles. En appelant les municipalités à s'impliquer dans la politique familiale et dans celle de l'établissement des immigrants, Québec territorialise en partie ces deux politiques publiques.

C'est dans ce triple contexte qu'il nous apparaît aujourd'hui pertinent de prendre au bond la réflexion de Caroline Andrew afin de discuter de la place des municipalités urbaines dans le système d'action publique québécois. Le renforcement du palier municipal a-t-il eu lieu ? Si oui, sous quelle forme, et comment faut-il le qualifier ? Pour ce faire, nous revenons sur deux des principaux éléments qui ont caractérisé le monde municipal durant les deux dernières décennies. Le premier recouvre une certaine accumulation de réformes territoriales et institutionnelles qui ont mené à consolider l'armature urbaine de la province, tout en reconnaissant le municipal comme un palier de gouvernement de proximité en 2017. Le second est plutôt relatif à différents champs de compétences provinciaux, dont une partie de la mise en œuvre est confiée aux municipalités. Deux cas, celui de la politique familiale et celui de l'établissement des immigrants, nous permettront de montrer comment le Québec territorialise en partie ces deux politiques publiques. Cette « territorialisation » des politiques publiques amène de nombreuses villes à s'impliquer dans des secteurs d'intervention traditionnellement de juridiction provinciale (famille, immigration, ou encore logement). Les réformes municipales et la territorialisation des politiques publiques confirment un certain renforcement « par le haut » du palier municipal québécois.

Le propos développé ici est fondé sur une recension des écrits concernant à la fois les réformes municipales québécoises depuis le tournant des années 2000, les politiques familiales municipales, et les politiques municipales d'accueil et d'installation des immigrants. Résolument inscrites dans le champ des politiques publiques sectorielles, les analyses présentées ici trouveront toutefois écho dans les travaux qui cherchent à dessiner les contours et les dynamiques de gouvernance urbaine au Canada (voir notamment Taylor, 2019). Le choix de ces deux secteurs d'intervention a été guidé par quatre principales considérations. Premièrement, il s'agit de domaines de politiques publiques non traditionnels pour les municipalités québécoises. Deuxièmement, ces deux secteurs axés sur le service à la personne mettent en activation, comme l'évoquait Andrew, des réseaux de la société civile permettant de comprendre les logiques horizontales de l'action publique. En cela, ils illustrent les modalités de la territorialisation des politiques publiques québécoises ainsi que leurs effets différenciés. Enfin, ces secteurs participent pleinement de l'idée de « ville inclusive » placée au cœur de cet ouvrage.

Ce chapitre est divisé en trois parties. Dans un premier temps seront présentées les notions clés qui soutiennent l'analyse les relations municipales-provinciales. Les littératures anglo-saxonne et francophone alimenteront l'une et l'autre la réflexion. Dans la deuxième partie, nous présenterons les principales réformes qui ont conduit les municipalités québécoises, et en particulier les plus grandes d'entre-elles, à être reconnues comme un palier de gouvernement à part entière, plus autonome et disposant d'un champ de compétences élargi. Finalement, nous montrerons aussi que le gouvernement du Québec interpelle le monde municipal via la territorialisation de certaines de ses politiques sectorielles, dont sa politique familiale et sa politique d'accueil des immigrants. L'ensemble de ce portrait nous amènera à conclure sur l'affirmation des municipalités québécoises comme *policy makers*.

1.1. Décentraliser et territorialiser l'action publique

Si Caroline Andrew appelait de ses vœux le renforcement de la capacité politique des villes, c'est que, contrairement à d'autres contextes nationaux, les municipalités canadiennes ont été longtemps considérées comme un ordre mineur de gouvernement et, globalement, comme un palier d'administration municipale plutôt que de gouvernement à part entière. Selon Smith et Spicer, l'autonomie des municipalités canadiennes s'avère très relative puisque « few countries in the world have senior levels of government that have been so reluctant to loosen restraints and regulations from local governments » (2018, p. 932). Cette situation trouve sa source dans le développement historique du palier municipal au Canada et explique également les plus récentes revendications et réformes qui ont eu cours depuis le début des années 2000. Les notions de décentralisation, de gouvernance multiniveau et de territorialisation permettent de clarifier les enjeux qui structurent les relations municipales-provinciales en matière d'action publique.

1.1.1. Un modèle qui ne favorise pas la capacité politique des municipalités

L'organisation municipale québécoise, comme dans le reste du Canada, est encore aujourd'hui profondément marquée par ses origines. Comme plusieurs l'ont montré (Collin et Léveillée, 2003), les municipalités sont plutôt nées de la volonté des provinces d'organiser le territoire et de déconcentrer la production d'un certain nombre de services publics (comme la voirie) que de celle de susciter une citoyenneté locale. De cette genèse ont découlé deux grandes conséquences toujours d'actualité. La première réside dans la préséance du palier provincial sur les affaires municipales et son corollaire, l'absence relative du palier fédéral des affaires urbaines. Comme l'avait rappelé

Caroline Andrew, l'expérience du ministère fédéral des Affaires urbaines (1971-1979) n'a constitué qu'une timide exception dans la politique canadienne (voir aussi Spicer, 2012 ; Stewart et Smith, 2007 ; Turgeon, 2006). Il serait toutefois erroné de penser que le gouvernement fédéral n'intervient d'aucune manière dans les affaires urbaines. Neil Bradford (2018) développe plutôt l'idée d'une politique urbaine fédérale implicite (*implicit national urban policy*) menée notamment depuis le retour du Parti libéral au pouvoir en 2015, et qui se matérialise sous de nombreuses formes de coopération entre les paliers fédéral, provincial et municipal. Il suffit ici de rappeler la dimension urbaine fondamentale de quelques programmes fédéraux. D'abord, grâce à son pouvoir de dépenser et à son programme d'infrastructures (Champagne, 2013), le fédéral peut intervenir sur certains aspects des villes. Ensuite, de façon plus sectorielle, on peut citer les politiques d'habitation de la Société canadienne d'hypothèque et de logement (Turgeon, 2006), la Stratégie nationale de lutte contre l'itinérance (Klodawsky et Evans, 2014), l'exercice de sa compétence en matière de transport interprovincial (Frate et Robitaille, 2021), ou encore sa participation au financement du logement social, suivi d'un désengagement à partir des années 1990 (Leloup et Gysler, 2009). Tous ces exemples bien documentés illustrent l'influence directe ou indirecte des programmes fédéraux sur le destin des villes canadiennes. Toutefois, les provinces, jalouses de leurs prérogatives municipales, se sont imposées comme des relais incontournables dans la mise en œuvre du programme d'infrastructures, privilégiant les relations bipartites aux relations tripartites (Young, 2013). Ainsi, les municipalités sont constitutionnellement, politiquement et financièrement dépendantes de leurs relations avec les provinces.

La seconde conséquence issue de la genèse du modèle municipal est que les municipalités se sont développées avant tout autour des services à la propriété. Dotées d'un éventail de compétences plutôt étroit, leurs interventions ciblent prioritairement le foncier : infrastructure de base (voirie, réseaux artériels) ou services à la propriété comme les services de police et de protection incendie. Non seulement le principe de la *Dillon's Rule* (1872) – selon lequel les municipalités ne sont autorisées à agir que dans le cadre limité édicté par la province – les a longtemps enfermées dans une conception gestionnaire de leur rôle, mais le mouvement réformiste au tournant du XXᵉ siècle a renforcé cette logique administrative (Dagenais, 1992). En lien avec ce trait fondamental, deux autres caractéristiques viennent renforcer ce modèle municipal. Tout d'abord, le mode de financement est étroitement lié à cette mission : l'impôt foncier constitue la principale source de revenus des municipalités. Encore aujourd'hui, il représente plus de 70 % des recettes municipales québécoises (IRIS, 2015). Cette dépendance envers une seule source de revenus pose de nombreux problèmes. Non seulement il s'agit d'un impôt inéquitable, puisque régressif, mais en plus, il a conduit les municipalités à adopter des modes de développement principalement basés sur la valeur foncière ayant à leur tour pour conséquence de favoriser l'étalement suburbain et des compétitions fiscales stériles entre municipalités voisines (Prémont, 2015). En résumé, ne disposant pas de compétences générales, les municipalités sont traditionnellement conçues comme un palier d'administration et de gestion, plutôt que comme un palier politique (Andrew, 1999). De fait, c'est une conception apolitique qui domine le monde municipal, favorisant des orientations plus technocratiques qu'idéologiques.

Le monde municipal n'est pas pour autant dans l'immobilisme. Au Québec, par exemple, de nombreuses réformes récentes ont participé à changer le paysage municipal. Pour étudier ces transformations du système d'action publique dans lequel prennent place les municipalités, plusieurs notions académiques sont utiles, en particulier celles de décentralisation, de gouvernance multiniveau et de territorialisation.

1.1.2. Décentraliser, territorialiser

Même si le palier municipal en tant qu'acteur de politique publique est peu étudié dans le contexte canadien (Eidelman et Taylor, 2010), il fait toutefois l'objet d'analyses qui tentent d'une part de cartographier les relations entre les municipalités et les provinces. Dans une optique qui puise son origine plutôt dans le droit public, il s'agit alors de mesurer la décentralisation qui est en cours. Dans ce courant, Lemieux (1996) s'est intéressé aux relations de pouvoir qu'entretiennent les différents acteurs du système public à travers les enjeux de transferts de compétences. Il a caractérisé les composantes de la décentralisation, qu'il a organisées autour de trois volets : la présence de compétences propres, de sources de financement autonomes et d'une gouverne également autonome, fondée sur l'élection démocratique de ses dirigeants (p. 666). Ce triptyque permet de comparer des politiques de décentralisation dans divers contextes. L'intérêt d'une approche par la décentralisation est qu'elle invite à explorer la place des municipalités dans un système gouvernemental plus large, en insistant sur leur autonomie d'action, garantie ou non par l'exclusivité des champs de compétences, la maîtrise des financements associés ainsi que la légitimité d'action. Cette lecture de la décentralisation fait toutefois peu de place aux dimensions idéologiques qui nourrissent également les discours décentralisateurs des gouvernements centraux, qui mobilisent, par exemple, l'efficacité, l'efficience ou encore plus explicitement la redéfinition du rôle de l'État (Rocher et Rouillard, 1998). Comme le résume Xavier Desjardins pour le cas français, « le local est devenu le moyen, pour l'État, de gouverner » (2008, p. 18). En effet, la décentralisation de certaines responsabilités, comme le logement social, permet à l'État français non seulement de se désengager financièrement du secteur, mais également de confier aux autorités locales le soin de définir les besoins et les solutions en la matière. Cette entrée par la décentralisation reste essentiellement une analyse « par le haut », qui explore la manière dont l'État concède, stratégiquement, une partie de ses compétences aux échelons infraprovinciaux.

D'autre part, la notion plus récente de gouvernance multiniveau (Hooghe et Marks, 2003) permet de s'émanciper d'une lecture juridique en insistant sur les zones grises du partage des pouvoirs prévus par la Constitution canadienne. Remise au goût du jour avec l'affirmation de l'Union européenne, cette notion alimente aussi un certain renouvellement des études sur le fédéralisme, en analysant le processus des politiques publiques via la dispersion et la redistribution des pouvoirs entre plusieurs échelons de gouvernement (Stephenson, 2013) et entre acteurs étatiques et non étatiques. Dans l'étude des politiques urbaines, l'approche par la gouvernance multiniveau met en évidence le fait que la ville n'est pas seulement le fruit de politiques municipales. Dans leur livre, Young et Horak (2012) explorent ainsi les relations intergouvernementales qui structurent une partie des politiques publiques appliquées dans les grandes villes canadiennes. Cette entrée s'avère féconde, notamment pour explorer les enjeux qui, bien que se déroulant sur le territoire municipal, relèvent de politiques et d'actions menées par une variété d'acteurs, qu'ils soient locaux, provinciaux ou fédéraux. Les thèmes au cœur de cette approche multiniveau sont donc davantage ceux de la coordination et de la cohérence entre ces différentes politiques publiques, dans leur fabrication comme dans leur mise en œuvre. Les villes résultent ainsi d'une accumulation d'interventions publiques qu'il s'agit de clarifier.

Malgré l'utilité des deux précédentes perspectives pour comprendre les relations intergouvernementales, la littérature francophone nous fournit une autre notion qui nous semble plus porteuse pour explorer les dynamiques d'action publique au Québec (Mévellec, Gauthier et Chiasson, 2012). La notion de territorialisation s'appuie d'abord sur la distinction entre secteur et territoire, initialement formulée par Muller (1990), où le secteur correspond à une approche verticale par domaines d'intervention. À l'inverse, le territoire assurerait une proximité entre les processus d'action publique (les territoires où se situent les problèmes s'avérant aussi être ceux où s'élaborent les solutions) ainsi qu'une transversalité dans la manière d'aborder les enjeux (pris localement, les problèmes seraient traités de façon moins sectorielle et plus englobante). Toutefois, cette littérature peut paraître touffue dans la mesure où au moins quatre sens peuvent être accolés au terme de territorialisation (voir entre autres Béhar, 2000 ; Caillois et Moquay, 2006 ; Douillet, Faure et Négrier, 2015). Premièrement, dans une logique verticale et descendante, la territorialisation peut correspondre à l'adaptation de politiques sectorielles selon les spécificités de chaque territoire. L'État module alors la mise en œuvre de ses politiques selon les contextes locaux spécifiques, s'éloignant ainsi de façons de faire plus universelles ou « mur à mur ». Deuxièmement, le terme de territorialisation peut comprendre les situations où des politiques sectorielles sont retravaillées par les acteurs territoriaux afin d'assurer une plus grande horizontalité et cohérence (par exemple, les politiques dites « de la ville » ou « de la ruralité » invitent à une telle approche de type transversale). Une troisième acception de la territorialisation adopte un point de vue résolument ascendant, où c'est la régulation territoriale qui permet le portage local de projet d'action publique (voir par ex. Douillet, 2003 sur les politiques de développement territorial en France). Il y aurait donc un « effet territoire » agissant dans une construction endogène des problèmes et des politiques publiques. Finalement, Douillet, Faure et Négrier (2015) proposent aussi de considérer la territorialisation non seulement comme un ensemble de pratiques observables, mais littéralement comme une politique de l'État, c'est-à-dire comme une stratégie d'intervention. Ce faisant, réfléchir en termes de territorialisation ne consiste pas seulement à comprendre les formes de régulations qui se déploient sur tel ou tel territoire (ce qui est parfois qualifié d'approche « territorialiste »), mais aussi à porter un regard plus large sur le rapport que l'État entretient avec ses territoires à travers ses diverses politiques.

La section qui suit montre comment de nombreuses réformes réalisées depuis le tournant des années 2000 ont eu pour effet d'infléchir la trajectoire des municipalités québécoises. Ces dernières, s'extrayant lentement de leur carcan historique, peuvent désormais s'affirmer comme un palier de gouvernement à part entière, producteur de politiques publiques.

1.2. Des municipalités québécoises à la conquête de leur autonomie

Depuis les années 1960, les gouvernements québécois successifs ont cherché à moderniser l'organisation municipale, particulièrement en luttant contre son morcellement. En effet, encore aujourd'hui, le Québec comporte 1 108 municipalités, l'essentiel d'entre elles regroupant moins de 1 000 habitants (Québec, ministère des Affaires municipales et de l'Occupation du territoire, 2018). De nombreuses réformes se sont attelées à la tâche au cours des années 1970 et 1980, mais n'ont modifié qu'à la marge le paysage municipal. C'est sous le gouvernement de Lucien Bouchard (1996-2001) que la modernisation la plus importante s'est amorcée, particulièrement dans les grandes villes.

Est alors menée une série de fusions municipales qui visent principalement les agglomérations urbaines [1]. Les regroupements, plus ou moins basés sur des découpages statistiques des régions métropolitaines de recensement définies par Statistique Canada, permettent à la province de compter désormais sur 10 grandes villes de plus de 100 000 habitants (Montréal, Québec, Laval, Gatineau, Longueuil, Trois-Rivières, Sherbrooke, Lévis, Saguenay) auxquelles s'est ajouté Terrebonne en 2011. Cette réforme est en partie le fruit de revendications des maires des villes-centres du Québec, qui dénonçaient les iniquités fiscales que l'on trouvait au sein de chacune des agglomérations (Mévellec, 2008). Alors que les villes-centres s'estimaient en déficit fiscal, dénonçant les charges de centralité qui leur incombaient, les municipalités de banlieue pouvaient conserver des taux de taxation plus bas, n'ayant que peu d'infrastructures à entretenir. Pour reprendre les termes de Offner (2006), les fusions municipales tentaient de réconcilier les territoires fonctionnels (des problèmes) et institutionnels (des solutions). Comme l'a montré Mévellec (2008), la mise en œuvre de cette réforme est marquée par deux phénomènes. D'abord, dans chaque agglomération concernée est mis en place un

---

1.   Parallèlement à la réorganisation territoriale municipale, une réforme du palier métropolitain a également lieu, donnant naissance aux communautés métropolitaines de Montréal et de Québec.

dispositif procédural visant l'élaboration de scénarios pour améliorer la gouvernance urbaine. Ensuite, si la solution « fusion » est adoptée partout, les modalités de cette dernière (territoires concernés, échéanciers, stratégies organisationnelles) sont fixées par chacun des comités de transition territoriaux. Cette stratégie de territorialisation (au premier sens du terme, soit une adaptation de la politique aux spécificités locales) n'a toutefois pas suffi à désamorcer l'opposition de nombreux groupes locaux. L'arrivée au pouvoir du Parti libéral en 2003 ouvre en effet la porte à certains démembrements des nouvelles grandes villes[2]. Toutefois, cette nouvelle réforme n'affecte qu'un petit nombre de municipalités, sans affaiblir substantiellement les nouvelles grandes villes.

Si l'ampleur de la réorganisation territoriale municipale est réelle, elle ne doit pas masquer l'inertie des autres volets qui auraient permis, comme l'y appelait Caroline Andrew, d'affirmer une plus grande reconnaissance des villes dans l'échiquier politique. En effet, comme Collin le soulignait déjà en 2002, cette réforme des structures (le nombre et la taille des municipalités) n'a été accompagnée ni d'une refonte de leur fiscalité ni des mécanismes de représentation et de participation des citoyens. La réforme apparaît sous ces angles, inachevée (Collin, 2002). En matière de compétences municipales, les nouvelles entités ont toutefois l'occasion d'investir de nombreux nouveaux champs d'intervention qui s'éloignent des services à la propriété. Le projet de loi n° 170 prévoit notamment que les huit grandes municipalités de la province devront obligatoirement se doter d'un plan en matière de développement communautaire, économique, culturel et social[3]. Bien que le développement social soit peu défini dans la loi,

---

2.   La contestation populaire des fusions dans de nombreuses agglomérations de la province mène le Parti libéral à insérer le thème des « défusions » dans sa plateforme électorale. Une fois au pouvoir, le gouvernement de Jean Charest permet aux citoyens de déposer une demande de référendum municipal sur le devenir de chacune des nouvelles villes. Là où le nombre de signataires était suffisant (10 % de la liste électorale), des référendums ont été tenus le 24 juin 2004. Pour l'emporter, le camp des « défusionnistes » devait obtenir la majorité (50 % des voix +1), mais aussi représenter au moins 35 % de l'ensemble des personnes habilitées à voter. Ce dispositif contraignant a conduit au retrait de 15 anciennes villes à Montréal, 2 à Québec et 4 à Longueuil. Toutefois, les anciennes villes n'ont pas récupéré l'entièreté de leur autonomie passée. Cette solution intermédiaire explique pourquoi, dans la législation, le terme de « municipalité reconstituée » est utilisé, et non celui de « municipalité défusionnée ».

3.   Pour les autres municipalités, le développement social reste une compétence facultative que les conseils municipaux peuvent choisir ou non d'embrasser. En 2004, une modification à la *Loi sur l'aménagement et l'urbanisme* (LAU) prévoit

les programmes municipaux visant des clientèles comme la famille, les aînés, les jeunes, ou encore les personnes avec des handicaps y sont généralement inclus.

Comme l'indiquent Breux et Collin (2007), les nouvelles municipalités sont ainsi amenées à systématiser leur participation aux domaines d'intervention jusqu'alors plutôt facultatifs[4]. La culture et les loisirs illustrent les stratégies variables adoptées par les nouvelles instances municipales. Ainsi, si plusieurs d'entre-elles avaient déjà mis en place des politiques culturelles variées, cette démarche est institutionnalisée après les fusions municipales. Dans une logique de préservation des acquis, une fois fusionnées, les municipalités qui disposaient de politiques culturelles les diffusent à la grandeur des nouvelles entités municipales. En matière de loisir, Lavigne (2003) a montré que les nouvelles administrations ont adopté l'une des trois stratégies suivantes pour élaborer les futures politiques municipales. Montréal et Gatineau ont choisi de mener une grande consultation des clientèles et partenaires afin de se doter de valeurs communes qui guideront par la suite les politiques plus sectorielles dans le domaine des loisirs. Québec, Sherbrooke, Longueuil et Lévis ont au contraire choisi de cibler d'abord des axes d'intervention spécifiques sans forcément élaborer de politique globale de loisir. Enfin, Saguenay et Trois-Rivières ont opté pour l'harmonisation de leurs politiques de loisirs. Ces deux exemples de la culture et du loisir illustrent la diversité des stratégies municipales qui se sont déployées au moment de la réorganisation territoriale et qui se sont appuyées sur chaque configuration sociopolitique.

Il convient de consacrer la fin de cette section au nouveau statut de gouvernement de proximité que le Québec a accordé aux municipalités en 2017[5]. Réclamée par les principaux acteurs municipaux (l'Union des municipalités du Québec et la Fédération québécoise des

---

toutefois que les MRC devront désormais intégrer une vision stratégique de développement culturel, économique, environnemental et social dans leur schéma d'aménagement. Ainsi, le développement social se normalise peu à peu comme une responsabilité territoriale.

4. Depuis 1992, les municipalités sont considérées comme des partenaires primordiaux de la politique culturelle du Québec. Le gouvernement provincial soutient la mise en place de politiques culturelles municipales, et il élabore des programmes partenariaux avec les municipalités (Lavigne, 2013).

5. Cette loi sanctionnée le 16 juin 2017 vise principalement à reconnaître que les municipalités sont des gouvernements de proximité et à augmenter à ce titre leur autonomie et leurs pouvoirs (Projet de loi n° 122).

municipalités), la réforme confère davantage d'autonomie aux municipalités, principalement en matière d'urbanisme, de développement
économique et de fiscalité. Toutefois, l'autonomie municipale n'est
toujours pas considérée comme complète par les principales grandes
villes de la province. L'UMQ continue donc de revendiquer auprès
du gouvernement provincial une refonte de la *Loi sur l'aménagement
et l'urbanisme* afin qu'elle reconnaisse la pleine autonomie et la compétence des municipalités, la possibilité de conclure des ententes
de financement avec le gouvernement fédéral, ainsi qu'une pleine
autonomie dans la gestion des financements octroyés (UMQ, 2018).
Comme en témoigne son slogan de 2021 « Le monde municipal : sur
tous les fronts », l'UMQ valorise une conception généraliste du rôle
des municipalités, comme palier de gouvernement à part entière et
de proximité[6].

Les réformes menées par la province ont ainsi contribué à renforcer la place des (grandes) municipalités québécoises, que ce soit en
les consolidant ou en leur garantissant une plus grande autonomie
d'administration et d'action. Plus grandes et qualifiées de gouvernements de proximité, elles ont désormais davantage de latitude pour
mener à bien des politiques publiques. Ce gain doit toutefois être
nuancé. Comme le soulignaient Mévellec, Chiasson et Fournis (2017),
la capacité des municipalités à exploiter ce nouveau statut dépendra
largement d'une réforme qui reste à venir : celle de la fiscalité locale.
Suivant les leçons tirées par Lemieux (1996), la décentralisation reste
donc imparfaite tant que l'autonomie financière n'est pas garantie.
Si les moyens financiers des municipalités ne sont pas à la hauteur
de leurs compétences, la nouvelle autonomie municipale n'est pas
nécessairement un gage de transformation des pratiques. Néanmoins,
la territorialisation de certains champs de politiques provinciales a
parallèlement permis aux municipalités d'étendre leurs compétences,

---

6.   L'annonce du thème des assises de l'UMQ 2021 est accompagnée de la justifica-
tion suivante : « [Il] témoigne du rôle fondamental exercé par les gouvernements
de proximité auprès de leurs communautés non seulement dans le contexte de
la COVID-19, mais également face aux multiples enjeux sociaux et économiques
qui impactent directement nos communautés. Changements climatiques, immigration et vivre ensemble, famille et petite enfance, transformation de l'économie, vieillissement démographique ou saines habitudes de vie : les élues et
élus locaux sont de plus en plus souvent les premières personnes interpellées
par leurs concitoyennes et concitoyens lorsque vient le temps d'agir ! » Repéré
en ligne le 24 mars 2022 sur le site de l'UMQ [https://umq.qc.ca/publication/
les-assises-2021-bientot-sur-vos-ecrans-2/].

de développer une expertise diversifiée et de proposer des politiques reflétant leurs réalités respectives.

1.3. La territorialisation des politiques sectorielles provinciales : quelles opportunités pour les municipalités québécoises ?

Ainsi, les municipalités québécoises ont longtemps été cantonnées à exercer un éventail restreint de compétences, essentiellement liées à la propriété. Cette situation a toutefois grandement évolué au cours des deux dernières décennies. Rappelons ici que l'élargissement des compétences municipales peut prendre deux principales voies. La première consiste en une forme de dévolution de certains domaines d'intervention aux municipalités. C'est le choix effectué par l'Ontario, qui a opté pour leur confier la gestion de certains services sociaux, notamment les services de garde et le logement social (Graham et Phillips, 1998). La seconde consiste davantage à territorialiser des politiques sectorielles provinciales, c'est-à-dire que l'État provincial confie des parts plus ou moins importantes de la mise en œuvre de ses politiques à ses partenaires municipaux. C'est ce que le Québec a privilégié dans le secteur des politiques à la famille et à la petite enfance, de même que pour celui de l'immigration. La province interpelle les municipalités pour qu'elles participent au déploiement de ces deux politiques publiques, mais sans pour autant en faire une compétence municipale à part entière. Le système d'action publique qui en découle ne se borne donc pas aux frontières municipales, mais inclut aussi les relations avec le centre (Douillet, Faure et Négrier, 2015). Dans les lignes qui suivent, nous dresserons un rapide portrait de la manière dont les municipalités ont saisi l'opportunité d'agir dans les secteurs de la famille et de la petite enfance, ainsi que dans le secteur de l'immigration. Plus précisément, nous montrerons comment une politique sectorielle provinciale atterrit à l'échelon municipal et y est remaniée à l'aune des champs de compétences municipaux et d'une certaine horizontalité. Ce processus illustre de quelle manière et dans quelle mesure peuvent se réaliser les « promesses » de la territorialisation.

1.3.1. Les politiques familiales municipales

La politique familiale provinciale de 1997 marque un tournant important pour les familles québécoises. Rompant avec une offre de

programmes axés essentiellement sur des mesures financières gouvernementales diverses (allocations scolaires, allocations de garde,
crédits d'impôt) et guidé par une approche nataliste, le gouvernement
péquiste entend reconnaître les transformations importantes qu'ont
subies les familles dans leurs formes et situations socioéconomiques
(Burlone, 2009 ; 2013 ; 2022). Des propositions audacieuses sont mises
sur la table en 1997 : des services de garde à faible coût et accessibles
à tous sans égard au revenu ; une allocation unifiée pour enfants, le
développement d'un réseau de maternelles obligatoires pour les 4
et 5 ans et l'offre d'un nouveau régime d'assurance parentale facilitant la conciliation travail-famille (St-Amour, 2010). Comme le sou-
lignent de nombreux auteurs, l'élaboration de la politique familiale
est caractérisée par une démarche partenariale, avec la participation
active de plusieurs groupes, dont des organismes familiaux et des
groupes de femmes, mais aussi des organismes patronaux et syn-
dicaux (Rochman et Tremblay, 2012 ; Lemieux, 2011 ; Dandurand
et Kempeneers, 2002). Le ministère de la Famille du Québec définit
d'ailleurs la politique familiale comme « l'ensemble des mesures et
des interventions publiques, gouvernementales ou municipales, destinées aux familles[7] ». Cette définition large permet d'englober une
multitude d'actions (financières, fiscales, mais également d'offres de
services) et de partenaires (gouvernementaux, municipaux, philan-
thropiques ou encore communautaires) qui participent à l'élaboration
et à la mise en œuvre de mesures destinées au bien être des familles.

Par sa politique familiale de 1997, le gouvernement provincial
visait, entre autres, à combler les besoins des familles en favorisant
la concertation entre les paliers gouvernementaux. Le gouvernement
québécois invite donc les municipalités à participer plus explicitement à cette démarche collective en 1999 et en 2002, alors que s'amorce
véritablement un virage territorial de l'intervention publique. Il serait
toutefois faux de penser que les municipalités québécoises ont été
totalement exclues des politiques familiales avant 2002. D'une part,
un rapide détour historique nous rappelle qu'au début du xxe siècle,
en lien avec la crise économique majeure, les villes avaient développé
certains modes d'intervention sociale, comme l'aide au logement.
Toutefois, dans le contexte d'après-guerre, la mise en place d'un État
providence est passée par la « provincialisation » (Linteau et coll.,

---

7.   Voir le site Web de Famille Québec, [https://www.mfa.gouv.qc.ca/fr/Famille/
politique-familiale/Pages/index.aspx] (consulté le 24 mars 2022).

1989) de ces services, reléguant les municipalités à leurs compétences traditionnelles (Andrew, 1999 ; Magnusson, 2005). Leur participation à la politique familiale contemporaine correspond ainsi à un certain retour dans le champ social. D'autre part, l'un des acteurs majeurs du secteur de la politique familiale, la Fédération des unions des familles (FUF) plaide depuis les années 1980 pour l'implication des municipalités dans les enjeux familiaux. En tant que palier gouvernemental du « quotidien », de la « proximité », les municipalités constitueraient des leviers d'action importants en matière familiale. Ainsi, comme le rappellent Lemieux et Comeau (2000, p. 143), dès les années 1980, la FUF encourage les municipalités à se doter de politiques familiales en les incitant à nommer un élu « responsable des questions familiales », dont le rôle serait d'interroger le conseil municipal sur les impacts des décisions sur la qualité de vie des familles (Carrefour municipal, s.d.). On ne peut trouver de meilleure illustration de la vision horizontale. Toujours selon Lemieux et Comeau, une trentaine de politiques familiales municipales sont ainsi élaborées dès 1989. On peut donc dire que, si le tournant « famille » se fait officiellement en 2002 pour les municipalités québécoises, il prend appui sur une série d'initiatives et de pratiques déjà en place dans une soixantaine de municipalités ou municipalités régionales de comté (Lavigne, 2013, p. 75).

Il faudra néanmoins attendre le début des années 2000 pour que le gouvernement du Québec reconnaisse, par le biais d'un programme de financement, que les municipalités ont une connaissance fine des profils et des besoins de leurs citoyens, et qu'à ce titre elles doivent devenir des partenaires de l'État dans la mise en place de programmes à destination des familles : « Des subventions pouvant aller jusqu'à 100 000 $ sont offertes aux municipalités voulant se doter d'une politique locale pour adapter l'offre de services des municipalités aux nouvelles réalités familiales […] ce sont les services municipaux de loisir qui, bien souvent, sont sollicités pour entreprendre cette démarche. » (Lavigne, 2013, p. 74-75) Ce programme offert dès 2002 a été prolongé (en 2018) jusqu'en 2023 (Observatoire des tout-petits, 2021, p. 174), ce qui témoigne de la consolidation d'une action municipale centrée sur les personnes et de la transformation des relations verticales entre la province et les villes ainsi que des relations horizontales que chaque municipalité entretient avec le tissu socio-communautaire local. Les politiques municipales familiales sont de plus développées en consultation avec les citoyens afin d'identifier les actions prioritaires (p. 172).

Plus concrètement, le rôle des municipalités dans le déploiement de politiques familiales locales vise à « développer une approche collective du "penser et agir famille" [8] ». Ce faisant, les municipalités, proches de la vie des familles, sont appelées à élargir la portée des orientations provinciales à d'autres types d'interventions qui ont pour buts d'améliorer la qualité des milieux de vie et de développer la capacité des services à satisfaire les attentes des familles. Cela passe notamment par un partage de responsabilités avec les échelons gouvernementaux régionaux (les conférences régionales des élus, abolies en 2017), les municipalités régionales de comté, ainsi que les municipalités. Le palier municipal est particulièrement conçu comme « le niveau d'action où il est plus facile pour les familles d'être des partenaires du développement de leur milieu de vie » (Lysée, 2004 cité dans Letarte, 2007, p. 18). Les municipalités deviennent alors des partenaires privilégiés invités à faire de la nouvelle politique familiale une politique transversale impliquant à la fois plusieurs services municipaux traditionnels (comme l'aménagement et l'urbanisme, les transports, l'habitation et les loisirs) et leurs réseaux de partenaires. Pour les municipalités, cela se traduit par un partage de responsabilités qui favorise graduellement le développement de politiques familiales adaptées à leurs contextes respectifs : « En 2012, 660 municipalités et 27 MRC – l'équivalent de 85 % des familles québécoises – ont adopté une telle politique (Carrefour action municipale et famille, 2012). » (Lavigne, 2013, p. 75) Le tableau 1.1 montre l'adoption progressive des politiques familiales municipales dans les 10 plus grandes villes du Québec.

Si la plupart de ces villes ont développé des politiques municipales au début des années 2000, il est toutefois important de souligner que toutes n'ont toujours pas fait l'objet de révision majeure depuis leur adoption. Dans de nombreux cas, ces politiques s'apparentent à des parapluies de valeurs qui servent à orienter des actions plus ponctuelles. En fait, le gouvernement provincial n'impose pas de définition standardisée de ce qu'est une famille. Plutôt, il reconnaît que « formuler une politique familiale n'est pas une mince affaire puisque s'entendre sur la définition du concept de famille constitue déjà un défi en soi. Le sens que chacun lui attribue sera plus ou moins différent ou plus ou moins élaboré selon la vision qu'il veut projeter » (Québec, ministère de la Famille et des Aînés, 2007, p. 21).

---

8.   Carrefour action municipale et famille. *Guide d'accompagnement et de référence sur la politique familiale municipale*, 2018, p. 13, [Fichier PDF], [https://espacemuni.org/wp-content/uploads/2021/03/guide-pfm-2018-5.pdf].

Tableau 1.1. Années d'adoption des politiques familiales municipales dans les 10 plus grandes villes du Québec

Dix plus grandes villes du Québec	Population[1]	Adoption[2]
Montréal	1 767 753	2008
Québec	538 918	2004
Laval	429 413	2007
Gatineau	281 392	2004
Longueuil	245 094	2006 2017
Sherbrooke	164 538	2004
Saguenay	145 070	2008
Lévis	144 918	2013
Trois-Rivières	135 851	2004
Terrebonne	113 369	2005 2013

1. Population au 1er juillet 2016, Institut de la Statistique Québec, [En ligne], https://www.stat.gouv. qc.ca/statistiques/population-demographie/structure/mun_100000.htm] (Consulté le 21 août 2020).
2. Données compilées par les Anne Mévellec et Nathalie Burlone.

En réalité, les villes se fondent plutôt sur les documents de l'Espace MUNI (résultat de la fusion en 2019 du Carrefour action municipale et famille et du Réseau québécois de Villes et Villages en santé), tout en modulant certains éléments en fonction des spécificités de leur population. L'examen des définitions de la famille pour les villes du Québec fait ainsi ressortir deux éléments importants. D'une part, on remarque que la majorité de ces villes optent pour une définition plutôt ouverte, tant sur le plan de sa constitution, de ses caractéristiques ethnoculturelles et du nombre de membres qui en font partie (Gatineau, par exemple, y inclut les personnes seules) qu'en ce qui a trait à l'inclusion du réseau familial, c'est-à-dire les oncles, tantes, grands-parents, etc. D'autre part, la famille est vue comme la cellule de base de la société, ce qui souligne l'importance des interactions, du soutien et de la réciprocité. Enfin, la famille a également une fonction importante, celle de transmission des valeurs en tant que premier lieu d'apprentissage et d'enracinement. Ces multiples dimensions représentent donc, comme le souligne la Ville de Lévis, « un défi de taille pour qui veut la soutenir ».

L'examen des politiques familiales municipales de 10 grandes villes québécoises révèle une nébuleuse de programmes. Fait intéressant, plusieurs vont au-delà des préoccupations classiques et besoins immédiats des familles. Cette vision inclusive des secteurs devant être mis à contribution pour le bien-être holistique des familles est d'ailleurs liée à la reconnaissance des Municipalités amies des aînés et des Municipalités amies des enfants. En ce sens, les politiques familiales municipales de ces 10 grandes villes ont de nombreux points en commun. Elles ciblent souvent des clientèles particulières, c'est-à-dire que les programmes sont développés en fonction du type de bénéficiaires (sportifs, enfants fréquentant les services de garde, aînés). Elles partagent aussi un contenu organisé autour des champs de compétences des municipalités (sécurité publique, transport, logement, développement économique, etc.). De plus, elles allient des dispositifs concrets (des offres tangibles de service ou de principes à mettre en œuvre en urbanisme, transport, etc.) et des instruments incitatifs ou procéduraux visant à assurer une plus grande implication des familles dans l'élaboration des dispositifs municipaux (que ce soit l'usage ou l'offre de services). Enfin, de façon plus originale, de nombreuses villes incluent des axes d'interventions qui dépassent les compétences attendues des municipalités (par exemple, l'immigration à Lévis ou l'éducation à Montréal et à Laval).

Les politiques familiales se déploient en quatre principaux axes d'intervention. Le premier concerne les enjeux proches des politiques familiales plus classiques, soit les services de garde (appuyer le développement des infrastructures, la conciliation travail-famille par l'adaptation des horaires de services municipaux au quotidien des familles) et l'éducation. Ce dernier volet est intéressant. À Montréal, l'éducation concerne la programmation culturelle envisagée comme pouvant tisser des partenariats avec les commissions scolaires afin d'en bonifier l'offre éducative. À Laval, il s'agit plutôt d'un champ d'intervention complémentaire et d'une invitation aux initiatives favorisant des parcours scolaires du préscolaire jusqu'à l'université.

Le second axe concerne les loisirs et services communautaires (développement d'activités sportives, sociales ou artistiques) permettant de renforcer le sentiment d'appartenance des familles, le développement communautaire élargi (développement de partenariats avec d'autres organismes pour consolider la réponse aux besoins des familles), la promotion de la vie familiale (encourager les nouvelles initiatives et valoriser l'implication des familles) et la culture (accessibilité et développement de projets entre générations, familles et communautés issues de l'immigration).

Le troisième axe comprend des programmes relatifs au développement économique (rendre les municipalités attractives sur le plan de l'emploi et développer l'entrepreneuriat avec d'autres acteurs du réseau), à l'aménagement du territoire et à l'urbanisme (développement partenarial de projets d'infrastructures et planification de quartiers diversifiés favorables aux familles), au logement (développement de logements communautaires, abordables, intergénérationnels, etc.), aux communications et relations avec les citoyens (assurer l'accès aux ressources et aux mécanismes de participation publique et soutenir l'engagement bénévole), à la sécurité publique (offrir des services de prévention et d'intervention assurant la sécurité des familles dans tous leurs milieux de vie) ainsi qu'aux transports en commun (faciliter les déplacements des familles en diversifiant les modes de transports).

Enfin, le dernier axe regroupe l'environnement, la santé et l'immigration. Les mesures se rapportant à l'environnement promeuvent la création et l'utilisation des espaces verts contribuant au mieux-être des familles ainsi que l'offre de services de recyclage et de collecte sélective et de développement durable. Les mesures relatives à la santé rejoignent les questions de bien-être physique et psychologique générées par des environnements sains. Enfin, les dispositions en matière d'immigration, dont il sera plus amplement question à la section suivante, visent l'accueil et l'intégration des nouvelles familles dans les localités.

Ainsi, bien que l'ensemble des interventions comprises dans les politiques familiales municipales puissent sembler éparses ou très inclusives, il demeure que ces politiques sont réellement territorialisées. Elles permettent d'appréhender les services nécessaires aux familles sous plusieurs angles : leur complexité, leur composition, leur provenance et leurs besoins. Elles reflètent également les dynamiques et particularités régionales. En termes d'efficacité, cette approche « se traduit notamment par un décloisonnement des directions où des décisions concernant les familles se prennent » (Observatoire des tout-petits, 2021, p. 176).

1.3.2. Les politiques municipales destinées aux immigrants

L'immigration est une compétence partagée entre le gouvernement fédéral et les gouvernements provinciaux. C'est également l'une de manifestations du fédéralisme asymétrique puisque le Québec y occupe une place toute particulière. Suite à la signature de nombreux accords dont le dernier en 1991 (accord McDougall-Gagnon-Tremblay), la province a obtenu davantage de pouvoirs et d'autonomie en immigration, en particulier en matière de sélection des candidats de la catégorie économique (regroupant les travailleurs qualifiés et les gens d'affaires) et de celle des réfugiés. Le Québec a également obtenu la compétence pleine et entière en matière d'accueil et d'intégration des nouveaux arrivants. Ce partage fédéral-provincial a longtemps exclu les municipalités des politiques d'établissement des immigrants (que ce soit en termes de pouvoir ou de financement), alors même que ce sont elles qui les accueillent sur leur territoire (Tolley, 2011). Pourtant, comme l'avait noté Caroline Andrew, l'établissement des immigrants serait l'un des dossiers les plus propices à une gouvernance multiniveau, puisque les paliers fédéral, provincial et municipal ainsi que des acteurs non étatiques y sont liés par des formes diverses de coopération (Andrew, 2011). Si les municipalités n'ont pas de compétence formelle en matière d'immigration, Fourot (2015) repère au moins deux tendances. D'une part, cette situation légale ne les empêche pas de développer certaines politiques destinées aux immigrants et aux minorités culturelles et, d'autre part, les politiques municipales se différencient de plus en plus les unes des autres, et ce, même à l'intérieur d'une même province.

Les municipalités québécoises restent toutefois dépendantes des programmes mis de l'avant par la province. Or, en 1992, le Québec a infléchi ses pratiques en lançant une première politique de régionalisation de l'immigration, dont l'objectif était de disperser la population immigrante sur l'ensemble du territoire alors qu'elle se concentrait généralement à Montréal. À partir de 1999, les premières ententes spécifiques entre le gouvernement provincial et quelques administrations municipales sont signées, d'abord avec Montréal, puis en 2003 avec Québec, en 2004 avec Sherbrooke et en 2008 avec Gatineau.

À la suite de ces premières expérimentations, le ministère de l'Immigration et des Communautés culturelles (MICC) adopte une approche explicitement territoriale en concluant des ententes d'abord avec les conférences régionales des élus (abolies depuis), ainsi qu'avec six municipalités (Montréal, Québec, Sherbrooke, Shawinigan, Laval et Gatineau, Plan d'action gouvernementale 2008-2013). Dans sa trousse destinée aux municipalités, le MICC indique clairement la nécessité pour la province de solliciter l'intervention des municipalités afin de soutenir des actions sur mesure selon chaque configuration : « Ces ententes permettent ainsi d'adapter les actions aux spécificités des différents territoires. » (Québec, ministère de l'Immigration et des Communautés culturelles, 2013, p. 10) Le document propose un modèle en six étapes pour guider les municipalités dans le processus d'élaboration de leurs politiques spécifiques, qu'elles concernent l'accueil, l'accueil et l'intégration ou encore la diversité ethnoculturelle. Outre l'identification d'un chef de file (comme pour les politiques familiales), le guide du MICC insiste sur le fait qu'« [i]l est cependant essentiel d'ancrer cette démarche en interpellant et en mobilisant le milieu afin que la politique et le plan d'action soient portés et endossés par un maximum de personnes qui, à leur tour, deviendront des ambassadeurs du dialogue interculturel et de la cohésion sociale » (Québec, ministère de l'Immigration et des Communautés culturelles, 2013, p. 18). Les municipalités sont ainsi appelées à s'appuyer sur le tissu communautaire, qui pourra agir en matière d'accueil et d'intégration. Cette façon d'envisager l'action publique par le palier provincial sera conservée dans le programme subséquent, notamment sous forme d'appels à projets.

En effet, à partir de 2015, la politique en matière d'immigration, de participation et d'inclusion, *Ensemble, nous sommes le Québec*, interpelle encore plus directement les municipalités sur ces enjeux[9]. Elles y sont explicitement reconnues comme des

> partenaires des milieux de vie [qui] sont au cœur de l'édification de collectivités inclusives, de par leur capacité d'intervention à une échelle où les Québécoises et Québécois se côtoient, cohabitent et interagissent [...] Il est nécessaire de miser sur la connaissance fine que les municipalités ont des réalités de leur milieu qui se reflète dans les politiques et plans d'action municipaux [...] la concertation avec les municipalités est un moyen de susciter la prise en compte des besoins différenciés des personnes immigrantes [...] L'intégration des besoins liés à l'immigration et à la diversité ethnoculturelle dans les politiques municipales assure la cohérence des actions. (Québec, ministère de l'Immigration, de la Diversité et de l'Inclusion, 2015, p. 42)

Dans cet extrait, le gouvernement reconnaît les municipalités comme l'échelon territorial qui permet à la fois de miser sur la proximité (entre les décideurs et les clientèles, entre les acteurs publics ou non)

---

9. En 2014, le MICC change de nom pour devenir le ministère de l'Immigration, de la Diversité et de l'Inclusion (MIDI).

et sur l'expertise du milieu. Il explicite aussi sa stratégie, qui consiste moins à décentraliser la compétence d'accueil de l'immigration qu'à miser sur « l'effet territoire », c'est-à-dire de faire de l'immigration un thème transversal des politiques municipales. Ainsi, à l'instar de la politique familiale explorée plus haut en matière d'accueil des immigrants, c'est bien l'État québécois qui fixe les principales orientations à travers ses politiques, tout en invitant les municipalités à développer leurs propres politiques à l'intérieur de ces paramètres (Rocher, 2017).

De nombreuses études sur les politiques municipales d'accueil et d'intégration font ressortir trois principales variations entre les pratiques locales. Elles concernent les conceptions de « l'immigrant », les instruments de politiques publiques et, finalement, les ancrages administratifs. Premièrement, Fourot (2013) a bien montré que les municipalités avaient la capacité de développer une certaine conceptualisation de l'immigrant, dont découlent ensuite leurs approches respectives des politiques publiques municipales. À titre d'illustration, si la Ville de Montréal a développé un discours foncièrement interculturaliste, accueillant la diversité, la Ville de Laval, sous l'administration du maire Vaillancourt (1989-2012), a au contraire prôné une identité lavalloise, conduisant à gommer toutes références à d'autres identités ethnoculturelles jugées être en compétition avec la première. Dans son étude sur cinq villes, François Rocher montre aussi que la notion d'interculturalisme mise de l'avant par le Ministère fait l'objet d'appropriations contrastées sur le terrain. Deuxièmement, Rocher (2017) comme Chiasson et Koji (2011) insistent sur les trajectoires différentes qu'adoptent les administrations municipales en matière de politique d'accueil et d'intégration. Selon Rocher (2017), alors même que de nombreuses municipalités annoncent des objectifs de type humanistes dans leurs énoncés de politiques (par exemple visant la reconnaissance mutuelle, la lutte contre le racisme et la discrimination, etc.), les mesures concrètes mises en place se révèlent le plus souvent de type instrumental (par exemple, des mesures visant à assurer l'employabilité des immigrants ou leur intégration sociale). Ainsi, même si le programme de financement est le même pour toutes les villes étudiées par ces auteurs, ces dernières s'en accommodent différemment, en misant par exemple principalement sur leur attractivité (notamment Québec et Rimouski) ou plutôt en adoptant une démarche interculturelle plus horizontale (notamment Montréal et Sherbrooke). Troisièmement, et pour revenir à la diversification des instruments et des contenus de politiques publiques, Larouche-LeBlanc (2018) montre bien, à partir de son échantillon, que les municipalités ancrent administrativement la responsabilité du dossier de l'immigration dans des services variés.

Tableau 1.2. L'immigration dans la structure municipale

Développement social	Loisirs, culture et vie communautaire	Organisme de développement économique	Direction générale	Arts et culture	Service à la vie citoyenne
Montréal Laval	Longueuil Québec Brossard Sherbrooke	Saguenay Trois-Rivières	Rimouski	Gatineau	Drummondville

Source : Larouche-Leblanc (2018, p. 102)

L'ensemble de ces variations témoignent d'autant de conceptions de l'immigration, tantôt conçue sous l'angle du développement économique ou du développement social, tantôt sous celui des loisirs, de la culture et de la vie communautaire.

Comme pour le développement de politiques familiales municipales, la province pratique non seulement une forte territorialisation de l'immigration depuis près de deux décennies, mais fonde aussi traditionnellement son action sur ses partenaires communautaires. Cette démarche « centrale » a aussi été imposée aux partenaires municipaux, qui doivent eux-mêmes établir des partenariats avec les acteurs communautaires locaux afin de rejoindre la clientèle cible. Tant les politiques familiales municipales que celles d'accueil et d'intégration des immigrants valorisent l'idée de diversité. Les premières empruntent à une diversité de secteurs d'action publique pour couvrir les multiples besoins des familles, alors que les secondes font de la diversité ethnoculturelle une valeur municipale importante. Cela conduit à des politiques d'accueil et d'immigration qui incarnent pleinement la notion d'intersectionnalité : les personnes issues de l'immigration sont à la fois des acteurs économiques importants et des membres de la communauté à part entière, et des clientèles (familles, enfants, jeunes, aînés, etc.).

1.4. Conclusion

Dans ce chapitre, nous avons proposé d'explorer la nature et les formes du renforcement du palier municipal québécois à la lumière de certaines transformations du système d'action publique. Au terme de cette réflexion, les municipalités québécoises nous apparaissent renforcées dans leur statut et leurs attributions. La réforme de réorganisation territoriale municipale, doublée d'une certaine décentralisation de pouvoirs, leur procure aujourd'hui une autonomie d'action inédite. Ce renforcement des municipalités nous semble aussi alimenté par la place qu'elles prennent dans plusieurs secteurs de politiques publiques de compétence provinciale. Les politiques municipales destinées aux personnes plutôt qu'à la propriété, témoignent de l'élargissement des rôles des municipalités québécoises revendiqué par les associations municipales et concédé au fil des réformes des années 2000. Les deux secteurs de politiques municipales dont nous avons traité montrent donc que l'élaboration de programmes s'appuyant sur divers secteurs et en partenariat avec les acteurs du milieu permettent de consolider une offre de services transversale avec un éventail de programmes qui se complètent, se juxtaposent ou se substituent. En cela, tant les politiques familiales que celles concernant l'accueil et l'intégration des immigrants répondent à la promesse de la territorialisation : elles dépassent l'approche sectorielle plus traditionnelle dans la fabrique de l'action publique.

Dans le cas de ces deux politiques, si l'on assiste à leur prise en charge par l'État québécois, force est de constater que les municipalités, parties prenantes sur le long terme, en bonifient substantiellement la portée. Cette dynamique officialise la complémentarité des deux échelons en déployant une gamme de biens et services liés au « cadre de vie » à l'échelon municipal. Pour les deux politiques municipales examinées, la territorialisation s'illustre de deux façons complémentaires. La première s'observe par l'appropriation variable des questions entourant la famille et l'immigration, et ce, malgré l'influence d'acteurs externes tels Espace MUNI ou le MIDI. En effet, la territorialisation de l'action publique correspond à « une plus grande localisation de la définition des enjeux collectifs et de leurs modalités de traitement » (Douillet, Faure et Négrier, 2015, p. 334), ce qui conduit également à des formes de différenciation des politiques publiques entre les villes. La seconde relève du fait que la nature de ces enjeux publics pousse fortement les municipalités à les intégrer horizontalement dans leurs différents domaines d'intervention.

De plus, l'examen des politiques familiales et des politiques d'accueil et d'intégration des immigrants montre que les municipalités s'éloignent de leur statut traditionnel de *policy takers*, c'est-à-dire dans lequel elles sont subordonnées à l'État dans une relation hiérarchique, confinées à un rôle subalterne, dépendantes des initiatives des échelons supérieurs. Au contraire, en territorialisant ces politiques sectorielles, l'État québécois les amène à s'affirmer comme *policy makers* (particulièrement les grandes municipalités urbaines), c'est-à-dire comme étant proactives dans le développement des politiques publiques (Sancton, 2006 ; Schuze, 2003).

Ces transformations générales de la place des municipalités québécoises dans le processus des politiques publiques se heurtent toutefois à un certain nombre d'obstacles. L'autonomie institutionnelle récemment acquise ne s'avère pas complète, ni en matière juridique ni en matière fiscale. D'autres réformes restent encore à faire pour que le palier municipal devienne un échelon gouvernemental à part entière. Ainsi, les recommandations émises dans le récent rapport de l'Observatoire des tout-petits à propos des politiques familiales municipales peuvent être extrapolées : les municipalités bénéficieraient d'une stratégie horizontale renforcée dans la formulation et la mise en œuvre de leurs programmes, dans le développement d'un protocole d'évaluation des mesures mises en place et dans l'acquisition d'expertises additionnelles pour mieux connaître et suivre leurs clientèles (Observatoire des tout-petits, 2021, p. 177).

Si, comme le proposait Caroline Andrew, il revient aux villes de s'affirmer face aux gouvernements supérieurs (Andrew, 2001), ces derniers interpellent aussi les municipalités pour agir dans des domaines non traditionnels, justement parce qu'elles peuvent compter sur un réseau d'organismes communautaires avec lequel elles travaillaient (Lavigne, 2013). C'est ce que confirme l'exemple des politiques familiales et d'accueil et d'intégration des personnes immigrantes au palier municipal. Sur ce constat, il conviendrait d'interroger les modalités de territorialisation d'autres politiques, notamment celles liées aux services à la personne, comme le logement social.

Références

ANDREW, Caroline (1999). « Les métropoles canadiennes », dans Caroline Andrew (dir.), *Dislocation et permanence : l'invention du Canada au quotidien*, Ottawa, Les Presses de l'Université d'Ottawa, p. 61-79.

ANDREW, Caroline (2001). « The Shame of (Ignoring) the Cities », *Journal of Canadian Studies/Revue d'études canadiennes*, vol. 35, n° 4, p. 100-110.

ANDREW, Caroline (2011). « Federal Policies on Immigrant Settlement », dans Erin Tolley et Robert Young (dir.), *Immigrant Settlement Policy in Canadian Municipalities*, Montréal et Kingston, McGill-Queen's University Press, p. 49-72.

Béhar, Daniel (2000). « Les nouveaux territoires de l'action publique », dans Dominique Pages et Nicolas Pelissier (dir.), *Territoires sous influences*, Paris, L'Harmattan, p. 83-101.

Bradford, Neil (2018). « A National Urban Policy for Canada? The Implicit Federal Agenda », *IRPP Insight*, n° 24.

Breux, Sandra et Jean-Pierre Collin (2007). « La politique culturelle des villes québécoises face à la récente réforme municipale », *Cahiers de géographie du Québec*, vol. 51, n° 142, p. 9-27.

Burlone, Nathalie (2009). « Le sens de la famille : réflexion autour du choix des instruments de politique familiale », *Économie et Solidarités*, vol. 38, n° 2, p. 105-121.

Burlone, Nathalie (2013). « Linéarité des politiques publiques et temporalités individuelles », dans Stéphanie Gaudet, Nathalie Burlone et Maurice Lévesque (dir.), *Repenser les politiques publiques*, Québec, Presses de l'Université Laval, p. 181-201.

Burlone, Nathalie (2022). « Québec's Subsidized Childcare Network », dans Evert Lindquist et coll. (dir.), *Public Policy Success: Learning from Canadian Experiences*, Don Mills (Ont.), Oxford University Press, p. 98-116.

Caillois, Jean-Marc et Patrick Moquay (2006). « La territorialisation des politiques de développement rural : acquis des expériences antérieures et perspectives », *Ingéniéries*, numéro spécial FEADER, p. 155-163.

Carrefour action municipale et famille [s.d.]. [site Web] [s.d.] [http://carrefourmunicipal.qc.ca/a-propos/historique/] (consulté le 1er août 2021).

Carrefour action municipale et famille (2018). *Guide d'accompagnement et de référence sur la politique familiale municipale*, [Fichier PDF], [https://espacemuni.org/wp-content/uploads/2021/03/guide-pfm-2018-5.pdf].

Champagne, Éric (2013). « Les programmes d'infrastructures municipales du gouvernement fédéral : une analyse de la gouvernance multiniveau au Canada », *Télescope*, vol. 19, n° 1, p. 43-61.

Chiasson, Guy et Junichiro Koji (2011). « Quebec Immigrant Settlement Policy and Municipalities: Fine-tuning a Provincial Template », dans Erin Tolley et Robert Young (dir.), *Immigrant Settlement Policy in Canadian Municipalities*, Montréal et Kingston, McGill-Queen's University Press, p. 148-191.

Collin, Jean-Pierre (2002). « La réforme de l'organisation du secteur municipal au Québec : la fin ou le début d'un cycle ? », *Organisations & territoires*, vol. 11, n° 3, p. 5-13.

Collin, Jean-Pierre et Jacques Léveillée (2003). *L'organisation municipale au Canada : un régime à géométrie variable*, Montréal, GRIM-INRS-UCS.

Dagenais, Michèle (1992). « Une bureaucratie en voie de formation : l'administration municipale de Montréal dans la première moitié du xxe siècle », *Revue d'histoire de l'Amérique française*, vol. 46, n° 1, p. 177-205.

DANDURAND, Renée B. et Marianne KEMPENEERS (2002). « Pour une analyse comparative et contextuelle de la politique familiale au Québec ». *Recherches sociographiques*, vol. 43, n° 1, p. 49-78.

DESJARDINS, Xavier (2008). « Le logement social au temps du néolibéralisme », *Métropoles*, n° 4, p. 26-45.

DOUILLET, Anne-Cécile (2003). « Les élus ruraux face à la territorialisation de l'action publique », *Revue française de science politique*, vol. 53, n° 4, p. 583-606.

DOUILLET, Anne-Cécile, Alain FAURE et Emmanuel NÉGRIER (2015). « Trois regards sur les politiques publiques vues du local », dans Laurie Boussaguet, Sophie Jacquot et Pauline Ravinet (dir.), *Une « French touch » dans l'analyse des politiques publiques ?* Paris, Presses de Sciences Po, p. 312-348

EIDELMAN, Gabriel et Zack TAYLOR (2010). « Canadian Urban Politics: Another "Black Hole"? » *Journal of Urban Affairs*, vol. 32, n° 3, p. 305-320.

FAMILLE QUÉBEC. Site Web, [En ligne], [https://www.mfa.gouv.qc.ca/fr/Famille/politique-familiale/Pages/index.aspx] (consulté le 1er août 2021).

FOUROT, Aude-Claire (2013). *L'intégration des immigrants. Cinquante ans d'action publique locale*, Montréal, Les Presses de l'Université de Montréal.

FOUROT, Aude-Claire (2015). « "Bringing Cities Back In" To Canadian Political Science: Municipal Public Policy and Immigration », *Canadian Journal of Political Science/Revue canadienne de science politique*, vol. 48, n° 2, p. 413-433.

FRATE, Benoît et David ROBITAILLE (2021). « A Pipeline Story: The Evolving Autonomy of Canadian Municipalities », *Journal of Law and Social Policy*, n° 34, p. 93-110.

GARBER, Judith A. et David L. IMBROSCIO (1996). « "The Myth of the North American City" Reconsidered: Local Constitutional Regimes in Canada and the United States ». *Urban Affairs Review*, vol. 31, n° 5, p. 595-624.

GARCEA, Joseph et Edward LESAGE (dir.) (2005). *Municipal Reform in Canada: Reconfiguration, Re-empowerment, and Rebalancing*, Don Mills (Ont.), Oxford University Press.

GRAHAM, Katherine A. H. et Susan D. PHILLIPS (1998). « "Who Does What" in Ontario: The Process of Provincial-Municipal Disentanglement », *Canadian Public Administration/Administration publique du Canada*, vol. 41, n° 2, p. 175-209.

HOOGHE, Lisbet et Garry MARKS (2003). « Unraveling the Central State, but How? Types of Multi-Level Governance », *The American Political Science Review*, vol. 97, n° 2, p. 233-243.

INSTITUT DE RECHERCHE ET D'INFORMATIONS SOCIOÉCONOMIQUES (IRIS) (2015). *Fiscalité municipale, peut-on faire mieux ?* [Fichier PDF], [https://cdn.iris-recherche.qc.ca/uploads/publication/file/Note-Fiscalite-municipale-WEB-02.pdf].

KLODAWSKY, Fran et Leonore EVANS (2014). « Homelessness on the Federal Agenda: Progressive Architecture but No Solution in Sight », dans

Katherine A. H. Graham et Caroline Andrew (dir.), *Canada in Cities: The Politics and Policy of Federal-Local Governance*, Montréal et Kingston, McGill-Queen's University Press, p. 75-101.

Larouche-LeBlanc, Stéphanie (2018). *La gouvernance de proximité en contexte interculturel : villes et intégration des immigrants au Québec*, mémoire de maîtrise, Montréal, Université de Montréal.

Lavigne, Marc-André (2003). « Les politiques en loisir depuis la réorganisation municipale : recensement des huit grandes villes du Québec », *Bulletin de l'Observatoire québécois du loisir*, vol. 1, nº 1, [Fichier PDF], [http://bel.uqtr.ca/id/eprint/306/1/6-19-1296-20061115-1.pdf].

Lavigne, Marc-André (2013). *La gouvernance des services municipaux de loisir : les villes de Gatineau et de Québec, 2002-2012*, thèse de doctorat, Québec, École nationale d'administration publique.

Leloup, Xavier et Didier Gysler (2009). *Loger les familles avec enfants dans le logement social public montréalais : politique d'attribution et profil sociodémographique des résidents*, Montréal, Centre – Urbanisation Culture Société, INRS..

Lemieux, Denise (2011). « La revendication d'une politique familiale : un mouvement québécois forgé dans le creuset de la Révolution tranquille, 1960-1990 ». *Enfances, Familles, Générations*, nº 15, p. 23-44.

Lemieux, Denise et Michelle Comeau (2000). *Le mouvement familial au Québec 1960-1990*, Québec, Les Presses de l'Université du Québec.

Lemieux, Vincent (1996). « L'analyse politique de la décentralisation », *Canadian Journal of Political Science/Revue canadienne de science politique*, vol. 29, nº 4, p. 661-680.

Letarte, Georges (2007). *Les interfaces entre les politiques municipales : développement social, famille, loisir, sport et vie communautaire*, [Fichier PDF], [https://depot.erudit.org/bitstream/002963dd/1/Interface.pdf].

Linteau, Paul-André et coll. (1989). *Histoire du Québec contemporain : Tome II – Le Québec depuis 1930*, Montréal, Boréal.

Magnusson, Warren (2005). « Protecting the right of local self-government », *Canadian Journal of Political Science/Revue canadienne de science politique*, vol. 38, nº 4, p. 897-922.

Mévellec, Anne (2008). *La construction politique des agglomérations*, Québec, Presses de l'Université Laval.

Mévellec, Anne, Mario Gauthier et Guy Chiasson (2012). « Penser le territoire québécois : différenciation territoriale et pratiques scientifiques », dans Anne-Cécile Douillet et coll. (dir.), *L'action publique locale dans tous ses états : différenciation et standardisation*, Paris, L'Harmattan, p. 77-95.

Mévellec, Anne, Guy Chiasson et Yann Fournis (2017). « De "créatures du gouvernement" à "gouvernements de proximité" : trajectoire sinueuse des municipalités québécoises », *Revue française d'administration publique*, vol. 162, nº 2, p. 339-352.

Muller, Pierre (1990). « Les politiques publiques entre secteurs et territoires », *Politiques et management public*, vol. 8, n° 3, p. 19-33.

Observatoire des tout-petits (2021). *Que faisons-nous au Québec pour nos tout-petits et leur famille ? Portrait des politiques publiques*, Montréal, Fondation Lucie et André Chagnon.

Offner, Jean-Marc (2006). « Les territoires de l'action publique locale : fausses pertinences et jeux d'écarts », *Revue française de science politique*, vol. 56, n° 1, p. 27-47.

Prémont, Marie-Claude (2015). « Les municipalités québécoises et le développement économique par la fiscalité : back to the future? », *Organisations & territoires*, vol. 24, n° 3, p. 61-67.

Québec. Ministère de la Famille et des Aînés (2007). *Regard sur la démarche relative à l'élaboration ou à la mise à jour d'une politique familiale municipale*, [Fichier PDF], [https://www.mfa.gouv.qc.ca/fr/publication/Documents/SF_programme_municipalites-MRC.pdf].

Québec. Ministère de l'Immigration et des Communautés culturelles (2013). *Trousse d'information à l'intention des municipalités du Québec sur les enjeux de l'immigration et de la diversité ethnoculturelle*, [Fichier PDF], [http://www.quebecinterculturel.gouv.qc.ca/publications/fr/divers/BRO_Trousse_Municipalites.pdf].

Québec. Ministère de l'Immigration et des Communautés culturelles (2015). *Ensemble, Nous sommes le Québec – Politique québécoise en matière d'immigration, de participation et d'inclusion*, [Fichier PDF], [https://cdn-contenu.quebec.ca/cdn-contenu/adm/min/immigration/publications-adm/politiques/PO_ensemble_quebec_MIDI.pdf].

Québec. Ministère des Affaires municipales et de l'Occupation du territoire (2018). *L'organisation municipale au Québec en 2018*, [Fichier PDF], [https://www.mamh.gouv.qc.ca/fileadmin/publications/organisation_municipale/organisation_territoriale/organisation_municipale_2018.pdf].

Rocher, François (2017). « L'idéal interculturel à l'aune des politiques publiques à l'échelle municipale au Québec », *Anthropologie et Sociétés*, vol. 41, n° 3, p. 181-211.

Rocher, François et Christian Rouillard (1998). « Décentralisation, subsidiarité et néo-libéralisme au Canada : lorsque l'arbre cache la forêt », *Canadian Public Policy/Analyse de politiques*, vol. 24, n° 2, p. 233-258.

Rochman, Juliette et Diane-Gabrielle Tremblay (2012). « Politiques familiales municipales : l'émergence de nouvelles formes de gouvernance locale ? », *Politique et Sociétés*, vol. 31, n° 1, p. 3-46.

Sancton, Andrew (2006). « Cities and Climate Change: Policy-Takers, not Policy-Makers », *Policy Options politiques*, vol. 27, n° 8, p. 32-34.

Schultze, Claus J. (2003). « Cities and EU Governance: Policy-Takers or policy-makers? », *Regional & Federal Studies*, vol. 13, n° 1, p. 121-147.

Smith, Alison et Zachary Spicer (2018). « The Local Autonomy of Canada's Largest Cities », *Urban Affairs Review*, vol. 54, n° 5, p. 931-961.

Spicer, Zachary (2012). « The Rise and Fall of the Ministry of State for Urban Affairs: Exploring the Nature of Federal-Urban Engagement in Canada », *Canadian Political Science Review*, vol. 5, n° 2, p. 117-126.

St-Amour, Nathalie (2010). *Vers une politique de conciliation travail-famille au Québec : des enjeux complexes et en évolution*, thèse de doctorat, Montréal, Université de Montréal.

Stephenson, Paul (2013). « Twenty Years of Multi-Level Governance: "Where Does It Come From? What Is It? Where Is It Going?" », *Journal of European Public Policy*, vol. 20, n° 6, p. 817-837.

Stewart, Kennedy et Patrick J. Smith (2007). « Immature Policy Analysis: Building Capacity in Eight Major Canadian Cities », dans Laurent Dobuzinskis, Michael Howlett et David Laycock (dir.), *Policy Analysis in Canada: The State of the Art*, Toronto, University of Toronto Press, p. 265-288.

Taylor, Zachary (2019). *Shaping the Metropolis*, Montréal et Kingston, McGill-Queen's University Press.

Tolley, Erin (2011). « Who Invited them to the Party? Federal-Municipal Relations in Immigrant Settlement Policy », dans Erin Tolley et Robert Young (dir.), *Immigrant Settlement Policy in Canadian Municipalities*, Montréal et Kingston, McGill-Queen's University Press, p. 3-48.

Turgeon, Luc (2006). « Les villes dans le système intergouvernemental canadien », dans Alain G. Gagnon (dir.), *Le fédéralisme canadien contemporain*, Montréal, Les Presses de l'Université de Montréal, p. 403-444.

Union des municipalités du Québec (UMQ) (2018). *Pour une pleine autonomie des gouvernements de proximité, Plateforme municipale « De la parole aux actes »*.

Young, Robert (2013). « La gouvernance multiniveau et les politiques publiques au sein des municipalités du Canada : reddition de comptes et efficacité », *Télescope*, vol. 19, n° 1, p. 25-42.

Young, Robert et Martin Horak (2012). *Sites of Governance Multilevel Governance and Policy Making in Canada's Big Cities*, Montréal et Kingston, McGill-Queen's University Press.

CHAPITRE 2

Comparer et comprendre l'implication des municipalités et des communautés francophones en situation minoritaire au Canada[1]

Aude-Claire Fourot

L'implication des villes et des acteurs de la société civile dans des domaines traditionnellement réservés à des niveaux supérieurs de gouvernement est de nos jours bien admise (Guiraudon et Lahav, 2000). Au Canada, l'appel pionnier lancé il y a plus de vingt ans par Caroline Andrew (2001) pour la reconnaissance accrue des acteurs locaux et sociaux semble avoir été (enfin) entendu – d'aucuns diront trop timidement – comme en témoigne la mise en place progressive de formes de gouvernance multiniveaux et collaboratives visant à répondre aux grands enjeux sociaux contemporains. En effet, cette reconnaissance correspond à la conscientisation croissante selon laquelle, malgré leur éloignement des sites majeurs de prise de décisions politiques, les acteurs locaux et sociaux « comptent » quand il s'agit de traiter de questions complexes comme les changements

1. Ce texte se base sur un article paru en anglais dans *Canadian Journal of Political Science/Revue canadienne de science politique* (Fourot, 2021). La toute première version de ce texte a été relue et commentée par Caroline Andrew : son retour a été d'une aide plus que précieuse pour affiner l'argumentation, et notamment les trois stratégies présentées à la fin du chapitre. Cet article a toutefois été remanié ici afin de rendre encore plus évidentes les contributions essentielles, à la fois pionnières et continuellement renouvelées, de Caroline Andrew à cette littérature. Membre de mon comité de thèse, Caroline a été – et demeure – une inspiration. Ayant humblement suivi ses traces dans ce champ de recherche, je suis très honorée de pouvoir contribuer à un livre qui lui est dédié. Un grand merci à Anne Gilbert et à Guy Chiasson pour leur invitation et leurs commentaires sur ce texte.

climatiques, l'itinérance, le développement économique, l'employabilité, la santé ou l'immigration. En matière d'immigration, l'inclusion de tels acteurs est souvent présentée dans la littérature comme le
« tournant local » (Caponio et Borkert, 2010). Au Canada, la diversification ethnoculturelle et raciale croissante des villes a bien évidemment contribué à ce « tournant local » (Andrew, Graham et Phillips,
2002). Parmi les raisons de cette implication, notons : l'amélioration
des économies locales ainsi que la modulation du tissu social de leurs
communautés, une plus grande réactivité aux besoins particuliers des
personnes immigrantes, le comblement de besoins en termes de politiques publiques, le développement de leurs capacités ou encore les
tentatives pour s'immiscer dans les débats sur la citoyenneté.

Cet article porte sur deux entités politiques canadiennes participant de ce « tournant local » et illustre un double changement dans
la fabrique de l'action publique, à savoir *vers le bas*, les municipalités,
et *vers l'extérieur*, la société civile organisée, comme les communautés francophones en situation minoritaire (CFSM). Ce terme renvoie
au million de francophones qui vivent dans les provinces et territoires situés hors du Québec. Ces minorités sont représentées par
une myriade d'institutions et d'organismes communautaires qui
défendent et promeuvent les droits linguistiques, font du lobbyisme
auprès des gouvernements, offrent des programmes socioculturels et
fournissent des services en langue française. Dans chaque province et
territoire, un organisme représentatif réunit cette constellation d'organisations communautaires[2]. Aux niveaux national et international, la
Fédération des communautés francophones et acadienne du Canada
(FCFA) agit comme porte-parole et mandataire principal des CFSM[3].

Les rôles des municipalités et des CFSM dans le domaine de
l'immigration ont certes été examinés séparément, mais, à l'exception notable de Caroline Andrew (2011), les chercheurs omettent
généralement la comparaison. À première vue, les municipalités et
les CFSM ont peu en commun. Une similitude repose toutefois sur le
fait que, bien qu'elles n'aient pas de responsabilités juridictionnelles
particulières en immigration et qu'elles occupent une position non

---

2.   La Fédération des francophones de la Colombie-Britannique (FFCB) est l'organi-
     sation qui représente les francophones en Colombie-Britannique. La FFCB réunit
     près de 40 organismes communautaires répartis dans l'ensemble de la province.

3.   La FCFA est l'organisation-cadre qui chapeaute les organisations de chaque pro-
     vince et territoire, ainsi que des organismes clés des secteurs de la jeunesse, des
     personnes âgées et de la culture.

dominante dans la fabrique de l'action publique, les municipalités et les CFSM traitent de problèmes de gouvernance et saisissent les occasions liées à l'immigration, notamment par leur inclusion dans des réseaux coopératifs financés par le fédéral, comme les Partenariats locaux en matière d'immigration (PLI) et les Réseaux en immigration francophones (RIF). Dans ce contexte, le présent article pose les questions suivantes : pourquoi leur implication est-elle possible ? Quelles formes prend-elle ? Que nous apprend-elle à propos de la fabrique de l'action publique et, plus généralement, à propos de la gouvernance multiniveaux et collaborative ?

Pour répondre à ces questions, j'ai recours à une approche comparative centrée sur les « cas les plus différents », et j'étudie trois villes (Moncton, Winnipeg, Vancouver) et trois CFSM dans leurs provinces respectives (le Nouveau-Brunswick, le Manitoba et la Colombie-Britannique). L'intérêt de cette approche comparative repose sur l'identification de formes possibles de convergence, particulièrement en matière de gouvernance, malgré la présence de différences institutionnelles clés. Ce type de comparaison répond à l'appel à dépasser le « nationalisme méthodologique » dans les études sur les migrations (Glick Schiller et Caglar, 2011) et est en concordance avec la résurgence de la prise en compte du territoire et de la localité dans la politique comparée (Broschek, Petersohn et Toubeau, 2017).

Ainsi, cette recherche met en lumière les rôles des ambiguïtés dans les processus de gouvernance et offre de nouvelles perspectives sur les caractéristiques du « tournant local » en immigration. Le présent article montre que les ambiguïtés sont à la fois : (i) une condition pour une participation accrue de la part des administrations municipales et des acteurs de la société civile dans le continuum de l'immigration ; et (ii) un résultat de cette participation, notamment dans les réseaux des PLI et des RIF. La conclusion présente ensuite trois approches adoptées par les acteurs lorsqu'ils naviguent dans un cadre de gouvernance collaborative et multiniveaux, nommément le « maintien », l'« exploitation » et la « délégation » de la gestion des ambiguïtés.

2.1. Ambiguïtés canadiennes dans les arrangements de gouvernance collaborative et multiniveaux

Les municipalités et les CFSM partagent une position subordonnée au sein des institutions canadiennes. Au début des années 1980 et lors des débats constitutionnels subséquents, tant les municipalités que les organismes des CFSM ont réclamé un statut constitutionnel plus fort. Les municipalités ont cherché à obtenir une reconnaissance formelle qui pourrait les protéger du pouvoir discrétionnaire des provinces. Les organismes représentants des CFSM ont quant à eux demandé la reconnaissance formelle d'un statut spécial selon la Constitution et la consécration constitutionnelle de leurs droits *collectifs* (Léger, 2015). L'échec à obtenir plus d'autonomie et d'autorité au moyen d'un amendement constitutionnel fédéral[4] a mené les municipalités et les organismes des CFSM à mettre en œuvre différentes stratégies propices à des changements plus graduels dans leurs rôles et responsabilités.

Au Canada, une telle implication a été étudiée notamment au travers de concepts comme la « gouvernance urbaine » telle que développée par Caroline Andrew (2002). S'éloignant d'une analyse institutionnelle traditionnelle sur les pouvoirs juridictionnels « forts » ou « faibles », ce pan de littérature met l'emphase sur l'interdépendance entre les secteurs publics, privés et communautaires entre les niveaux de gouvernement et au sein des gouvernements. Il met aussi l'accent sur l'agentivité et les pouvoirs discrétionnaires des gouvernements locaux (Smith et Stewart, 2006). De même, une notion comme la « gouvernance partagée » (Forgues, 2012) souligne l'inclusion des organismes représentant les CFSM dans l'élaboration de politiques ainsi que leur besoin d'innover pour relever le défi de repenser la nature de leur place au sein du fédéralisme canadien (Cardinal et Forgues, 2015). Dans les deux cas, et comme le rappelle Caroline Andrew (2011), une plus grande implication des municipalités et de la société civile ne se traduit pas automatiquement par une perte de pouvoir ou d'influence pour le gouvernement fédéral ou les provinces. Aussi, loin de nous l'idée de considérer ces acteurs comme de nouveaux « héros » de l'action publique qui, dotés de super pouvoirs, seraient capables de restructurer de fond en comble la gouvernance de l'immigration.

---

4.   Le statut et la reconnaissance des organismes au sein des CFSM varient selon les provinces et territoires. Ces organismes font toujours face à des résistances de la part des gouvernements provinciaux et territoriaux dès lors qu'il s'agit de protéger les droits linguistiques et d'offrir des services publics en français. Depuis la promulgation de la *Loi sur les langues officielles* en 1969, le gouvernement fédéral finance les organismes communautaires et de représentation des CFSM (notamment par l'entremise de Patrimoine canadien). La gouvernance dans ces communautés est par conséquent fondamentalement façonnée par les politiques fédérales.

Telle que définie par Matland (1995), l'ambiguïté peut désigner soit une « ambiguïté d'objectifs » (*ambiguity of goals*) soit une « ambiguïté de moyens » (*ambiguity of means*). L'ambiguïté d'objectifs renvoie aux interprétations différentes par les acteurs des buts politiques ou des mandats institutionnels. Les cadrages reposent alors sur les multiples créateurs de sens sociaux et gouvernementaux dont les intérêts et les attentes divergent (Dewulf et Biesbroek, 2018). Dans cette perspective, l'ambiguïté n'est pas considérée comme un élément à supprimer. Elle est plutôt vue comme une condition nécessaire pour agréger des intérêts et des valeurs concurrents, notamment pour éviter de s'aliéner des acteurs et favoriser des changements graduels grâce à une plus grande flexibilité dans la mise en œuvre (Matland, 1995). L'« ambiguïté de moyens » concerne quant à elle les rôles joués par les acteurs dans une configuration particulière et renvoie à un environnement complexe d'élaboration des politiques. C'est notamment le cas des partenariats qui réunissent des acteurs jouant de nombreux rôles, tels que des agences gouvernementales qui seraient les bailleurs de fonds, mais aussi des « partenaires » de la fabrique d'un projet collaboratif, une municipalité qui représenterait son administration politique en même temps que la communauté locale en général, ou encore des organisations communautaires qui seraient à la fois prestataires de services et représentantes de la communauté qu'elles desservent (Larner et Butler, 2005, p. 93).

2.2. Une approche comparative centrée sur les « cas les plus différents »

La sélection des cas est basée sur l'approche des « systèmes les plus différents » (*most different systems*) : en plus de fournir une base plus solide pour des explications cohérentes dans les études à petit nombre de cas, cette stratégie méthodologique permet de cerner des formes de convergence dans des contextes inattendus (Anckar, 2008). Ainsi, tout en reconnaissant les différences institutionnelles entre les organismes des CFSM et les municipalités (et au sein même des municipalités), la sélection des cas se fonde sur la diversité : taille relative des populations totales, pourcentages d'immigrants et de francophones, et pourcentage d'immigrants parmi la population francophone dans chaque région métropolitaine. En conséquence, j'ai appliqué une analyse croisée des études de cas (Khan et VanWynsberghe, 2008) dans les zones des grands centres urbains de Moncton, Winnipeg et Vancouver. La variété de ces configurations est illustrée dans le tableau 2.1.

Tableau 2.1. Comparaison des populations à l'échelle métropolitaine (Recensement de 2016)

	Population totale	Population immigrante	Population francophone	Proportion de la population immigrante au sein de la population francophone
Grand Moncton	petite	petite	grande	petite
Grand Winnipeg	moyenne	moyenne	petite	moyenne
Grand Vancouver	grande	grande	petite	grande

Source : Tableau produit par l'auteure, Aude-Claire Fourot.

Pour soutenir cette comparaison, j'ai combiné une analyse documentaire (documents de politiques, plans d'action et programmes jusqu'en septembre 2020) avec des entrevues semi-structurées menées auprès de 17 acteurs clés des niveaux communautaire, municipal et fédéral en 2017-2018. J'ai utilisé le programme NVivo pour coder les documents et les entrevues. Enfin, sans égard au genre de la personne interviewée, j'ai privilégié le genre féminin pour les entretiens anonymisés.

2.3. Les ambiguïtés et le « tournant local » en immigration

Les municipalités et les organismes des CFSM sont dans une position mal définie parmi les institutions canadiennes. Ils sont caractérisés par deux ambiguïtés principales : l'ambivalence entourant leur mandat et leur statut. On peut comprendre l'ambiguïté à propos de leur mandat comme une ambiguïté d'objectifs, alors que les ambivalences concernant leur statut témoignent d'une ambiguïté de moyens, notamment quant à leur légitimité comme acteurs politiques.

2.3.1. Une position mal définie parmi les institutions canadiennes

D'abord, l'existence de tensions entre les fonctions de représentation politique et de prestations de services caractérise aussi bien les municipalités que les organismes des CFSM. Les administrations municipales partagent des caractéristiques fondamentales avec leurs homologues des gouvernements provincial et fédéral, dont une assemblée de représentants élus, la capacité de percevoir des impôts et, pour les plus grandes d'entre elles, d'avoir recours à la force. Les maires étant élus au suffrage direct par la population, ces derniers bénéficient également d'une forte légitimité électorale. Néanmoins, les municipalités peuvent être aussi considérées comme des institutions apolitiques dédiées à la prestation de services, comme les hôpitaux ou les écoles. À la différence des municipalités, les organismes des CFSM ne sont pas dotés de pouvoirs législatifs ou de taxation. Ils fonctionnent comme une constellation d'acteurs de la société civile dédiés au lobbying auprès des gouvernements et à la prestation de services plutôt que comme des communautés politiques (Traisnel, 2012). Toutefois, chaque organisme provincial ou territorial tient une assemblée générale au cours de laquelle des élections sont organisées[5]. En se réclamant de parler au nom de l'ensemble des francophones de leur province ou territoire, sans égard au nombre réel de membres qu'ils représentent formellement, ils mettent en jeu un mécanisme de représentation démocratique semblable à ceux des gouvernements (Gallant, 2010).

De plus, des ambiguïtés encadrent également les rôles joués par les municipalités et les CFSM. Malgré une transition générale vers une autonomie plus grande des administrations municipales, la décision du gouvernement Ford en 2018 de réduire le nombre de sièges au conseil municipal de Toronto nous rappelle leur subordination à leurs provinces respectives. Ce sont les provinces qui définissent les responsabilités municipales, leurs revenus ou l'organisation de leurs systèmes électoraux. « Créatures » des provinces, les municipalités ne sont pas censées avoir de relations directes avec le gouvernement fédéral. Cependant, en fonction de l'intérêt gouvernemental envers les villes et des conceptions du fédéralisme, les municipalités peuvent compter sur un certain appui d'Ottawa. Ainsi, comme l'a noté Bradford, le gouvernement fédéral a tendance à mener une politique urbaine nationale « implicite », caractérisée par sa « connexion informelle, son leadership indirect et sa gouvernance interactive » (2018, p. 15 – ma traduction).

Néanmoins, malgré ces contraintes institutionnelles et des relations changeantes avec les gouvernements fédéral et provinciaux, les municipalités peuvent, dans certains cas, agir au niveau local sans

---

5.   À l'exception de la Saskatchewan, où les représentants communautaires sont élus au suffrage universel au sein de la population francophone de la province (Landry et McNichol, 2018).

détenir de pouvoir juridictionnel. En fait, l'absence de définition des pouvoirs municipaux dans la Constitution peut faciliter leur inclusion dans des domaines qui ne font pas clairement partie de leur mandat (Smith et Stewart, 2006). Les organisations représentatives des CFSM, de leur côté, expriment diverses demandes pour bénéficier de plus d'autonomie en se basant sur leurs aspirations à la représentation démocratique et à la participation politique. Elles cherchent à obtenir plus de contrôle sur leurs institutions et les services qu'elles offrent (Forgues, 2012). De nombreux mécanismes de consultation et de gouvernance collaborative ont été créés afin de répondre à ces revendications et de faire participer les organismes représentatifs des CFSM à la conception et à la mise en œuvre de politiques publiques. Dans des domaines particuliers comme l'éducation, des chercheurs considèrent qu'elles profitent même d'une forme limitée d'autonomie non territoriale (Chouinard, 2019). La récente (mais précaire) inclusion de certains organismes représentatifs des CFSM dans les débats intergouvernementaux[6] peut aussi indiquer des formes de reconnaissance de leur rôle politique et de représentation démocratique. Pourtant, nombreux sont ceux qui affirment que leur intégration plus étroite dans le processus d'élaboration des politiques a aussi entraîné une plus grande dépendance financière à l'égard du gouvernement fédéral, limitant leur autonomie dans l'adaptation de leurs activités et services (Forgues, 2012). L'inclusion des CFSM dans les sphères gouvernementales n'équivaut donc pas à un droit à l'autonomie qui obligerait le fédéral à déléguer une partie de son pouvoir (Léger, 2015). Si l'aspiration à des structures d'autonomie avec un véritable pouvoir normatif est possible, elle relève encore du pouvoir discrétionnaire du législateur (Foucher, 2012). En somme, les ambiguïtés autour du statut et du mandat rendent possible l'ouverture de certaines brèches permettant à certains acteurs municipaux et de la société civile de manœuvrer dans la gouvernance de l'immigration et de dépasser leurs positions politiques traditionnelles pour devenir des véhicules pour l'action publique.

---

6.   Par exemple, en 2019, la FCFA a formellement participé, aux côtés des gouvernements fédéral et provinciaux/territoriaux, aux discussions tenues dans le cadre de la Conférence ministérielle sur la francophonie canadienne.

2.3.2. Participation des municipalités et des CFSM au continuum de l'immigration

Les municipalités et les organismes des CFSM ont commencé à créer et à mettre en œuvre des mesures et des politiques envers les immigrants au milieu des années 1980 et au milieu des années 1990 respectivement. Leur engagement tout au long du continuum (de l'attraction/sélection des immigrants à la citoyenneté), qui s'est fait plus visible dans les années 2000, est un corollaire à leur participation accrue dans les accords de gouvernance multiniveaux et collaborative (Fourot, 2015). Ces implications s'ajoutent à celles concernant le logement, les transports, la culture, les loisirs, etc., qui ont un impact sur l'intégration des nouveaux arrivants à la société locale en générale. Les deux entités sont les plus actives dans les domaines de l'intégration et de la prestation de services. Par exemple, elles ont développé des programmes, des réseaux et des partenariats pour fournir des services récréatifs et culturels, du soutien à l'emploi et aux entreprises, des programmes anti-discrimination ou encore du soutien linguistique en français et en anglais.

À présent, les mesures et programmes créés par les municipalités et les organismes des CFSM dans le champ de l'immigration sont liés de près à leur participation aux Partenariats locaux en matière d'immigration (PLI) et aux Réseaux en immigration francophones (RIF). Ces réseaux sont d'excellentes illustrations de dispositions de gouvernance multiniveaux et collaborative. Ils sont constitués par des intervenants divers[7] engagés en immigration. Les RIF ont été créés en 2003 à l'issue de discussions tenues au sein du Comité directeur Citoyenneté et Immigration Canada-Communautés francophones en situation minoritaire, mis sur pied en 2002. Ce comité[8] a reconnu le manque de capacité des communautés francophones à recruter, à accueillir et à intégrer des immigrants parlant français. Il a également confirmé l'importance d'agir dans l'intérêt des communautés francophones au moment de la conception et de la mise en œuvre de politiques. Les PLI ont été créés en 2008 à la suite de discussions au sein du

---

7.   Gouvernements, associations prestataires de services, centres communautaires, conseils scolaires, universités, chambres de commerce, employeurs, centres de santé, etc.

8.   L'actuel Comité IRCC-CFSM (Immigration, Réfugiés et Citoyenneté Canada-Communautés francophones en situation minoritaire) se compose de 15 membres de l'IRCC et des CFSM, ainsi que d'un représentant provincial ou territorial. Il est coprésidé par l'IRCC et la FCFA.

Comité des municipalités pour l'immigration en Ontario (Burr, 2011). Limités au départ à cette province, les PLI ont été étendus au reste du pays en 2012, ce qui témoigne de l'intérêt du fédéral à encourager les municipalités à s'engager davantage dans l'immigration. En fait, on peut interpréter la simple création des PLI comme une occasion pour Ottawa de déployer, sans le nommer, un programme urbain en matière d'immigration. En effet, le gouvernement fédéral finance des services *indirects* ; les municipalités peuvent, *ou non*, agir comme des leaders institutionnels en matière de PLI[9], et les programmes de PLI sont conceptualisés par les communautés locales. Néanmoins, cette forme de pilotage à distance assure la présence du gouvernement fédéral dans des centres économiques, sociaux et culturels clés. Cette approche permet également au gouvernement fédéral de structurer des activités et programmes locaux sans « provoquer » les provinces, qui peuvent voir des relations plus directes avec les municipalités comme un empiétement sur leur champ de compétences. Leur engagement au sein des différents PLI n'est pas uniforme, ce modèle pouvant donner lieu à des dispositions locales différentes. Ni les PLI ni les RIF ne prévoient la prestation directe de services. Ils demeurent sous la supervision de ce que Doberstein qualifie de « métagouverneur » (2013 ; ma traduction), à savoir les fonctionnaires de l'IRCC. Les deux réseaux demeurent des instances de mobilisation et d'orientation dont l'objectif principal est de favoriser des partenariats pour mieux coordonner les services fournis par les membres des PLI à l'échelle locale et par les participants des RIF au provincial.

Si la décision concernant « ceux qui sont admis » demeure ultimement une prérogative des gouvernements fédéral et provinciaux, les villes et les CFSM ont la possibilité de s'engager plus avant dans le choix des immigrants. Par conséquent, dans la suite du Programme d'immigration au Canada atlantique, le gouvernement fédéral a lancé en 2019 un Programme pilote d'immigration dans les communautés rurales et du Nord. Ce dernier donne aux intervenants locaux, en partenariat avec les communautés rurales, la capacité de recommander des candidats à la résidence permanente. Dans la lignée de ces récents programmes d'immigration axés sur les territoires, l'IRCC a l'intention de lancer un nouveau Programme pilote de candidats municipaux conçu pour aider les petites municipalités

9. Au moment où les entrevues ont été réalisées, Moncton et Vancouver étaient signataires d'ententes de PLI, alors que Winnipeg faisait partie du comité directeur des PLI.

à répondre à leurs besoins particuliers en main-d'œuvre. Bien que les détails de ce programme doivent encore être dévoilés, son objectif principal est de permettre aux municipalités, chambres de commerce et conseils du travail locaux de parrainer directement des résidents permanents.

Les organismes des CFSM sont aussi particulièrement vigilants en ce qui concerne les outils de sélection, puisque l'immigration est vue comme un instrument pour préserver la dualité linguistique au Canada[10]. Dans ce contexte, les villes et les organismes des CFSM ont donc conçu des stratégies particulières pour attirer des immigrants dans leurs communautés.

Enfin, les villes ont mis en place des politiques pouvant contrebalancer des approches plus restrictives en matière d'immigration et de citoyenneté. La possibilité de donner le droit de vote aux résidents permanents lors d'élections municipales est envisagée à l'heure actuelle à Moncton et à Winnipeg, alors que Vancouver a adopté une telle résolution en 2018. L'adoption d'une « politique d'accès sans peur » pour donner accès aux services municipaux sans égard au statut d'immigration est aussi à l'ordre du jour à Winnipeg[11] et a été approuvée à Vancouver en 2016. Ces deux cas montrent que les municipalités sont actives dans des domaines qui ne leur sont pas traditionnellement attribués. Paradoxalement, on peut affirmer que les municipalités sont actives dans ces domaines parce qu'elles *savent* que le droit de vote lors des élections municipales dépend de l'approbation provinciale et que les villes appliquent les lois fédérales en matière d'expulsion. Je vais traiter de ce point plus avant dans la section suivante. Pour les organismes des CFSM, l'Initiative des communautés francophones accueillantes, lancée dans le cadre de la Stratégie en matière d'immigration francophone du gouvernement fédéral et soutenue par le Plan d'action pour les langues officielles 2018-2023, montre une certaine forme de reconnaissance de la légitimité de ces communautés dans l'accueil des immigrants. On peut aussi voir cette initiative comme une sorte d'outil de « citoyennisation », c'est-à-dire la construction progressive d'une relation entre les citoyens et une communauté politique (Auvachez, 2009), qui contribue à favoriser un

---

10. Comme l'adoption d'une « lentille francophone » dans les méthodes de sélection (par ex., donner 30 points de plus aux candidats qui ont de solides compétences en français dans le système *Entrée Express*).

11. Entrevue 13, PLI, Winnipeg, 2018 et entrevue 12, fonctionnaire, Ville de Winnipeg, 2018.

sentiment d'appartenance (et la rétention) parmi les nouveaux venus parlant français (Sidney, 2014). L'enjeu de la rétention des personnes immigrantes, notamment dans les plus petites communautés, avait d'ailleurs été identifié comme l'une des principales raisons de faire participer davantage les acteurs municipaux et sociaux dans la gouvernance de l'immigration (Andrew, 2011). Ce dernier est en effet au cœur de la stratégie sur les communautés accueillantes depuis les années 2010.

Ainsi, malgré l'absence de responsabilités formelles en immigration, les ambiguïtés entourant le mandat et les rôles des municipalités et des organismes des CFSM n'excluent pas leur participation dans la gouvernance de l'immigration. Au contraire, l'ambiguïté autour de leur mandat et de leur statut semble être un facteur qui permette leur activisme dans ce domaine. Empiriquement, des villes et collectivités aussi différentes que Moncton, Vancouver et Winnipeg sont actives dans le continuum de l'immigration, fournissant des services directs et indirects, et représentant politiquement les intérêts des immigrants. Le rôle des ambiguïtés ne se limite toutefois pas à celui d'élément moteur des politiques publiques. Dans la partie suivante, j'analyse (i) comment la participation et la collaboration créent à leur tour de nouvelles ambiguïtés, ainsi que (ii) les stratégies adoptées par les acteurs pour gérer ces dernières.

Tableau 2.2. Rôle des ambiguïtés dans la participation des municipalités et des organismes des CFSM à la gouvernance de l'immigration

Facteurs	Gouvernance multi-niveaux/ collaborative	Résultats
Positionnement mal défini des municipalités & CFSM au sein des institutions canadiennes, en termes de représentation démocratique et de prestation de services	Participation dans le continuum de l'immigration, malgré des responsabilités floues et une position subordonnée dans la fabrique de l'action publique	Relations de pouvoir Capacité Ressources Conflit/compétition Légitimité Imputabilité

Source : Tableau produit par l'auteure, Aude-Claire Fourot.

2.4. Les ambiguïtés en tant que résultats de la collaboration

Les acteurs participant à la gouvernance de l'immigration sont motivés par la perspective de contribuer au succès économique de leur collectivité et à l'intégration sociale et culturelle des nouveaux arrivants. La collaboration est souvent vantée, particulièrement parce qu'elle permet de réduire les écarts et chevauchements dans la prestation de services ainsi que d'assurer une meilleure coordination entre les acteurs. Cependant, la collaboration peut également créer de nouvelles ambiguïtés dans les processus de gouvernance. En effet, les acteurs ont aussi à cœur la défense de leurs intérêts dans une configuration marquée par des déséquilibres dans les relations de pouvoir, de leadership et d'autorité et par des différences de capacité, de légitimité et de ressources. La collaboration peut aussi exacerber la concurrence entre les acteurs et avoir des conséquences en termes de défense des intérêts et de pression politique (*advocacy*), mais aussi d'imputabilité.

2.4.1. Relations de pouvoir, capacité, défense des intérêts et concurrence

Tout en faisant la promotion de la collaboration et d'une définition locale des objectifs politiques, la participation des CFSM et des municipalités à l'immigration permet au gouvernement fédéral de recueillir des informations particulières et d'obtenir une forme de contrôle indirect sur d'autres intervenants. Étant donné la nature du fédéralisme canadien et l'échelle géographique du pays, la capacité des métagouverneurs à orienter les réseaux dans des directions précises est essentielle. Les parties prenantes qui observent cette dynamique la voient comme une forme de relation de pouvoir asymétrique, certains allant jusqu'à la décrire comme une « relation parent-enfant [12] » entre un gouvernement fédéral qui finance les services et ceux qui les donnent [13]. Dans tous les cas, la présence du bailleur de fonds à la table de discussions influence les discours des autres acteurs, y compris ceux des administrations municipales qui évitent les sujets controversés jugés « trop politiques [14] ». Par conséquent, leur participation tend à engendrer une « paralysie de l'action sociale » (Acheson et Laforest, 2013 ; ma traduction).

La capacité et les ressources constituent des facteurs critiques à considérer quand les parties prenantes sont engagées dans un

---

12.   Entrevues 9 et 10.
13.   Entrevue 9, membre d'un RIF, Moncton, 2017 ; entrevues 10 et 11, membres des PLI et des RIF, Winnipeg, 2017.
14.   Entrevue 14, Ville de Moncton, 2018.

processus collaboratif. Le « mode de survie » dans lequel plusieurs organismes francophones se décrivent limite leur capacité à participer aux mécanismes de collaboration. Plutôt que d'établir des stratégies à moyen ou à long terme, ils consacrent leur temps à des tâches administratives ou à « se battre » pour conserver ou obtenir des fonds[15]. Cette situation est paradoxale puisque l'un des principaux objectifs de la collaboration est d'augmenter les capacités des CFSM.

Par conséquent, la collaboration peut aussi mener à une rivalité accrue dans le contexte de ressources limitées pour des organismes à but non lucratif. En faisant la promotion de la collaboration parmi les RIF et les PLI, les dispositions fédérales en matière de financement favorisent la concurrence dans le secteur de l'établissement et peuvent contribuer à la confusion et à la méfiance. Étant donné qu'IRCC prend à sa charge les frais administratifs des PLI sans toutefois financer les stratégies de mise en œuvre, ces derniers doivent trouver un financement extérieur, potentiellement en mettant en concurrence le réseau et ses propres membres (Angeles et Shcherbya, 2019). Dans certains cas, IRCC et les CFSM sont conscients que les tensions ont pu *augmenter* à cause de la collaboration : « On sait qu'il y a des tensions entre les partenaires, on sait que certains RIF vivent des défis, que les rôles et responsabilités de tout un chacun ne sont pas toujours clairs, qu'il y a aussi beaucoup de nouveaux acteurs dans le paysage de l'immigration francophone[16]. » C'est notamment le cas dans le domaine du développement économique et de l'employabilité, où les RIF et les RDÉE (Réseau de développement économique et d'employabilité) jouent tous deux un rôle actif. Comme le souligne une fonctionnaire d'IRCC :

> Il y a de plus en plus de RDÉE qui jouent un rôle. On sait que des RIF font de l'engagement des employeurs, mais en même temps y'a les RDÉE qui font des services liés à l'emploi pis qui travaillent avec l'employeur. Dans certains cas, le coordinateur du RIF va super bien collaborer avec le RDÉE, mais dans d'autres cas y'a de la compétition. Donc ça nous amène à réfléchir... bon, est-ce que c'est vraiment le meilleur modèle en ce moment ? Est-ce qu'on fait tout en notre possible pour aider les RIF ou est-ce qu'on est en train de leur nuire donc on doit évaluer ça[17].

---

15.   Entrevue 11.
16.   Entrevue 4, fonctionnaire, IRCC.
17.   Entrevue 4.

Selon les organisations des CFSM, il est clair que le gouvernement fédéral contribue à cette concurrence par son modèle de financement[18].

2.4.2. Légitimité et responsabilisation

Cette concurrence ne constitue pas un cas isolé, puisqu'IRCC est le principal organisme de financement pour les RIF et les PLI. Au-delà des conflits concernant le financement ou la légitimité nécessaires pour offrir certains services aux nouveaux arrivants (par ex. la réinstallation de réfugiés syriens au Nouveau-Brunswick)[19], une collaboration plus étroite entre les réseaux peut provoquer d'autres préoccupations. L'absorption des RIF par les PLI serait-il donc un objectif implicite du gouvernement fédéral? Ces questions sont cruciales pour les CFSM, qui cherchent par-dessus tout à éviter la comparaison avec des groupes ethniques ou des organismes communautaires «multiculturels». Comme l'a dit une représentante des CFSM:

> Pis, je vais donner l'exemple de quelque chose que j'ai vu hier qui m'a outré. J'ai hurlé. [...] Il y a quelque chose que... un forum, ou je sais pas quoi, journée de réflexion, je sais pas qui se prépare-là dans l'Ouest qui est organisé par le LIP régional, puis le titre de l'atelier c'est: «Comment engager les communautés francophones et ethnoculturelles?» Et là il n'y a même pas de discussion possible. Quand tu vois ces deux-là ensemble [...] ramener une communauté de langues officielles au même niveau qu'une communauté ethnoculturelle, c'est très dangereux[20].

De plus, quand les acteurs cumulent les rôles de coordonnateur de réseau et d'employé d'un organisme, des questions se posent parfois au sujet des intérêts qu'ils représentent. Comme l'explique une fonctionnaire d'IRCC:

> Est-ce que ça fonctionne bien la façon dont on finance les RIF? Parce qu'en ce moment, on donne du financement à une organisation hôte qui détient une entente de contribution pour mener à bien les activités du RIF, mais ce que l'IRCC souhaite par rapport à cette organisation-là, c'est qu'elle ne fasse pas d'ingérence dans

---

18.   Entrevue 6, FCFA, 2017.
19.   Entrevue 9.
20.   Entrevue 7, FCFA, 2017.

les décisions du RIF. Okay, les RIF sont comme une table qu'on aimerait indépendante de l'organisation hôte, mais ce n'est pas évident là parce que les RIF sont pas incorporés. Quand on dit les RIF là... C'est pas une organisation. Les RIF... Des membres... C'est les membres d'un comité, c'est les membres d'une table, je sais pas comment l'appeler... Ils sont pas incorporés. Donc pour recevoir du financement ils doivent le recevoir par une organisation qui est reconnue pis qui a tous les papiers et tout ça. Fait que nous, on finance une organisation qui va s'occuper du RIF, mais parfois on sait que le coordonnateur du RIF, euh son employeur finalement peut avoir des exigences qui sont pas les mêmes que les membres et ça met le coordonnateur dans des situations délicates[21].

Enfin, la collaboration peut créer de nouvelles formes d'ambiguïtés en matière de responsabilisation. Ainsi, la collaboration peut servir à « se renvoyer la balle ». Pour citer une leader communautaire :

L'argument d'IRCC qu'ils ne sont pas seuls en immigration... Emploi et développement social, en fait, pour la reconnaissance des acquis par exemple et tout et tout. Il n'en demeure pas moins que c'est eux qui ont le leadership. C'est eux qui ont le leadership. Ils ont une responsabilité de travailler avec les autres partenaires pour justement développer une politique qui tient la route en termes d'immigration[22].

La même chose s'applique aux administrations municipales et à leurs rapports avec d'autres intervenants communautaires. À Moncton, par exemple, l'administration municipale insiste sur le fait que ce sont « les organismes individuels qui agissent. Le PLI aide à la coordination, mais les organismes individuels font avancer les actions[23] ». Dans ce cas, on peut quand même se demander qui est tenu responsable des décisions. En effet, qui prend les décisions sur les actions à mener ? Est-ce le signataire d'une entente de partenariat avec le gouvernement fédéral, ou les partenaires communautaires ? Cette situation est encore plus complexe quand le signataire de l'entente n'est pas un organisme gouvernemental (comme dans le cas des RIF et

---

21.   Entrevue 4.
22.   Entrevue 6.
23.   Entrevue 8 (ma traduction).

des organismes sans but lucratif pour les PLI) et n'a pas de légitimité démocratique formelle. Une des caractéristiques du secteur à but non lucratif, c'est qu'il présente de nombreuses formes de responsabilisation (immigrants, communautés, conseil d'administration, membres du personnel, grand public, etc.) Comment ces formes de reddition de comptes s'équilibrent-elles, étant donné que la responsabilité envers le bailleur de fonds semble l'emporter sur toutes les autres (Lowe, Richmond et Shields, 2017)?

Compte tenu de toutes les «imperfections» et complications attribuées à la gouvernance collaborative, on pourrait penser que les acteurs locaux ne soutiennent pas ce type de dispositions. Cependant, aucun d'entre eux n'a mentionné vouloir se retirer de ces réseaux et, en général, ils en sont très solidaires. Une recommandation issue de cette situation serait de réduire les incertitudes découlant de la collaboration, notamment en précisant les rôles des parties prenantes (Paquet et Andrew, 2015). Cet effort vers plus de clarté est certainement bénéfique, mais l'une des difficultés, comme nous l'avons vu, est que ces dispositions fonctionnent aussi parce qu'elles reposent sur un certain degré d'ambiguïté. De plus, les acteurs n'ont pas tous la même capacité et les mêmes ressources pour influer sur les accords de collaboration, ce qui explique, du moins en partie, pourquoi ils inventent des stratégies pour gérer ces ambiguïtés plutôt que de les rejeter.

2.5. Conclusion: trois approches pour «naviguer» au sein d'un cadre de gouvernance collaborative et multiniveaux

En conclusion, j'ai observé trois principales approches pour gérer les ambiguïtés créées par un cadre de gouvernance multiniveaux et collaborative. L'une consiste à maintenir ou même à créer certaines ambiguïtés (i), une autre repose sur leur exploitation (ii), et une troisième consiste à déléguer leur gestion à des tiers (iii). Ces approches ne sont pas exhaustives ni mutuellement exclusives. Néanmoins, elles illustrent trois démarches majeures par lesquelles les acteurs gèrent les ambiguïtés, leur donnent du sens et ainsi s'engagent dans la fabrique de l'action publique.

Une première approche vise à maintenir l'ambiguïté de manière à pouvoir orienter l'action sans en être complètement redevable. En tant qu'institutions démocratiquement responsables, les gouvernements cherchent à obtenir la reconnaissance de leurs électeurs, mais font aussi face à leurs sanctions potentielles (Weaver, 1986). Pour les municipalités, cela signifie notamment conserver une définition floue de leurs responsabilités en immigration. Cette approche permet aux villes de se positionner de manière à éviter les reproches *ou*, au contraire, à s'attribuer le mérite en fonction des enjeux.

Une deuxième approche pour gérer les ambiguïtés consiste à maximiser la participation des acteurs dans toute la gamme des canaux de médiation offerts par la collaboration. S'engager dans des réseaux ne signifie pas que les parties prenantes doivent abandonner des actions qu'elles pourraient autrement avoir entreprises en dehors des arènes collaboratives (comme les contestations judiciaires, les pressions politiques ou des manifestations publiques, etc.). Au contraire, les ambiguïtés de moyens (où l'on peut être soit – ou à la fois – partenaire, rival ou dans une situation de dépendance, etc.) permettent par exemple aux acteurs d'accéder à des informations difficiles à obtenir autrement. Les acteurs peuvent alors mieux négocier en vue de résultats particuliers et/ou obtenir une meilleure compréhension des autres acteurs dans le processus de prise de décisions. Si adopter les ambiguïtés de la gouvernance collaborative signifie chercher à maximiser les occasions d'action et à renforcer les capacités ou le pouvoir des acteurs, une autre approche consiste à déléguer la gestion de cette ambiguïté à autrui.

Une troisième approche permet aux acteurs d'éviter des conflits directs et de se présenter comme des institutions ou des organisations réceptives, des leaders progressistes en immigration qui travaillent à bâtir des environnements et des communautés accueillantes, alors qu'en fait, la gestion réelle de cette question est déléguée à d'autres acteurs. La délégation de la gestion de l'ambiguïté est une approche également observée dans les réseaux sur l'immigration. Le modèle de travail sur les PLI et les RIF est basé sur un transfert d'informations du local vers le fédéral, et vice versa. Néanmoins, en raison des déséquilibres de pouvoir évoqués dans la partie précédente, les deux systèmes fonctionnent principalement comme un mécanisme descendant, qui non seulement reproduit les hiérarchies d'acteurs dans le secteur de l'établissement (Sadiq, 2004), mais ajoute également un nouveau niveau de délégation puisque les grandes organisations comme les petits organismes communautaires dépendent aussi du travail du coordonnateur de réseau, considéré comme « le seul interlocuteur » du gouvernement[24]. Il en ressort que les petits organismes prestataires

---

24.   Entrevue 6. À propos de ce point particulier, voir Fourot (2018).

de service qui effectuent concrètement le travail de prestation de service sont les plus vulnérables à la délégation d'ambiguïté du fait qu'il est difficile d'aller au-delà de la « relation bailleur de fonds/prestataire de services[25] ». Ainsi, le gouvernement fédéral ne s'immisce pas dans les conflits entre organismes locaux (des conflits qu'il contribue pourtant à créer), mais en délègue directement la gestion tout en dirigeant les processus de collaboration à distance.

En somme, cette recherche s'inscrit en droite ligne avec les travaux pionniers de Caroline Andrew sur la gouvernance collaborative et multiniveaux. Elle ajoute à la littérature sur le « tournant local » et aux travaux sur le rééchelonnement de la gouvernance de l'immigration en général en soulignant que les ambiguïtés sont *à la fois* une *condition* – soit une force motrice pour les arrangements collaboratifs et multiniveaux – et un *résultat* des pratiques de collaboration. Ces pratiques sont notamment caractérisées par des ambiguïtés quant à l'équilibre réel du pouvoir, aux visées collaboratives dans un secteur très compétitif aux formes multiples de responsabilisation qui peuvent affaiblir ces types de gouvernance. Néanmoins, dans un contexte où les municipalités et les CFSM sont dans une position non dominante au sein du processus d'élaboration de politiques, les acteurs développent des approches adaptatives, plutôt que transformatrices, par rapport à ces ambiguïtés.

Références

ACHESON, Nicholas et Rachel LAFOREST (2013). « The Expendables : Community Organizations and Governance Dynamics in the Canadian Settlement Sector », *Canadian Journal of Political Science/Revue canadienne de science politique*, vol. 46, n° 3, p. 520-597.

ANCKAR, Carsten (2008). « On the Applicability of the Most Similar Systems Design and the Most Different Systems Design in Comparative Research », *International Journal of Social Research Methodology*, vol. 11, n° 5, p. 389-401.

ANDREW, Caroline (2001). « The Shame of (Ignoring) the Cities », *Journal of Canadian Studies/Revue d'études canadiennes*, vol. 35, n° 4, p. 100-111.

ANDREW, Caroline (2011). « Federal Policies on Immigrant Settlement », dans Erin Tolley et Robert Young (dir.), *Immigrant Settlement Policy in Canadian Municipalities*, Montréal et Kingston, McGill-Queen's University Press, p. 49-72.

---

25.   Entrevue 10 (ma traduction).

ANDREW, Caroline, Katherine A. H. GRAHAM et Susan D. PHILLIPS (dir.) (2002). *Urban Affairs: Back on the Policy Agenda*, Montréal et Kingston, McGill-Queen's University Press.

ANGELES, Leonora et Olga SHCERBYNA (2019). « Building Civic Capacity in the Shadow of Neo-liberalism: Patterns and Challenges in Metro Vancouver's Immigrant Social Integration », dans Penny Gurstein et Tom Hutton (dir.), *Planning on the Edge*, Vancouver, University of British Columbia Press, p. 268-295.

ANSELL, Chris et Alison GASH (2008). « Collaborative Governance in Theory and Practice », *Journal of Public Administration Research and Theory*, vol. 18, n° 4, p. 543-571.

AUVACHEZ, Élise (2009). « Supranational Citizenship Building and the United Nations: Is the UN Engaged in a "Citizenization" Process? », *Global Governance: A Review of Multilateralism and International Organizations*, vol. 15, n° 1, p. 43-66.

BASTIEN, Joëlle (2009). « Goal Ambiguity and Informal Discretion in the Implementation of Public Policies: The Case of Spanish Immigration Policy », *International Review of Administrative Sciences*, vol. 75, n° 4, p. 665-685.

BRADFORD, Neil (2018). « A National Urban Policy for Canada? The Implicit Federal Agenda », *IRPP Insight*, n° 24.

BROSCHEK, Jörg, Bettina PETERSOHN et Simon TOUBEAU (2017). « Territorial Politics and Institutional Change: A Comparative-Historical Analysis », *Publius: The Journal of Federalism*, vol. 48, n° 1, p. 1-25.

CARDINAL, Linda et Éric FORGUES (dir.) (2015). *Gouvernance communautaire et innovations au sein de la francophonie néobrunswickoise et ontarienne*, Québec, Presses de l'Université Laval.

CHOUINARD, Stéphanie (2014). « The Rise of Non-territorial Autonomy in Canada: Towards a Doctrine of Institutional Completeness in the Domain of Minority Language Rights », *Ethnopolitics*, vol. 13, n° 2, p. 141-158.

DEWULF, Art et Robbert BIESBROEK (2018). « Nine Lives of Uncertainty in Decision-Making: Strategies for Dealing with Uncertainty in Environmental Governance », *Policy and Society*, vol. 37, n° 4, p. 1-18.

DOBERSTEIN, Carey (2013). « Metagovernance of Urban Governance Networks in Canada: In Pursuit of Legitimacy and Accountability », *Canadian Public Administration/Administration publique du Canada*, vol. 56, n° 4, p. 584-609.

FORGUES, Éric (2012). « Le partenariat des communautés francophones en situation minoritaire avec l'État », *Minorités linguistiques et société*, vol. 29, n° 1, p. 180-194.

FOUROT, Aude-Claire (2015). « "Bringing Cities Back In" To Canadian Political Science: Municipal Public Policy and Immigration », *Canadian Journal of Political Science/Revue canadienne de science politique*, vol. 48, n° 2, p. 413-433.

Fourot, Aude-Claire (2018). « Does the Scale of Funding Matter? Manitoba and British Columbia Before and After the Federal Repatriation of Settlement Services », *Journal of International Migration and Integration*, vol. 19, n° 4, p. 865-881.

Fourot, Aude-Claire (2021). « Comparing Ambiguities: Municipalities, Francophone Minority Communities and Immigration in Canada », *Canadian Journal of Political Science/Revue canadienne de science politique*, vol. 54, n° 1, p. 75-95.

Gallant, Nicole (2010). « Représentations sociales et représentation politique : Présence immigrante dans les organismes de la francophonie minoritaire au Canada », *Politique et Sociétés*, vol. 29, n° 1, p. 181-201.

Glick Schiller, Nina et Ayse Caglar (2011). « Locality and Globality: Building a Comparative Analytical Framework in Migration and Urban Studies », dans Nina Glick Schiller et Ayse Caglar (dir.), *Location Migration: Rescaling Cities and Migrants*, Ithaca (NY), Cornell University Press, p. 60-81.

Guiraudon, Virginie et Gallya Lahav (2000). « A Reappraisal of the State Sovereignty Debate: The Case of Migration Control », *Comparative Political Studies*, vol. 33, n° 2, p. 163-195.

Huxham, Chris (1993). « Collaborative Capability: An Intra-Organizational Perspective on Collaborative Advantage », *Public Money & Management*, vol. 13, n° 3, p. 21-28.

Kassim, Hussein et Patrick Le Galès (2010). « Exploring Governance in a Multi-Level Polity: A Policy Instruments Approach », *West European Politics*, vol. 33, n° 1, p. 1-21.

Kettl, Donald F. (2006). « Managing Boundaries in American Administration: The Collaboration Imperative », *Public Administration Review*, vol. 66, n° 1, p. 10-19.

Khan, Samia et Robert VanWynsberghe (2008). « Cultivating the Under-Mined: Cross-Case Analysis as Knowledge Mobilization », *Forum: Qualitative Social Research*, vol. 9, n° 1, p. 1-26.

Larner, Wendy et Maria Butler (2005). « Governmentalities of Local Partnerships: The Rise of a "Partnering State" in New Zealand », *Studies in Political Economy*, vol. 75, p. 85-108.

Léger, Rémi (2015). « Qu'est-ce que la gouvernance communautaire francophone ? », dans Linda Cardinal et Éric Forgues (dir.), *Gouvernance communautaire et innovations au sein de la francophonie néobrunswickoise et ontarienne*, Québec, Presses de l'Université Laval, p. 25-44.

Leo, Christopher (2006). « Deep Federalism: Respecting Community Difference in National Policy », *Canadian Journal of Political Science/ Revue canadienne de science politique*, vol. 39, n° 3, p. 481-506.

Lowe, Sophia, Ted Richmond et John Shields (2017). « Settling on Austerity: ISAs, Immigrant Communities and Neoliberal Restructuring », *A Journal of Critical Social Research*, vol. 28, p. 14-46.

Matland, Richard E. (1995). « Synthesizing the Implementation Literature: The Ambiguity-Conflict Model of Policy Implementation », *Journal of Public Administration Research and Theory*, vol. 5, n° 2, p. 145-174.

Mévellec, Anne et Manon Tremblay (2016). *Genre et professionnalisation de la politique municipale : un portrait des élues et élus du Québec*, Québec, Presses de l'Université du Québec.

Paquet, Mireille et Caroline Andrew (2015). « Les réseaux de soutien à l'immigration francophone de l'Ontario », dans Linda Cardinal et Éric Forgues (dir.), *Gouvernance communautaire et innovations au sein de la francophonie néobrunswickoise et ontarienne*, Québec, Presses de l'Université Laval, p. 69-96.

Rigg, Clare et Noreen O'Mahony (2013). « Frustrations in Collaborative Working », *Public Management Review*, vol. 15, n° 1, p. 83-108.

Sadiq, Kareem D. (2004). *The Two-Tier Settlement System: A Review of Current Newcomer Settlement Services in Canada*, Toronto, CERIS.

Schiller, Maria (2017). « The Implementation Trap: The Local Level and Diversity Policies », *International Review of Administrative Sciences*, vol. 83, n° 2, p. 267-282.

Sidney, Mara (2014). « Settling In: A Comparison of Local Immigrant Organizations in the United States and Canada », *International Journal of Canadian Studies/Revue internationale d'études canadiennes*, vol. 49, n° 19, p. 105-133.

Smith, Patrick et Kennedy Stewart (2006). « Local Whole of Government Policy Making in Vancouver: Beavers, Cats, and the Mushy Middle Thesis », dans Robert Young et Christian Leuprecht (dir.), *Canada: The State of the Federation 2004 – Municipal-Federal-Provincial Relations in Canada*, Montréal et Kingston, McGill-Queen's University Press, p. 251-272.

Thériault, Joseph Yvon (1994). « Entre la nation et l'ethnie : sociologie, société et communautés minoritaires francophones », *Sociologie et sociétés*, vol. 26, n° 1, p. 15-32.

Tuohy, Carolyn (1992). *Policy and Politics in Canada: Institutionalized Ambivalence*, Philadelphia, Temple University Press.

Williams, Paul (2012). *Collaboration in Public Policy and Practice*, Bristol, Policy Press.

Zahariadis, Nikolaos (2003). *Ambiguity and Choice in Public Policy*, Washington D.C., Georgetown University Press.

CHAPITRE 3

Une machine à exclure ? Municipalité et projet urbain dans l'Outaouais

Jean-Sébastien Caron De Montigny et Guy Chiasson

C aroline Andrew a dédié deux livres à la politique municipale en Outaouais. Le premier a paru au milieu des années 1970 et s'intitule *Les élites politiques, les bas-salariés et la politique du logement à Hull*. André Blais et Rachel DesRosiers cosignaient l'ouvrage (Andrew, Blais et DesRosiers, 1976). Le second livre a été publié au début des années 1980, avec Serge Bordeleau et Alain Guimont. Il prenait pour titre *L'urbanisation : une affaire – L'appropriation du sol et l'État local dans l'Outaouais québécois* (Andrew, Bordeleau et Guimont, 1981). *Les élites politiques, les bas-salariés et la politique du logement* analyse la politique de logement public de la Ville de Hull. Cette politique a été rendue nécessaire par le processus de « rénovation urbaine » qui a entraîné la relocalisation de nombreux ménages de classes populaires de l'île de Hull pour faire place à de nouveaux édifices fédéraux au début des années 1970. Les auteurs démontrent que les « bas-salariés » ont été les grands perdants de la rénovation urbaine et que les élites politiques n'ont pas tenu compte de leur point de vue dans la définition de la politique municipale de logement public.

L'urbanisation : une affaire porte sur le processus d'urbanisation des municipalités du cœur urbain de l'Outaouais. Il s'intéresse tout particulièrement au rôle joué par les différentes franges de la bourgeoisie (la « petite bourgeoisie locale » et la « grande bourgeoisie nationale »), ainsi qu'à celui de « l'État local », c'est-à-dire les municipalités. L'analyse montre d'une part que la grande bourgeoisie nationale a pu compter sur un soutien important des paliers de gouvernement centraux et, dans une certaine mesure, de l'État local, qui ont préparé le terrain pour la rénovation urbaine et la construction d'édifices fédéraux dans le centre-ville de Hull. D'autre part, l'ouvrage illustre le soutien apporté par l'État local à la « petite bourgeoisie locale ». Les municipalités ont, en effet, construit à grands frais les infrastructures (tuyaux, pavage des rues, éclairage, etc.), qui sont nécessaires pour permettre aux promoteurs privés (la « petite bourgeoisie locale ») de construire (et de vendre) de nouveaux logements, repoussant ainsi les limites de l'urbanisation en Outaouais et favorisant l'appropriation du sol par ces acteurs privés.

Ces deux livres proposent ainsi une lecture assez convergente du développement urbain en Outaouais et surtout du rôle joué par les municipalités dans ce développement. Dans les deux cas, l'urbanisation se fait de façon à favoriser des intérêts privés et la croissance profite à ces intérêts. La municipalité (ou « l'État local ») met en place les conditions nécessaires pour permettre l'appropriation du sol et elle devient en quelque sorte un instrument de la croissance. Dans des termes plus contemporains, le développement urbain en Outaouais s'appuie sur un partenariat serré entre les élites politiques municipales et les classes d'affaires locales, partenariat qui s'est avéré très profitable pour ces dernières.

La perspective mise de l'avant dans ces deux ouvrages de Caroline Andrew n'est pas sans rappeler la thèse de Harvey Molotch présentée en 1976, la même année où est publié *Les élites politiques, les bas-salariés et la politique du logement à Hull*. Dans un article intitulé « The City as a Growth Machine », Molotch (1976) fait valoir que la gouverne des villes américaines est assurée par des coalitions d'acteurs qui ont un intérêt marqué pour la croissance et auront donc tendance à privilégier les actions qui favorisent cette croissance. « The people who participate with their energies, and particularly their fortunes, in local affairs are the sort of persons who—at least in vast disproportion to their representation in the population—have the most to gain or lose in land-use decision. » (Molotch, 1976, p. 314)

Le gouvernement local apparaît dans ce cadre comme un des appareils privilégiés pour réaliser les objectifs de croissance locale de la coalition. Il appert aussi que ceux qui font de la politique municipale le font en bonne partie parce qu'ils ont quelque chose à gagner de la croissance, que ce soit de façon directe ou indirecte. C'est pourquoi Molotch va parler d'une *growth machine* pour qualifier la municipalité urbaine et sa propension à viser la croissance.

La convergence entre les travaux de Molotch en 1976 et ceux de Andrew (et ses coauteurs) en 1976 et 1981 est assez frappante. La croissance, tout comme les efforts des municipalités pour l'encourager, s'ils sont dans l'intérêt des élites ne sont pas nécessairement dans l'intérêt de la majorité de la population. Molotch (1976, p. 320) dira à ce sujet :

> Taking all the evidence together, it is certainly a rather conservative statement to make that under many circumstances growth is a liability financially and in quality of life for the majority of local residents. Under such circumstances, local growth is a transfer of quality of life and wealth from the local general public to a certain segment of the local elite.

Dans *L'urbanisation : une affaire,* Andrew, Bordeleau et Guimont (1981, p. 157) illustrent par de nombreux exemples comment les transferts relevés par Molotch se concrétisent dans l'Outaouais québécois. Dans l'exemple de la Ville de Gatineau [1] :

> [...] après avoir emprunté sans retenue des millions de dollars afin de permettre aux lotisseurs et promoteurs de construire beaucoup et à peu de frais, l'État municipal se dit maintenant tout à fait incapable de financer l'aménagement de quelque parc que ce soit en raison de la mauvaise situation financière de la ville ! Cette pénurie d'équipements de loisir impose des coûts aux résidents, particulièrement à ceux qui n'ont pas les moyens financiers d'assurer individuellement les dépenses de consommation.

Ainsi, autant dans les analyses sur l'Outaouais que chez Molotch, les efforts municipaux pour favoriser la croissance contribuent à exclure des franges plus pauvres ou fragiles de la population. Pour ces groupes, cette exclusion peut prendre deux formes comme l'illustrent

---

1.   Le découpage municipal de la partie urbaine de la région de l'Outaouais a été modifié suite à deux rondes de fusions municipales depuis les années 1970. Une première ronde en 1975 a permis de regrouper un grand nombre de petites municipalités dans cinq municipalités (Aylmer, Hull, Gatineau, Buckingham et Masson-Angers) qui seront réunies par la suite au sein de la Communauté urbaine de l'Outaouais (CUO). Une seconde ronde de fusion en 2001 va entraîner l'abolition de la CUO et le regroupement de ces cinq municipalités dans une seule, la Ville de Gatineau. La Ville de Gatineau à laquelle se réfère cette citation est celle de 1981, donc d'avant la fusion de 2001.

les deux livres de Caroline Andrew : les priver d'un accès à des services publics dont ils auraient bien besoin et les exclure des mécanismes de prise de décision. En d'autres termes, la « machine de croissance » est une machine à exclure pour les nombreux citoyens qui ne maîtrisent pas les leviers du gouvernement local ainsi que pour tous ceux qui ne disposent pas des moyens financiers leur permettant de mettre en valeur le foncier urbain.

On pourrait s'interroger à savoir si la perspective utilisée par Caroline Andrew pour l'Outaouais urbain des années 1970 et 1980 garde sa pertinence dans les années 2000. Est-ce que la lecture d'un gouvernement local comme machine de croissance et machine à exclure est toujours d'actualité pour le pôle urbain de l'Outaouais ? Notre objectif est ici d'en débattre en analysant un projet urbain[2] qui a pris une place importante dans les débats municipaux de la Ville de Gatineau pendant plus d'une décennie, soit celui du remplacement de l'aréna Guertin. Ce projet a eu une histoire plutôt sinueuse qui a amené les décideurs municipaux à envisager divers scénarios d'intervention municipale avant de prendre la voie d'un partenariat avec une entreprise d'économie sociale. Nous montrons comment ces divers scénarios se situent du point de vue de l'exclusion/inclusion, ce qui nous permet par la même occasion de nuancer, ou du moins d'actualiser, la perspective de la municipalité comme machine à exclure.

Cette analyse s'inscrit dans un projet plus large portant sur la collaboration entre l'économie sociale et les municipalités en Outaouais, dont la collaboration de la Ville de Gatineau avec Vision Multisports Outaouais (VMSO) pour la construction d'un nouvel aréna qui sera présentée ici. Comme nous pourrons le voir, ce projet, avant de prendre la forme d'une collaboration municipalité-économie sociale a tenté de nombreuses avenues de collaboration, ce qui permet de contraster différentes façons d'envisager le rôle de la municipalité. En effet, plusieurs rebondissements ont eu lieu dans ce qu'on appelle aujourd'hui la saga Guertin. Le projet est passé d'un PPP avec l'équipe de hockey junior majeur à un centre multifonctionnel complètement financé par la Ville pour finalement emprunter la voie d'un processus d'appels d'offres avec le secteur privé. Ainsi, toutes les formes traditionnelles de financement d'infrastructures publiques

---

2.   Nous utilisons le terme « projet urbain » dans le sens où l'entend Gilles Pinson (2006). Cet usage sera expliqué un peu plus loin dans ce texte.

ont été envisagées avant que la Ville décide d'innover et d'aller de l'avant avec un projet porté par une entreprise d'économie sociale. Les premières parties de ce texte serviront donc à expliquer comment ces différents modèles ont échoué et ont mené la ville à élaborer une autre façon de financer son infrastructure.

Notre analyse des différents moments de ce projet s'appuie sur deux collectes de données complémentaires. Dans un premier temps, nous avons effectué une revue de presse de près de 800 articles répertoriés entre 2006 et 2020 permettant de reconstituer les divers moments clés dans l'évolution du projet urbain du remplacement de l'aréna Robert-Guertin. Ce nombre illustre bien la place que cet enjeu a occupée dans l'espace public durant cette période et toute son importance. Dans un deuxième temps, nous avons mené trois entrevues[3] avec des acteurs qui ont eu une part dans l'entente qui aura finalement permis le démarrage de la construction de l'édifice. Une première partie du texte présente les divers moments qui ont marqué l'évolution du projet urbain depuis 2008, moment où la nécessité de remplacer l'aréna Robert-Guertin est devenue évidente, jusqu'à la négociation en 2017 d'une entente entre la Ville de Gatineau et VMSO, un partenaire qui relève de l'économie sociale, pour la construction d'un nouvel amphithéâtre. La seconde partie porte plus particulièrement sur la dernière phase du projet, celle qui a vu l'entrée en scène de VMSO comme partenaire et qui a permis de mettre en branle la construction. Notre analyse nous amènera ultimement à situer les divers moments de ce projet par rapport à l'exclusion/inclusion tels que conceptualisés par Caroline Andrew. Nous chercherons ainsi à voir si ce projet ouvre sur l'inclusion (la mobilisation des ressources municipales pour répondre aux besoins des citoyens, en particulier ceux qui ont le moins de ressources propres) ou plutôt si, à l'inverse, les formes municipales d'exclusion – l'utilisation des ressources publiques municipales pour favoriser la croissance et répondre à des intérêts privés – dénoncées par Caroline Andrew continuent de caractériser ce projet jusqu'à aujourd'hui.

---

3.   Ces trois entrevues ont été réalisées auprès d'un élu de la Ville de Gatineau, d'un fonctionnaire du Service des loisirs, des sports et du développement des communautés et d'un employé de Vision MultiSports Outaouais, le partenaire en économie sociale mobilisé par ce projet.

3.1. Le projet urbain Guertin[4]

Depuis les travaux de Caroline Andrew, ou encore ceux de Harvey Molotch dans les années 1970-1980, les recherches en études urbaines ont fait valoir l'émergence de nouvelles formes de gouverne des villes. Dans le titre d'un article maintes fois cité, Patrick LeGalès (1995) évoque un passage du « gouvernement des villes à la gouvernance urbaine » pour souligner l'émergence de formes de pouvoir qui s'appuient sur la collaboration entre les acteurs privés et publics dans la gouverne de la ville. Gilles Pinson, pour étayer cette perspective de gouvernance urbaine, met de l'avant la notion de « projet urbain », qu'il situe au cœur du renouvellement de l'action publique des villes européennes contemporaines. Le « projet urbain » tel que défini par Pinson (2006, p. 620) désigne tout d'abord

> des opérations de régénération urbaine visant à requalifier des « morceaux » de villes situés souvent dans le centre des agglomérations, à valoriser les qualités particulières des lieux (présence de l'eau, patrimoine architectural, friches industrielles) et à doter la ville d'équipements de prestige lui permettant de se positionner favorablement dans la compétition interurbaine.

Ces propos permettent de voir le projet urbain comme une intervention des pouvoirs urbains qui a comme objectif le réaménagement de certaines zones de la ville. Ce type d'intervention est de plus en plus prévalant dans les villes qui, à compter des années 1970, sont de plus en plus soumises à la « compétition interurbaine ». En outre, le projet urbain relève aussi d'une façon d'intervenir qui caractérise particulièrement les villes depuis les années 1970. Dans un autre texte, Pinson (2005, p. 201) explique :

> Le projet est avant tout un instrument de mobilisation sociale. À partir des années 1970, la substitution du vocable de projet à celui de plan renvoie à la nécessité ressentie par un nombre croissant d'acteurs des politiques urbaines de ne plus penser l'action publique urbaine comme une opération de mise en

---

4.   Bien que les démarches pour remplacer le vieil aréna Robert-Guertin aient pris plus de 10 ans, les journalistes et de nombreux intervenants continuent de parler du « projet Guertin » ou tout simplement de « Robert-Guertin ». Pour des raisons de commodité, nous ferons de même.

œuvre synoptique d'un savoir technique universel, mais comme une activité proprement politique nécessitant l'implication des acteurs du territoire concernés et la valorisation des ressources que ce territoire recèle.

En d'autres termes, le projet urbain désigne un mode d'intervention où les pouvoirs publics urbains ne peuvent plus agir seuls, mais le font plutôt en mobilisant d'autres acteurs comme partenaires et en profitant des ressources que ces acteurs peuvent offrir. Les deux composantes de la définition du projet s'emboîtent l'une dans l'autre dans la mesure où la façon d'intervenir (la mobilisation des multiples acteurs et ressources) est mieux adaptée aux nouveaux types d'intervention et au contexte de la compétition interurbaine croissante.

Autant en ce qui a trait au type d'intervention que dans la façon d'intervenir, la longue saga du remplacement de l'aréna Robert-Guertin semble coller à la définition du projet urbain de Pinson. Initialement, cette intervention visait à « doter la ville d'équipements de prestige », un amphithéâtre moderne capable de répondre aux besoins de l'équipe de hockey junior de la ville, tout en permettant de « requalifier son centre ». De plus, ce projet s'est appuyé, dès le départ, sur la mobilisation d'une série de partenaires. Durant la période où il a été mené, ce projet a eu le temps d'évoluer sur ces deux plans. En d'autres termes, les contours de la mobilisation sociale fluctueront et le type d'intervention à privilégier sera débattu et redéfini. C'est l'évolution de ces deux facettes du projet urbain Guertin que nous allons analyser dans ce texte.

3.2. Construire un aréna pour le secteur privé, avec le secteur privé : 2008-2014

L'aréna Robert-Guertin a été construit en 1957 (Ouimet, 2014). Depuis plusieurs décennies, c'est dans cet amphithéâtre de 3196 places qu'ont lieu les matchs à domicile des Olympiques, l'équipe de hockey junior majeur de Gatineau. Les Olympiques sont assurément l'équipe sportive locale qui contribue le plus à la renommée de Gatineau. De nombreux anciens joueurs et même entraîneurs de l'équipe ont fait leur marque dans la Ligue nationale de hockey, et l'équipe s'est rendue au Championnat canadien junior à maintes reprises. L'aréna Guertin a d'ailleurs été l'hôte de ce Championnat à trois occasions, la dernière fois en 1997 (Ouimet, 2014). Par contre, dans les années 2000, l'aréna

Guertin se fait manifestement très vieillissant, comme en témoigne le surnom « le Vieux Bob » qu'utilisent de nombreux journalistes sportifs et amateurs. La qualité de la glace n'est pas toujours très bonne et les saisons des Olympiques sont parfois perturbées, notamment en 2002 et en 2003, lorsqu'une « fuite de calcium fait fondre la glace » et lors de journées très chaudes où la brume envahit l'aréna (Brassard, 2003). De surcroît, le bâtiment lui-même est assez vétuste et nécessite fréquemment d'importantes réparations pour « que le toit ne tombe pas sur la tête des joueurs » (Entrevue B).

3.2.1. Le premier acte : un partenariat public-privé

Le remplacement de l'aréna par un nouvel amphithéâtre ou, du moins, des rénovations majeures au bâtiment existant s'avèrent nécessaires pour répondre aux besoins des Olympiques. Les élus de la Ville de Gatineau s'entendent sur cette nécessité et consentent en 2009 à un premier projet urbain qui comprend la démolition de l'ancien aréna et la construction d'un nouveau comptant 5 000 places sur le même site (Duquette, 2009a).

Du point de vue de la façon d'intervenir, ce projet représente un virage par rapport à ce qui existait auparavant. C'était la Ville de Gatineau qui était propriétaire de l'ancien aréna Guertin et ses cols bleus en assuraient l'entretien. Le nouveau projet prévoit la participation majeure d'un partenaire privé, soit les Olympiques de Gatineau (Radio-Canada, 2009). Plus précisément, cette collaboration prendrait la forme d'un partenariat public-privé (PPP), ce qui voudrait dire que la Ville ne serait plus la seule à financer la construction de l'édifice, mais qu'elle serait également appelée à partager avec le partenaire les revenus tirés de l'exploitation de l'infrastructure. Cette infrastructure était prévue sur le site actuel de l'aréna Guertin, situé sur la rue Carillon en périphérie du centre-ville de Gatineau.

L'objectif auquel veut répondre ce PPP est double. D'une part, du point de vue de la Ville de Gatineau, le secteur où est situé l'aréna Guertin avait déjà été reconnu dans le Programme particulier d'urbanisme du centre-ville (Ville de Gatineau, 2009) pour son rôle stratégique au centre-ville et comme nécessitant une intervention concertée. Les investissements publics et privés consentis pour la construction d'une nouvelle infrastructure permettent d'espérer qu'elle jouera un rôle moteur pour la revitalisation de ce secteur (Ville de Gatineau, 2013). D'autre part, et de façon plus immédiate, ce nouvel aréna permettra de mieux répondre aux besoins de l'équipe de hockey considérée comme l'une des cartes de visite de la Ville de Gatineau. La formule PPP permettra aux investisseurs de cette équipe de hockey de participer plus directement à la gestion du bâtiment et, éventuellement, d'en soutirer des bénéfices.

La Ville de Gatineau, par la voix de son conseil municipal, accepte de se lancer dans l'aventure d'un PPP de grande envergure. Ce projet pourrait très bien devenir réalité, mais des entrepreneurs de Gatineau s'en plaignent au ministère des Affaires municipales et des Régions, alléguant qu'il est illégal. La ministre Nathalie Normandeau leur donne raison en faisant valoir que le PPP n'a pas donné lieu au processus d'appel d'offres prévu par la *Loi sur les cités et villes* du Québec (Duquette, 2009b). À la suite de cette décision, et la voie du PPP étant exclue, les élus de Gatineau doivent revenir à la table à dessin pour élaborer un nouveau projet urbain.

3.2.2. Le deuxième acte : un centre multifonctionnel au centre-ville

Le maire Marc Bureau, nouvellement réélu aux élections de 2009, propose un nouveau projet pour remplacer l'aréna Guertin. Selon le terme proposé par le maire, il s'agit d'un « centre multifonctionnel ». En plus de servir d'aréna pour le club de hockey junior, la nouvelle infrastructure, qui doit au départ compter 6 000 sièges, permettra également d'attirer des spectacles à grand déploiement. Selon le projet prôné par le maire Bureau, ce centre multifonctionnel sera par ailleurs érigé sur un autre site. Sa construction est désormais prévue au cœur du centre-ville de Gatineau, sur la rue Montcalm, dans le secteur du ruisseau de la Brasserie.

Un des objectifs majeurs du projet, comme c'était le cas pour le premier projet de la rue Carillon, est de dynamiser le centre-ville. Dans les années 1970, une bonne partie de ce centre-ville a été réaménagé et une part considérable des résidents ont dû partir pour faire place aux vastes complexes d'édifices fédéraux (Andrew, 1994). Cela fait en sorte que plusieurs zones du centre-ville sont presque désertées les soirs et les fins de semaine, une fois les bureaux fédéraux fermés. Le PPU Centre-Ville élaboré en 2009 avait soulevé la nécessité d'attirer jusqu'à 10 000 nouveaux résidents pour redonner vie au centre-ville et diversifier sa vocation. Pour le maire Bureau, le projet de centre multifonctionnel est un levier important pour relancer le centre-ville et y attirer des résidents (Bureau, 2010).

Le projet s'avère rapidement très controversé. Pour certains, y compris un certain nombre de conseillers municipaux, son coût dépassant les 70 millions de dollars est trop élevé (Jury, 2015). Certains envisagent également une pénurie de stationnements dans le secteur ainsi que des conflits potentiels avec d'autres projets prévus pour le même secteur, comme celui de fonder une grande bibliothèque (Gauthier, Chiasson et Gagnon, 2016). De surcroît, le lieu choisi au centre-ville nécessite l'expropriation de nombreux commerçants bien implantés à cet endroit depuis longtemps. En plus de faire grimper les coûts de construction, ces futures expropriations viennent miner les appuis d'une partie des commerçants du centre-ville (Duquette, 2010). Plusieurs conseillers exprimeront leurs réserves par rapport au projet. Pour certains, c'est surtout le coût du projet qui est le motif du refus, mais d'autres contestent autant la manière de procéder. Pour ces derniers, le projet est issu des hautes instances du pouvoir municipal et l'on tente de l'imposer sans aucune forme de validation ni consultation, notamment avec les acteurs du centre-ville (Gauthier, Chiasson et Gagnon, 2016). En 2011, à la suite d'une étude confirmant que les coûts d'expropriation seraient beaucoup plus élevés que prévu, le conseil municipal rejette finalement le projet de centre multifonctionnel sur la rue Montcalm. Cet échec oblige la Ville de Gatineau à retourner à la planche à dessin pour un autre projet (Duquette, 2011).

3.2.3. Le troisième acte : un appel d'offres

Les élections de 2013 portent au pouvoir un nouveau maire, Maxime Pedneaud-Jobin, l'un des opposants les plus visibles au projet de centre multifonctionnel sur la rue Montcalm. Quelques semaines après les élections, le projet de remplacement de l'aréna Guertin refait surface. En 2014, la Ville lance un appel d'offres de constructeurs privés en vue du remplacement de cet aréna sur le site de la rue Carillon (Radio-Canada, 2014). Or, les soumissions reçues sont substantiellement plus élevées que ce à quoi s'attendent les élus et l'administration. Cet appel d'offres coïncide avec le contexte de la Commission Charbonneau, où de nombreux cas de systèmes de collusion pour faire monter les prix des contrats municipaux sont dénoncés. Le maire Pedneaud-Jobin affirme alors publiquement qu'il suspecte de la collusion entre les entrepreneurs qui ont déposé des appels d'offres. Le dossier est conséquemment soumis à l'Unité permanente anticorruption (UPAC), ce qui a pour effet de suspendre les appels d'offres pour le projet Guertin. Après sept années et trois tentatives avortées de faire construire un aréna pour le hockey junior, le projet urbain Guertin semble bien loin de se réaliser.

De 2008 à 2014, la vocation de l'infrastructure à construire ainsi que le site à privilégier a donc varié. Le projet est passé de la construction d'un aréna à celle d'un centre multifonctionnel. Il en va de même pour le type de partenariat envisagé. Lorsque la forme du PPP initial n'était plus possible, la Ville de Gatineau a plutôt cherché à fonctionner sur la base plus classique de soumissions provenant d'entrepreneurs privés. Le site prévu pour la construction de l'édifice a également été sujet à débat. Par contre, s'ils sont importants, ces changements ne doivent pas faire oublier la persistance d'une politique de croissance comme l'ont mis en exergue Molotch (1976) et Andrew, Bordeleau et Guimont (1981). Rappelons qu'une telle politique de croissance suppose le soutien du municipal dans des projets qui permettent à des acteurs privés de tirer profit de la mise en valeur du foncier. Dans le cas du projet Guertin, il s'agit bien de construire avec des fonds publics (dont une part était censée provenir du trésor public municipal et une autre, du gouvernement provincial) une infrastructure devant répondre aux besoins d'investisseurs privés des secteurs du divertissement et de l'événementiel (l'équipe des Olympiques, mais aussi des spectacles à grand déploiement dans le cas du projet de centre multifonctionnel). Pour reprendre les mots de Pinson, il s'agit de construire une « infrastructure de prestige » pour la Ville de Gatineau tout en espérant revitaliser un secteur de la ville, le centre-ville, qui a bien besoin d'une impulsion. Les budgets consentis par la municipalité pour appuyer la construction de cette infrastructure sont assez imposants, ce qui a d'ailleurs généré son lot d'oppositions au projet. Ensuite, comme le rappelle Molotch, les politiques de croissance urbaine ont tendance à profiter à certains, et beaucoup moins à d'autres. C'est le cas des propriétaires des Olympiques, qui se sont liés à la Ville dans le PPP initial et sont restés un soutien important tout au long, mais c'est également le cas des entrepreneurs qui auraient eu accès à des fonds publics pour la construction de l'infrastructure.

L'opposition grandissante au projet suggère que celui-ci répond aux intérêts de certains acteurs, mais qu'il tend à exclure les besoins et les aspirations d'autres acteurs urbains. En effet, de nombreuses personnes ont fait valoir qu'il s'agissait d'un projet descendant élaboré par la bureaucratie municipale en l'absence de toute consultation ou participation auprès des autres acteurs du centre-ville, autant les résidents que les commerçants. L'absence de consultations publiques pour le projet de centre multifonctionnel a d'ailleurs été signalée par le Bureau de l'Ombudsman de la Ville de Gatineau dans un rapport publié en 2015 (Bureau de l'Ombudsman, 2015). Les critiques exprimées suggèrent que l'opposition croissante au projet de centre multifonctionnel sur la rue Montcalm porte à la fois sur la vocation de l'infrastructure (matchs de hockey et spectacles à grand déploiement) que sur la façon d'élaborer le projet.

3.3. Introduire l'économie sociale dans le projet urbain Guertin

À compter de 2015, le projet Guertin va prendre une nouvelle voie, celle d'un partenariat avec un organisme relevant de l'économie sociale, Vision Multisports Outaouais. Ce virage, comme nous pourrons le voir, aura des incidences importantes sur les objectifs du projet, et en particulier la place que prend la recherche de croissance.

3.3.1. Une infrastructure de glace gérée par des associations pour des associations

L'échec des tentatives répétées de construire une infrastructure en partenariat avec le secteur privé a amené le conseil municipal à douter que l'approche privilégiée était la bonne. Déjà, un rapport sur l'état des arénas de quartier commandé par la Ville de Gatineau à la firme Planifika avait montré que l'aréna Robert-Guertin n'était pas le seul aréna de la Ville mal en point. La Ville de Gatineau, produit de la fusion de 2001, avait hérité des vieux arénas des cinq anciennes villes, dont plusieurs devaient être démolis et arrivaient mal à répondre aux besoins de la population qui pratique les divers sports et loisirs de glace (Bélanger, 2016). Ce rapport va donner d'importantes munitions à certains élus du conseil, qui voudront revoir la vocation du projet afin qu'il réponde non seulement au besoin du hockey junior majeur, mais aussi aux besoins des différents clubs de sports et loisirs de glace de la région. Ce recadrage important de la vocation et la redéfinition des objectifs du projet seront portés en bonne partie par le maire Maxime Pedneaud-Jobin, qui réussira à convaincre une majorité de membres de son conseil municipal de le suivre.

Par ailleurs, pour le maire, cette nouvelle vocation du projet nécessite également de modifier la façon d'envisager le partenariat et, donc, de revoir la façon d'intervenir pour la Ville. Ainsi, soutenue par la direction des Olympiques, cette dernière va inviter des acteurs issus du secteur associatif œuvrant dans les sports de glace à présenter un cadre financier pour un projet qui permettrait de rendre les heures de glace plus accessibles à la population, tout en répondant à la nécessité de doter les Olympiques d'un nouvel amphithéâtre. Deux associations ont répondu à cet appel : la Fondation des Sénateurs d'Ottawa et Vision Multisports Outaouais (Entrevue B).

Le cadre financier présenté par la Fondation des Sénateurs n'a finalement pas été retenu (Entrevue B). VMSO, pour sa part, avait une certaine notoriété à Gatineau. Cet organisme à but non lucratif avait été fondé quelques années plus tôt pour la construction et l'entretien du complexe Branchaud-Brière visant à répondre aux besoins du programme de sports-études de l'école polyvalente Nicolas-Gatineau. Ce projet, mené en partenariat avec la Commission scolaire des Draveurs et la Ville de Gatineau, offre plusieurs plateformes pour le sport jeunesse (des patinoires et une surface synthétique pour le soccer). Selon le protocole qui définit le partenariat conclu autour de Branchaud-Brière, la Ville de Gatineau s'engage pour une période de 15 ans à louer un nombre déterminé d'heures de glace afin de répondre aux besoins des diverses associations de sports de glace de Gatineau. Le projet Branchaud-Brière est jugé comme une réussite remarquable en Outaouais et permettait donc de rassurer maints acteurs sur la capacité de VMSO à mener des projets d'infrastructures sportives de grande envergure (Entrevue A). La Ville va donc accepter de travailler avec VMSO pour son projet. Une résolution en ce sens sera votée à la majorité par le Conseil, alors que deux conseillers s'y opposeront (Jury, 2016).

La nouvelle entente entre la Ville de Gatineau et VMSO pour la construction du nouvel aréna va suivre les grandes lignes du modèle développé dans le cas de Branchaud-Brière. Ce protocole prévoit la construction par VMSO d'un amphithéâtre de 4 000 places, en plus de trois glaces communautaires pour remplacer les autres arénas vétustes de la ville. Pour le financement de cette infrastructure, il est prévu que VMSO investisse 16 millions de dollars de ses propres fonds dans le projet. Il est entendu que l'organisme prendra en charge la construction de l'édifice et sa gestion pour une période de 25 ans. Pour sa part, la Ville de Gatineau garantit à VMSO la location de 7 700 heures de glace par année pour les clubs et associations à un taux fixé dans le protocole. La Ville consent également à une subvention de l'ordre de 63 millions de dollars, dont un montant de 26,5 millions de dollars qui provient du gouvernement du Québec. Au terme de la période de 25 ans, l'infrastructure sera remise à la Ville de Gatineau.

Il faut dire également que ce projet est en partie dédié au secteur privé lucratif. Il y aura dans la partie de l'édifice comprenant l'amphithéâtre de 4 000 places des boutiques d'équipements sportifs, un restaurant et d'autres commerces qui généreront vraisemblablementr des profits. Un autre restaurant est également prévu dans la partie communautaire du bâtiment. L'organisation des Olympiques de Gatineau, quant à elle, est une franchise de la LHJMQ et est gérée par des actionnaires qui veulent évidemment tirer profit de leurs investissements. Le secteur privé lucratif n'est donc pas absent du modèle d'affaire de VMSO. Cependant, tous les commerces ayant domicile à l'intérieur du complexe devront verser un loyer à l'organisme, qui en retour va réinvestir cet argent dans sa mission et dans l'entretien de l'édifice afin que ce dernier ne soit pas en décrépitude à l'expiration de l'entente de 25 ans. En ce qui concerne le stationnement étagé, celui-ci sera géré par la Ville une fois construit. Les profits générés demeureront donc dans le secteur public (Ville de Gatineau, s.d.).

Cette façon de monter le projet se démarque des modes d'opération habituels de la Ville de Gatineau et des municipalités québécoises de façon générale. Dans ce cas-ci, la Ville cède la responsabilité de construire, d'entretenir et de gérer l'infrastructure au partenaire associatif. Plutôt que d'être propriétaire, Gatineau devient locataire (des heures de glaces) et n'a donc pas à engager autant de fonds publics dans le projet. Elle se dégage de la construction et des risques qu'elle pourrait présenter, mais cède en même temps à VMSO les revenus que pourrait générer l'infrastructure (stationnement, concessions alimentaires, location de glaces). La contribution de la Ville se limite à une subvention d'un montant déjà déterminé et à un terrain que la municipalité possède, qui est consenti pour le projet. Les taux pour la location d'heures de glace sont également préétablis, ce qui fait que la contribution de la municipalité est connue à l'avance.

Le besoin des Olympiques continue d'occuper une place assez centrale dans ce nouveau projet, comme en témoigne l'inclusion d'une surface glacée pouvant accueillir 4 000 spectateurs. En même temps, le fait d'ajouter trois autres surfaces glacées à celle qui était prévue dans les premières moutures du projet permet de mieux répondre à l'objectif de garantir l'accès à du temps de glace aux divers clubs sportifs de Gatineau.

Il faut souligner que certains membres du conseil municipal ainsi que des commentateurs dans les médias, notamment Roch Cholette, un animateur de radio qui a mené une charge virulente contre le projet, se sont opposés au projet dans sa version de partenariat avec VMSO. Nombreux sont ceux qui ont hautement critiqué le processus (la négociation avec un seul partenaire, sans passer par un appel d'offres) et formulé notamment des craintes quant à ses impacts sur les coûts du projet. Le site retenu constitue un autre élément de discorde. Plusieurs sites ont été envisagés, y compris celui de la rue Carillon dans le secteur Hull, où se trouve l'ancien aréna Guertin, ainsi qu'un site à la périphérie est de la Ville (Bélanger, 2016). Le conseil municipal a finalement arrêté son choix sur un terrain appartenant à la Ville situé sur le Boulevard de la Cité dans le secteur Gatineau, soit un site assez éloigné du centre-ville. En ce sens, le choix du nouveau site s'écarte un peu de la notion de « projet urbain » selon Pinson. Plusieurs membres du Conseil ont justifié le choix de ce site par sa proximité d'une station du Rapibus, la voie rapide de transport par autobus, ce qui permettait d'accroître l'accessibilité sans voiture. La décision de construire le nouvel aréna à cet endroit correspondait également à la volonté des élus de densifier le secteur Gatineau. Ce choix n'a cependant pas fait l'unanimité au conseil ; notamment, la conseillère du district Hull-Wright s'est mobilisée fortement pour défendre l'option du centre-ville, stipulant que les citoyens de son quartier avaient un fort sentiment d'appartenance envers l'aréna Guertin et que le projet avait le potentiel de revitaliser le secteur (Duquette, 2016).

Les promoteurs du projet, le maire Pedneaud-Jobin en tête, ont défendu la légalité du projet, notamment en faisant valoir que les travaux de construction feraient l'objet d'appels d'offres, conformément à la loi (Entrevues A et B). Quoi qu'il en soit, afin d'assurer que le projet Guertin ne fasse pas l'objet de contestations juridiques, le député local Marc Carrière a déposé à l'Assemblée nationale, en février 2017, un projet de loi privé visant à le protéger. Malgré les objections exprimées par certains opposants, dont trois conseillers de Gatineau, devant la Commission parlementaire sur l'aménagement du territoire, l'Assemblée nationale va voter à l'unanimité le projet de loi privé en juin 2017. Ce vote venait, en quelque sorte, lever le dernier obstacle au démarrage du projet. La construction de l'amphithéâtre à quatre glaces s'est amorcée en 2018.

En avril 2020, au moment où la construction des quatre glaces était achevée à 60 %, le projet a vécu un nouveau soubresaut. Le contexte de la pandémie de COVID-19 a entraîné la fermeture du complexe Branchaud-Brière et d'importantes pertes de revenus pour

VMSO. Couplée aux dépassements de coûts du chantier, cette conjoncture a fragilisé la situation financière de VMSO, qui s'est trouvé en défaut de paiement face à certaines firmes engagées dans la construction du nouvel aréna (Bélanger, 2020a). Après un débat d'urgence au conseil municipal, la Ville de Gatineau a accepté de revoir le protocole d'entente avec VMSO en augmentant à 45 ans la période au terme de laquelle l'infrastructure sera remise à la Ville et en majorant le taux payé pour la location de glace, celui-ci passant de 260 $ à 302 $ de l'heure (Ville de Gatineau, 2020). Ces ajustements ont permis de renégocier le prêt obtenu auprès de Desjardins et de dégager une marge de manœuvre pour relancer le chantier (Bélanger, 2020b).

3.3.2. Le projet urbain au-delà de la croissance ?

Le changement d'objectif du projet, qui passe essentiellement d'un amphithéâtre pour les Olympiques de Gatineau à un projet pouvant accueillir trois glaces supplémentaires pour les divers clubs et associations de la ville qui ont des activités sur glace, démontre certes une volonté d'appuyer la croissance, mais permet quand même de répondre à des besoins de la population. Ceci ne fait pas de doute pour un des participants à notre recherche, pour qui le projet cadre très bien avec la mission de la Ville, « qui est d'offrir des services aux moins de 18 ans en sport » et pour qui « l'argent des contribuables doit être dédié à ça. » (Entrevue B). Ce dernier a souligné aussi que s'il est important de soutenir les Olympiques, source de fierté pour les Gatinois, il l'est tout autant de satisfaire les besoins des autres clubs et associations de sports sur glace de la municipalité.

Le choix de confier le projet à un organisme qui relève de l'économie sociale, en l'occurrence VMSO, a introduit par ailleurs une logique différente dans le projet. L'OBNL en question a une mission qui converge avec celle que la Ville voulait mettre au cœur de son projet, c'est-à-dire favoriser la pratique du sport chez les jeunes de Gatineau et le développement des associations qui œuvrent dans le sport. Un employé de la Ville de Gatineau nous a expliqué comment le partenariat s'est développé, en considérant les besoins des associations d'abord, et en s'assoyant avec VMSO ensuite pour voir comment le projet pouvait répondre à ces besoins. De surcroît, comme l'explique cet employé, le protocole conclu avec VMSO permet effectivement une infrastructure qui répond aux besoins des associations de sports de glace de plus d'une façon :

> On reste les répondants des organismes, mais on leur attribue des heures qui sont dans le nouveau complexe. On a aménagé des locaux pour lesquels ils vont avoir des bureaux permanents dans le complexe. Les bureaux administratifs c'est pour nos associations. Ça s'est négocié lors du contrat dans le protocole. On devait avoir un lieu qui est un espace administratif pour nos associations de sports de glace. On doit avoir un certain nombre d'entrepôts qui ont été établis dans le complexe pour nos organismes de sports de glace. Ça appartient à la ville ces locaux-là. C'est notre gestion à nous. C'est pour nos organismes. Tout ce qu'on fait nous maintenant c'est qu'on recueille les besoins et puis nos organismes transigent quand même avec nous. (Entrevue C)

Enfin, même si aucune consultation publique à l'échelle de la ville n'a eu lieu dans le cadre de ce projet, certains acteurs plus directement concernés, notamment les divers clubs et associations de sport sur glace, ont tout de même pu contribuer à l'élaboration de celui-ci.

Les propositions de remplacement de l'aréna Guertin présentées avant 2015 cadraient assez bien dans la logique du projet urbain de Gilles Pinson et des politiques de croissance. Le partenariat entre la Ville de Gatineau et VMSO, autant par rapport aux objectifs que de la façon de faire, a permis toutefois d'en révéler les limites et de le dépasser en diminuant la place des stratégies et politiques de croissance. En ce qui a trait aux objectifs, l'élaboration d'un projet « quatre glaces » montre que la réponse aux besoins des Olympiques de Gatineau, si elle continue de faire partie du projet, est adossée à un autre objectif, celui de mieux répondre aux besoins des associations de sports de glace. Elle ouvre donc sur une infrastructure qui va servir à un plus grand nombre.

Alors que les scénarios précédents avaient privilégié des projets urbains avec des partenaires privés, essentiellement pour un usage privé, l'analyse du protocole d'entente avec VMSO confirme également un changement en ce qui concerne la façon de faire. Celle-ci est désormais plus inclusive, faisant appel à un partenariat avec un acteur fortement ancré dans le secteur associatif ainsi qu'auprès des utilisateurs. De façon plus précise, si le projet dans sa dernière version ne ciblait pas spécifiquement les besoins et l'inclusion de ceux que Caroline Andrew qualifie de « bas-salariés », il permet tout de même d'offrir un service public qui rejoint (et inclut) un plus important segment des citoyens de Gatineau que les versions précédentes du projet.

Il est important de mentionner que le premier projet de VMSO, soit le complexe Branchaud-Brière, a permis à l'organisme de se faire connaître auprès des associations sportives de la ville et d'établir des partenariats avec celles-ci afin de répondre avant tout à leurs besoins en infrastructure. Cet ancrage dans le milieu a permis à VMSO de développer une expertise centrée sur les besoins de ces associations, ainsi que ceux de la Ville par le fait même, et cette expertise pouvait alors être mise à contribution dans le cadre du nouveau Guertin. Selon l'un de nos participants, la municipalité aurait d'ailleurs avantage à se délester du service des glaces pour le remettre au privé sous forme d'OBNL « parce que ce sont des gens qui connaissent ça, ce sont des gens de passion qui ont une vraie mission et qui sont pas juste là pour faire de l'argent » (Entrevue A).

Le fait que le partenaire soit un organisme sans but lucratif permet, enfin, de lever la crainte qu'il veuille « s'en mettre plein les poches » (Entrevue B) et fait en sorte que les profits sont réinvestis dans la mission de l'organisme, qui est de « [...] promouvoir l'activité sportive pour les jeunes de l'Outaouais » (VMSO, site web). D'ailleurs, lorsque le projet de loi privé de la Ville de Gatineau a été étudié en commission parlementaire, Nancy Neamtan, co-fondatrice et ancienne directrice du Chantier de l'économie sociale et ancienne présidente du Réseau d'investissement social du Québec, s'est rendue à Québec pour cautionner le projet en expliquant comment VMSO se différencie de certaines sociétés-écrans créées de toutes pièces par des entreprises privées qui cherchent simplement à toucher des fonds publics (Commission de l'aménagement du territoire, 2017) :

> Le cas de Vision Multisports est un bon exemple. Nous le connaissons d'ailleurs déjà bien parce qu'en 2010 la fiducie du Chantier de l'économie sociale, et j'étais la présidente du conseil des fiduciaires à l'époque, a investi dans un premier projet de cette entreprise, qui répondait à un besoin local en matière de sport et de loisirs. La fiducie, qui a comme partenaires investisseurs le Fonds de solidarité, Fondaction et Investissement Québec, a étudié avec diligence le dossier avant d'investir, car il est vrai que le statut d'OBNL n'est pas garant qu'il s'agit d'une entreprise d'économie sociale. [...]
>
> [O]n peut comprendre que les législateurs vous ne soyez pas d'accord quand c'est une coquille vide. Mais j'ai été ici pour témoigner que Vision Multisports, puis je pense qu'il y en a

d'autres qui l'ont dit avant moi… Puis on a fait ces validations-là parce que, quand on investit, on investit dans les entreprises d'économie sociale, et, des fois, il y en a qui essaient de nous passer des petites vites, en OBNL, mais ça ne passe pas chez nous.

Tous les intervenants dans le dossier sont d'avis que VMSO s'est comporté comme une véritable entreprise d'économie sociale qui existe pour répondre à des besoins communautaires spécifiques. La volonté de prioriser la réponse à ces besoins apparaît clairement dans les propos suivants d'Alain Sanscartier, un des administrateurs de VMSO, rapportés par le journal *Le Droit* : « On a travaillé très fort en novembre et décembre dernier afin de se positionner de manière stratégique afin de respecter l'échéancier pour les glaces communautaires. Notre mission première a toujours été le communautaire et la jeunesse et nous respecterons l'échéancier original pour les trois autres glaces. » (Bélanger, 2020a)

3.4. Conclusion

Notre texte a pris comme point de départ une lecture des municipalités comme des machines à exclure, que les travaux sur l'Outaouais de Caroline Andrew dans les années 1970 et 1980 ont amplement exemplifiée. Notre objectif, à partir de l'analyse du projet urbain Guertin, était de voir dans quelle mesure cette logique d'exclusion représente toujours l'horizon municipal de l'Outaouais contemporain. Notre analyse de l'évolution du projet Guertin sur plus de 10 ans nous amène à répondre de façon nuancée à cette question.

Déjà, les efforts successifs pour ficeler un nouveau projet d'infrastructure entre 2008 et 2015 tendent à confirmer que les éléments centraux de l'approche utilisée par Caroline Andrew pour lire les processus d'urbanisation de l'Outaouais dans les années 1970 et 1980 gardent toute leur pertinence. En ce qui concerne les objectifs, les trois versions du projet Guertin avant l'entente de partenariat avec VMSO, soit le PPP avec les Olympiques de Gatineau, le centre multifonctionnel et le dernier appel d'offres, ont donné lieu à une certaine évolution, mais chaque fois dans la logique de ce que Pinson qualifie d'« infrastructure de prestige ». En effet, dans le cas du PPP, l'objectif était principalement de fournir un nouvel aréna à l'équipe des Olympiques de Gatineau qui correspondrait aux meilleurs critères de bâtiment de la ligue de hockey junior majeur du Québec, et on espérait par la bande que ce projet permette de revitaliser le secteur du centre-ville. Quant au projet de centre multifonctionnel, tant celui du maire Bureau que celui pour lequel la Ville a fait un dernier appel d'offres, il s'agissait également d'apporter plus d'animation dans ce secteur en ajoutant cette fois un volet culturel à l'infrastructure afin d'accueillir des spectacles à grand déploiement et une variété d'événements. Même que, pour la Ville, il s'agissait carrément de créer un « lieu emblématique » qui augmenterait le sentiment d'appartenance et de fierté des Gatinois (Duquette, 2014). La vocation de ce centre dépassait donc largement la simple nécessité de trouver un nouveau domicile pour l'équipe locale de hockey. En effet, il ne s'agissait plus uniquement de répondre aux besoins immédiats en sports et loisirs des citoyens, ni même à ceux des artistes locaux qui demandent des salles de spectacles pour se produire et pour créer. Mais le projet Guertin n'en paraît pas moins en continuité avec le type de développement qui s'opère dans le centre-ville de Hull depuis les années 1970. En effet, au lieu de s'offrir un équipement collectif qui serait utilisé par une plus grande partie de la population tous les jours de la semaine, l'idée de centre multifonctionnel semblait davantage répondre aux besoins en divertissement des gens d'affaires et des fonctionnaires qu'on essaie d'attirer au centre-ville depuis cette époque.

En ce qui a trait à la façon d'intervenir dans les trois actes qui ont précédé le projet de VMSO, on constate qu'il n'y a pas eu une très grande intégration des diverses parties prenantes dans la définition des projets. Les principaux acteurs externes à l'appareil municipal qui ont été mis à contribution provenaient tous du secteur privé lucratif de l'immobilier. Or, les deux ouvrages de Caroline Andrew mentionnés en début de chapitre tendent justement à démontrer le fait que la participation unique de ces acteurs à l'élaboration des projets municipaux ne permet pas de prendre en compte les intérêts des couches de population moins aisées. Dans le cas du PPP, le fait que la Ville avait choisi son partenaire sans aucun appel d'offres montre que la proximité entre la municipalité et les promoteurs immobiliers s'était maintenue. Dans celui du centre multifonctionnel, les gens de la communauté n'ont pu que réagir aux décisions qui avaient été prises en amont. Enfin, le fait qu'on suspectait de la collusion entre les promoteurs immobiliers au moment du dernier appel d'offres nous rappelle que ces derniers cherchent avant tout à tirer profit de l'appropriation du sol. C'est donc dire que diverses formes d'exclusion par l'action municipale observées en 1976 (peu de consultations) et en 1981 (peu de considération des besoins des citoyens par les interventions municipales) semblent toujours bien actuelles dans l'Outaouais urbain de 2015.

L'association avec un organisme relevant de l'économie sociale représente un changement de cap important pour Gatineau en ce qui concerne l'approche. Évidemment, cette association n'est pas en soi une garantie que la collaboration va déboucher sur des services publics permettant d'inclure les « bas-salariés » (Andrew, Blais et DesRosiers, 1976). Dans le cas du complexe de quatre glaces, on peut imaginer que ce sont surtout des citoyens de classe moyenne qui bénéficieront de l'accès accru à du temps de glace. Cela nous semble tout de même un gain appréciable en termes d'inclusion. L'entrée en scène de VMSO nous semble également avoir une incidence par rapport à la participation des citoyens dans le projet. Le projet de quatre glaces n'a certes pas fait l'objet de consultations publiques formelles, pas plus que le projet de centre multifonctionnel à qui de nombreuses personnes ont reproché son caractère descendant. Cependant, VMSO peut s'appuyer sur des réseaux denses et des canaux de communication qui permettent plus d'interaction et offrent plus de place aux utilisateurs de l'infrastructure.

En termes plus théoriques, si l'analyse des versions antérieures du projet urbain Guertin tend à confirmer l'idée de la municipalité comme « machine à exclure » qui se dégageait des travaux de Caroline Andrew, le regard porté sur la collaboration avec VMSO nous amène à nuancer cette façon de voir le rôle du municipal en Outaouais. Non pas que l'action de la Ville de Gatineau, y compris dans le projet de quatre glaces, puisse être considérée comme pleinement inclusive, mais plutôt que l'association avec VMSO aura permis d'expérimenter de nouvelles façons de faire qui permettent de faire place à des considérations importantes en termes d'inclusion. Autrement dit, si le projet de quatre glaces garde l'essence d'un projet urbain à la Gilles Pinson, il permet d'explorer une trajectoire de projet urbain qui intègre d'importantes préoccupations découlant d'une volonté d'inclusion.

La Ville de Gatineau collabore d'ailleurs de plus en plus avec les entreprises d'économie sociale présentes sur son territoire, ce qui fait que le cas de VMSO n'est pas isolé et peut donc être considéré comme partie intégrante d'un ensemble de pratiques plus inclusives à Gatineau. Pour ne prendre qu'un autre exemple, la gestion complète d'une forêt urbaine est présentement laissée entre les mains d'un OBNL (la Fondation de la forêt Boucher) qui veille à la préservation de cette zone naturelle tout en développant une programmation d'activités pour que les citoyens puissent bénéficier d'un accès sécuritaire à ce lieu. La Ville s'est également dotée d'une politique d'économie sociale en 2020 qui vise non seulement à favoriser l'essor de coopératives et d'OBNL sur son territoire, mais aussi à reconnaître et à exploiter le potentiel de ces modèles d'entreprise dans la production de services municipaux et la gestion de biens communs.

De plus en plus de villes dans le monde participent d'un mouvement des « communs urbains » (CITIES, 2019) et suivent cette tendance à inclure plus directement les citoyens dans la gestion de ressources communes. C'est le cas notamment du conseil municipal de la Ville de Naples, en France, qui a décidé en 2011 de créer une entreprise chargée de « mettre en place la qualification de l'eau comme bien commun, à travers un gouvernement participatif de la ressource » (Celati, 2020, p. 91). Ou encore la Ville de Barcelone, en Espagne, maintenant reconnue pour avoir mis de l'avant le concept de « cession d'usage », qui permet à des groupes de citoyens de reprendre des édifices délaissés afin d'en faire des coopératives d'habitation (Miralles Buil, 2018). Cependant, si la voie de la collaboration avec l'économie sociale semble prometteuse en ce qui a trait à l'inclusion des citoyens dans les pratiques municipales, ce n'est pas toujours une voie facile à suivre. Rappelons que le projet de VMSO a tout de même rencontré des résistances assez fermes, dont certaines en provenance de la table du Conseil. Ces résistances découlent, en partie, du fait que ce projet allait à l'encontre des façons de faire usuelles qui sont bien établies dans les municipalités du Québec et en Outaouais. Elles servent également de rappel que l'innovation dans les façons de faire municipales, même si c'est pour accroître la place des citoyens, reste semée d'embûches et nécessite des consensus. Dans le cas du projet des quatre glaces, il a bien fallu que la municipalité démontre que le modèle qu'elle proposait pouvait comporter des avantages financiers, que des économies pouvaient être réalisées et que les risques seraient partagés avec le partenaire. Mais, outre les aspects économiques du projet, il fallait également que la ville démontre que celui-ci recevait des appuis dans la population ainsi qu'auprès de différents acteurs (économie sociale, associations sportives, ligue de hockey, etc.) et, donc, qu'un certain consensus existait. C'est donc en allant chercher ce consensus que la ville a réussi à sortir du cadre habituel pour proposer un nouveau modèle de partenariat pour la construction d'une infrastructure municipale plus proche de la ville inclusive.

Références

ANDREW, Caroline (1994). « Les mouvements sociaux », dans Chad Gaffield (dir.), *Histoire de l'Outaouais*, Québec, Institut québécois de recherche sur la culture, p. 583-616.

ANDREW, Caroline, André BLAIS et Rachel DesROSIERS (1976). *Les élites politiques, les bas-salariés et la politique du logement à Hull*, Ottawa, Les Presses de l'Université d'Ottawa.

ANDREW, Caroline, Serge BORDELEAU et Alain GUIMONT (1981). *L'urbanisation, une affaire – L'appropriation du sol et l'État local dans l'Outaouais québécois*, Ottawa, Éditions de l'Université d'Ottawa.

ASSEMBLÉE NATIONALE DU QUÉBEC (2017). « Auditions et étude détaillée du projet de loi n° 227 – Loi concernant le projet d'aréna et de glaces communautaires de la Ville de Gatineau », *Journal des débats de la Commission permanente de l'aménagement du territoire*, vol. 134, n° 137, p. 32.

BÉLANGER, Mathieu (2015). « Pas de place pour deux glaces dans le centre-ville », *Le Droit*, 2 juin.

BÉLANGER, Mathieu (2016). « Des enjeux de taille dans la suite de la saga Guertin », *Le Droit*, 1er mai.

BÉLANGER, Mathieu (2017). « Les opposants n'ont pas convaincu la commission », *Le Droit*, 8 juin.

BÉLANGER, Mathieu (2020a). « Retard et dépassement de coûts pour le futur aréna Guertin », *Le Droit*, 11 février.

BÉLANGER, Mathieu (2020b). « Futur Guertin : le conseil adopte le plan de sortie de crise du maire », *Le Droit*, 7 juillet.

BRASSARD, Marc (2003). « Les relations entre les Olympiques et Gatineau se sont envenimées », *Le Droit*, 13 septembre.

BUREAU, Marc (2010). « Centre multifonctionnel au centre-ville. Le meilleur choix pour Gatineau », *Le Droit*, 21 octobre.

BUREAU DE L'OMBUDSMAN, VILLE DE GATINEAU (2015). *La participation citoyenne à Gatineau. Rapport de la Commission sur l'implication du milieu*, [Fichier PDF], [https://ombudsmangatineau.ca/wp-content/uploads/2021/06/Commission-2014-01-Implication-du-milieu.pdf].

CELATI, Benedetta (2020). « À Naples, l'expérimentation de nouveaux modèles administratifs pour relever le défi du municipalisme », *Mouvements*, vol. 1, n° 101, p. 90-97.

CENTRE INTERNATIONAL DE TRANSFERT D'INNOVATIONS ET DE CONNAISSANCES EN ÉCONOMIE SOCIALE ET SOLIDAIRE (CITIES) (2019). *Les communs urbains : regards croisés sur Montréal et Barcelone – Un ouvrage collectif*, [Fichier PDF] [https://www.passerelles.quebec/system/files/upload/documents/posts/cities_fiche-communs-2_2.pdf].

DUQUETTE, Patrick (2009a). « Gatineau s'apprête à reconstruire l'aréna Guertin », *Le Droit*, 24 mars.

DUQUETTE, Patrick (2009b). « Normandeau ne fait pas d'exception », *Le Droit*, 15 mai.

DUQUETTE, Patrick (2010). « Réactions mitigées chez les futurs expropriés », *Le Droit*, 2 juillet.

DUQUETTE, Patrick (2011). « Le scénario Montcalm mort dans l'œuf », *Le Droit*, 13 avril.

DUQUETTE, Patrick (2014). « Monument ou patinoire, telle est la question », *Le Droit*, 6 mai.

DUQUETTE, Patrick (2016). « Onze ans plus tard », *Le Droit*, 27 septembre.

GAUTHIER, Mario, Guy CHIASSON et Lynda GAGNON (2016). « Planifier un centre-ville dans une métropole fragmentée : Gatineau », dans Michel Gariépy et Olivier Roy-Baillargeon (dir.), *Gouvernance et planification collaborative : cinq métropoles canadiennes*, Montréal, Les Presses de l'Université de Montréal, p. 133-164.

JURY, Pierre (2015). « Reculs et résultats », *Le Droit*, 12 septembre.

JURY, Pierre (2016). « Ça dépendra… », *Le Droit*, 16 juin.

MIRALLES BUIL, Diego (2018). « L'habitat coopératif, vecteur de nouveaux communs territoriaux à Barcelone », *Espaces et sociétés*, vol. 4, n° 175, p. 69-86.

MOLOTCH, Harvey (1976). « The City as a Growth Machine: Toward a Political Economy of Place », *American Journal of Sociology*, vol. 82, n° 2, p. 309-332.

OUIMET, Raymond (2014). « Petite histoire de l'aréna Robert-Guertin », *Raymond Ouimet : chroniques, histoires et généalogies*, 4 juillet 2014, [En ligne], [http://raymond-ouimet.e-monsite.com/blog/hisoire-locale/petite-histoire-de-l-arena-robert-guertin.html#:~ :] (consulté le 1er août 2021).

PINSON, Gilles (2005). « Le projet urbain comme instrument d'action publique », dans Pierre Lascoumes et Patrick LeGalès (dir.), *Gouverner par les instruments*, Paris, Presses de Sciences Po, p. 199-233.

PINSON, Gilles (2006). « Projet de ville et gouvernance urbaine », *Revue française de science politique*, vol. 56, n° 4, p. 619-651.

RADIO-CANADA (2009). « Un premier PPP pour Gatineau », *INFO-Radio-Canada*, 28 mars, [En ligne], [https://ici.radio-canada.ca/nouvelle/430922/ppp-arena-robert-guertin] (consulté le 1er août 2021).

RADIO-CANADA (2014). « Gatineau lance l'appel d'offres pour le futur centre multifonctionnel », *ICI Ottawa-Gatineau*, 10 mars, [En ligne], [https://ici.radio-canada.ca/nouvelle/657232/gatineau-appel-offres-centre-multifonctionnel] (consulté le 1er août 2021).

VILLE DE GATINEAU (2009). « Programme particulier d'urbanisme du centre-ville de Gatineau », *Ville de Gatineau*, [Fichier PDF], [https://www.gatineau.ca/docs/publications_cartes_statistiques_donnees_ouvertes/programme_particulier_urbanisme_centre_ville/annexe_g.fr-CA.pdf].

VILLE DE GATINEAU (2013). « Communiqué – La Ville de Gatineau présente les premières images de son centre multifonctionnel », *Ville de Gatineau*,

[En ligne], [https://www.gatineau.ca/portail/default.aspx?p=nouvelles_annonces/communiques/communique&id=-1368935955] (consulté le 1ᵉʳ août 2021).

VILLE DE GATINEAU (2020). « Communiqué – Une solution pour la continuation du projet du complexe quatre glaces de la place de la cité », *Ville de Gatineau*, [En ligne], [https://www.gatineau.ca/portail/default.aspx?p=nouvelles_annonces/communiques/communique_2015&id=214928145] (consulté le 10 août 2021).

VILLE DE GATINEAU (s.d.). « Centre Slush Puppie », *Ville de Gatineau*, [En ligne], [https://www.gatineau.ca/portail/default.aspx?p=trouver_un_lieu/centre_slush_puppie&ref=navigation-secondaire#ce-qu-il-faut-savoir] (consulté le 1ᵉʳ août 2021).

CHAPITRE 4

L'approche de développement local par les femmes et les hommes : le cas de la région de la Capitale-Nationale du Québec

Winnie Frohn

C'est en réaction au texte *The Feminist City* de Caroline Andrew (1992) paru au début des années 1990 que j'ai moi-même entrepris, quelques années plus tard, une série de travaux sur les dossiers qui inspiraient les femmes et les hommes engagés en politique municipale. La professeure Andrew s'interrogeait sur les raisons pour lesquelles peu de femmes militaient au palier municipal. Il est vrai que les femmes étaient peu nombreuses à siéger parmi les élus municipaux à ce moment-là. On ne comptait en effet au Québec en décembre 1993, soit peu après que Caroline Andrew a rédigé son texte, que 1 730 conseillères et 125 mairesses (soit 19,2 % et 8,6 % respectivement)[1]. La parité était alors loin d'être atteinte et elle ne l'est guère plus aujourd'hui[2]. La représentation des femmes et la prise en compte de leurs intérêts aux différents paliers politiques se sont

---

1. Québec, ministère des Affaires municipales et de la Métropole, *Mairesses et maires, conseillères et conseillers : statistiques sur la participation des femmes et des hommes à la prise de décision municipale 2000*, Québec, Gouvernement du Québec, juin 2001. [https://www.mamh.gouv.qc.ca/fileadmin/publications/elections/mair_stat_2000.pdf].

2. En 2021, 36,5 % des personnes élues à des postes électifs sont des femmes, une augmentation de 4 points de pourcentage par rapport à l'élection de 2017. Québec, ministère des Affaires municipales et de l'Habitation, *Données relatives à l'élection générale municipale 2021 : faits saillants*, Gouvernement du Québec, 2021. [https://www.electionsmunicipales.gouv.qc.ca/candidatures-resultats-et-statistiques/] (25 janvier 2022).

imposées comme des enjeux majeurs pour le mouvement des femmes à partir des années 1980, et surtout depuis les années 1990 (Brais et Frohn, 2002). Caroline Andrew fait partie de ces pionnières qui ont exploré la place et le rôle des femmes dans les villes, avec Delores Hayden, Suzanne Mackenzie, Dominique Masson, Beth Milroy Moore, Linda Peake, Denise Piché, Damaris Rose, Évelyne Tardy et Gerda Wekerle.

Caroline Andrew suggérait que ce qui était considéré alors comme du ressort des municipalités – les services à la propriété privée, les infrastructures et autres responsabilités destinées à permettre et à soutenir « the profitable expansion of the city » (p. 115) – présentait peu d'intérêt pour les féministes, qui se préoccupaient surtout d'enjeux sociaux. Cependant, elle observait aussi que de tels enjeux sociaux commençaient à retenir l'attention du monde municipal, par exemple le transport en commun, le logement social et la sécurité. Selon elle, ceci ne pouvait qu'encourager les féministes à s'investir en politique municipale et vice versa : leur présence grandissante, tant au sein des groupes de pression que comme élues, ferait en sorte que ces dossiers soient inscrits à l'ordre du jour. Selon une logique similaire, j'ai argumenté ailleurs (Villeneuve, Frohn et Trudelle, 2002, p. 362) que l'externalisation des services domestiques due à l'entrée massive des femmes sur le marché de travail pouvait susciter un intérêt plus grand pour ces enjeux et stimuler l'engagement politique des femmes au palier municipal. Allant plus loin, Wekerle et Peake (1996) observaient que le mouvement des femmes avait développé une stratégie double : premièrement, elles ont essayé de faire inscrire à l'ordre du jour municipal des enjeux déjà considérés comme concernant particulièrement les femmes et, deuxièmement, elles ont démontré la nature « genrée » des dossiers déjà considérés comme municipaux.

Quand j'ai lu le texte de Caroline Andrew, je venais de terminer deux mandats comme élue municipale à la Ville de Québec. Je connaissais bien des femmes qui croyaient certes passionnément à la politique municipale comme moyen d'intervention sur de multiples questions sociales, mais qui l'investissaient aussi comme lieu de décision quant aux infrastructures comme les usines de traitement d'eau et qui s'intéressaient au déneigement et autres ! De fait, tout ce qui concernait la ville comme espace du quotidien les inspirait : le transport en commun et le logement social évoqués par Caroline Andrew, mais aussi les trottoirs brisés, l'absence de centres communautaires, la pollution causée par les entreprises, etc.

Si les femmes et les hommes partagent les mêmes préoccupations, de nombreuses chercheuses avancent toutefois que les premières n'appréhendent pas la politique municipale de la même façon et qu'elles y défendent des intérêts différents (Masson, 2001 ; Mévellec et Tremblay, 2016 ; Wekerle et Peake, 1996). Mais quels sont ces intérêts ? Est-ce que ces aspirations se traduisent dans des projets de développement différents de ceux portés par les hommes ? Par ailleurs, au-delà des différences de genre, les femmes et les hommes ne sont pas des groupes homogènes, si bien que d'autres facteurs, à part le genre, peuvent les différencier ou les unir.

Ma recherche vise à explorer quels dossiers intéressent les femmes actives au palier municipal et quels sont les objectifs qui les guident dans leurs actions. Plus précisément, j'ai voulu comparer les intérêts et objectifs de ces femmes à ceux des hommes qui s'impliquent également dans la sphère municipale, notamment en aménagement, et plus largement, en développement local – d'où le titre du projet : « Femmes et aménagement urbain et régional ». Ce chapitre présente certains résultats de cette recherche qui s'est étalée sur près de 10 ans, à partir du tournant des années 2000. J'analyserai dans un premier temps les réponses recueillies auprès de femmes et d'hommes actifs sur la scène municipale de la grande région de Québec dans le cadre d'une vaste enquête menée en 1999. J'aborderai dans un deuxième temps les données recueillies lors d'un suivi fait en 2008 auprès des répondantes et répondants à la première enquête. Enfin, je proposerai en guise de conclusion quelques réflexions sur l'évolution de leurs préoccupations, à la lumière des transformations sociétales en cours et des nouveaux enjeux de la vie quotidienne dans les villes.

4.1. Méthodologie

Dans un domaine aussi peu exploré sur le terrain, il semblait opportun de partir des enjeux considérés comme importants par des femmes et des hommes occupant des postes de décision ou de consultation au sein des municipalités. Ainsi ont-ils été ciblés pour l'enquête que mon équipe et moi avons menée en 2000 dans la région de la Capitale-Nationale[3]. En 1999, celle-ci comptait 656 164 habitants, répartis dans

---

3.   Ce projet a eu l'appui financier du Conseil de recherche en sciences humaines du Canada (CRSH). Je remercie l'équipe de recherche et aussi Paul Villeneuve de l'Université Laval pour ses conseils concernant les statistiques. Merci à Anne Gilbert pour sa relecture et ses suggestions judicieuses.

76 municipalités différentes autant par leur taille que par leur fonction. En date du 15 janvier 2001, la région comptait quatre mairesses
(5,6 % des postes) et les femmes occupaient 25,5 % des sièges dans les
conseils municipaux de la région[4]. Seulement 17,9 % des postes de responsables de l'urbanisme ou de l'aménagement étaient alors octroyés
à des femmes, tandis que les comités consultatifs d'urbanisme[5] étaient
composés à 24,2 % de femmes – citoyennes ou conseillères. Aucun
comité consultatif d'urbanisme (CCU) n'était composé uniquement de
femmes, tandis que 30 % des CCU ne comptaient aucune femme.

Pour les fins de notre enquête, nous avons retenu seulement les
53 municipalités où l'on trouvait soit une élue responsable de l'aménagement (si une telle responsabilité existait), soit au moins une femme
siégeant au CCU. Nous avons inclus ces comités afin d'augmenter
le nombre de femmes dans notre étude. Pour la même raison, nous
avons envoyé le questionnaire aux femmes de la Commission consultative Femmes et ville de la Ville de Québec, dont le mandat était de
se pencher sur les enjeux municipaux concernant les femmes, y compris l'aménagement. Cette commission de 17 membres, dont au moins
50 % représentaient le public, a été créée en 1993 et était très active dès
le début notamment en consultant les femmes et en rencontrant les
services de la Ville.

Le questionnaire rassemblait des informations concernant le rôle
du répondant ou de la répondante au sein de la municipalité (titre,
ancienneté), ses expériences dans le domaine de l'aménagement, les
thèmes en aménagement qui lui semblent les plus importants, les
groupes ou associations auxquels il ou elle participe, ses approches
politiques ainsi que des données socioéconomiques. Les répondants
étaient aussi invités à parler d'un projet d'aménagement auquel ils
tenaient beaucoup ou qui, au contraire, les avait déçus. Un total de
322 questionnaires a été envoyé. Tous les élus des municipalités où
une femme était responsable de l'aménagement, et tant les femmes
que les hommes membres des CCU dans les municipalités où au

---

4.   Québec, ministère des Affaires municipales et de la Métropole, *Mairesses et
     maires, conseillères et conseillers. Statistiques sur la participation des femmes et des
     hommes à la prise de décision municipale 2000*, Gouvernement du Québec, juin 2001,
     op. cit.

5.   La *Loi sur l'aménagement et l'urbanisme* donne au conseil municipal le pouvoir
     de créer un CCU. Le CCU est « composé d'au moins un membre du conseil
     et du nombre de membres qu'il détermine et qui sont choisis parmi les rési-
     dents du territoire de la municipalité ». [http://legisquebec.gouv.qc.ca/fr/pdf/
     cs/A-19.1.pdf].

moins une femme siégeait au CCU, ont reçu le questionnaire. Les membres nommés ou élus de la Commission consultative Femmes et ville de la Ville de Québec ont aussi été sollicités.

Le taux de réponse a été passablement élevé : le questionnaire a été rempli par 59 femmes (sur 94, soit 62,8 %) et 100 hommes (sur 228, soit 43,9 %). De plus, en 2000 et 2001, 27 entrevues ont été menées, auprès de 16 femmes et 11 hommes. L'objectif était de mieux comprendre leurs réponses au questionnaire, notamment en ce qui touchait leurs priorités.

4.2. Les thèmes prioritaires et le genre

Une des questions du questionnaire me semble particulièrement éclairante sur la vision des femmes et des hommes que nous avons interrogés. Elle se lit comme suit : « Quelles sont pour vous les choses les plus importantes dans les questions d'aménagement ? Veuillez choisir les cinq thèmes qui vous apparaissent les plus importants. Cela ne veut pas dire que les autres thèmes ne sont pas importants pour vous. » Les répondantes et répondants choisissaient parmi une liste de 25 thèmes inspirés de la littérature féministe, du nouvel urbanisme et de l'urbanisme plus traditionnel. Parmi les thèmes proposés, soulignons celui de la « conciliation travail-famille », abondamment traité dans la littérature féministe (Hanson et Pratt, 1988). Un autre, celui de la « sécurité », avait été choisi parce qu'il était alors une préoccupation constante chez les féministes et les femmes. Parmi les thèmes soumis, deux relevaient de la sphère économique, soit « développement économique » et « création d'emplois ». L'hypothèse que nous faisions alors était que les femmes choisiraient « création d'emplois » vu l'importance de l'autonomie financière des femmes dans les préoccupations féministes de l'époque. La liste comprenait aussi « habitation à prix abordable », « protection du patrimoine », « mise en valeur de l'environnement » et « services de base à proximité » (tableau 4.1). Un total de 147 personnes a répondu à cette question, dont 17 conseillères et 40 femmes membres d'un CCU ou de la Commission Femmes et villes (pour simplifier le texte, nous utiliserons pour la suite la formule abrégée « membres d'un CCU ») et, pour les hommes, 27 conseillers et 63 membres d'un CCU.

Au regard des thèmes proposés, les femmes comme les hommes s'entendent sur l'importance de la « protection de l'environnement », de la « mise en valeur de l'environnement », de la « protection du patrimoine » et du « développement économique ». La priorité donnée à ce

Tableau 4.1. Thèmes priorisés en ordre décroissant
(selon les femmes)

Thèmes priorisés	Femmes		Hommes		Total	
	N	%	N	%	N	%
	57	100	90	100	147	100
Protection de l'environnement	26	45,6	47	52,2	73	49,7
Protection du patrimoine	26	45,6	34	37,8	60	40,8
Développement économique	25	43,9	38	42,2	63	42,9
Mise en valeur de l'environnement	22	38,6	39	43,3	61	41,5
Participation du public	16	28,1	18	20	34	23,1
Taxe foncière	14	24,6	20	22,2	34	23,1
Bonne qualité des infrastructures[1]	12	21,1	40	44,4	52	35,4
Loisirs pour différentes catégories d'âge	12	21,1	19	21,1	31	21,1
Création d'emplois	11	19,3	24	26,7	35	23,8
Diminution de la pollution	11	19,3	25	27,8	36	24,5
Habitation répondant aux besoins	11	19,3	15	16,7	26	17,7
Diminution des frais publics	10	17,5	24	26,7	34	23,1
Habitation à prix abordable	10	17,5	11	12,2	21	14,3
Équipements communautaires	10	17,5	19	21,1	29	19,7
Contrôle de l'étalement urbain	9	15,8	23	25,6	32	21,8
Résidents qui se ressemblent	7	12,3	8	8,9	15	10,2
Sécurité urbaine	7	12,3	11	12,2	18	12,2
Sensibilisation à la culture (théâtre, musique, etc.)	7	12,3	7	7,8	14	9,5
Services de base à proximité	7	12,3	8	8,9	15	10,2
Garderies et écoles à proximité	6	10,5	4	4,4	10	6,8
Sécurité routière	6	10,5	4	4,4	10	6,8
Voisinage qui s'entraide	5	8,8	5	5,6	10	6,8
Autre	4	7	5	5,6	9	6,1
Possibilité de devenir propriétaire	2	3,5	1	1,1	3	2,0
Conciliation travail-famille[2]	0	0	7	7,8	7	4,8

1. La probabilité de la valeur du chi-deux est de 0,004. Avec le test de Fisher, les probabilités sont de 0,005 (test bilatéral) et de 0,003 (test unilatéral).
2. La probabilité de la valeur du chi-deux est de 0,031. Avec le test de Fisher, les probabilités sont de 0,043 (test bilatéral) et de 0,029 (test unilatéral).

Source : Données collectées par l'auteure, Winnie Frohn.

dernier nous a d'autant plus étonnés que même si, historiquement, les municipalités québécoises ont toujours stimulé le développement économique par l'investissement dans les infrastructures (par exemple, les rues), le zonage pour réglementer la localisation des fonctions de la ville (résidences, commerces, industries, etc.) et des programmes de crédit de taxes, ce n'est que dans les années 1970 qu'elles ont commencé à s'attribuer un rôle plus actif dans ce dossier, en offrant de l'aide technique aux entreprises et en cherchant activement à attirer et à conserver des entreprises par l'intermédiaire de commissaires industriels, ou même de véritables agences de développement économique. De surcroît, ce n'est qu'à partir des années 1990, dans la foulée des réformes gouvernementales qui tendent à régionaliser le financement et la planification du développement, que les groupes de femmes ont cherché à jouer un rôle plus formel en matière de développement économique, par le biais de la représentation aux instances locales et régionales de concertation. C'est ainsi que les femmes seront de plus en plus nombreuses à siéger aux comités régionaux d'économie sociale (CRES) et, un peu plus tard, aux Centres locaux de développement (CLD) et aux Conseils régionaux de développement (CRD). Dans ces instances et d'autres, grâce à la militance des femmes, des sièges ou même un collège électoral sont fréquemment réservés aux femmes. Cet intérêt des femmes pour le développement économique est donc confirmé par notre enquête.

Les réponses des femmes (21 %) et des hommes (44 %) divergent, en contrepartie, quant à l'importance à donner à la « bonne qualité des infrastructures », donnant ainsi raison à Caroline Andrew, qui voyait là une des raisons pour lesquelles les femmes étaient moins attirées que les hommes par la politique municipale. Or contrairement à ce que Caroline Andrew laissait peut-être entendre, leur manque d'intérêt pour les infrastructures ne s'explique probablement pas par le fait qu'elles se sentent peu concernées par « the profitable expansion of the city », puisque tant les femmes que les hommes donnent une grande importance au développement économique. Il proviendrait plutôt de la tendance des femmes à prioriser d'autres façons d'appuyer le développement que par les infrastructures. Cela est corroboré en quelque sorte par une élue qui dira en entrevue, en parlant de ses confrères et consœurs : « Tout le monde fait ça pour prendre soin des autres, les gars autant que les filles… Mais il n'y a pas qu'une seule façon de prendre soin des autres. S'assurer d'une bonne qualité des infrastructures, c'est aussi prendre soin des autres. » Les infrastructures seraient donc un moyen parmi d'autres de « prendre soin des autres ». Sans compter la confusion en ce qui a trait au sens même du terme

« infrastructures », que nous avons observée lors des entrevues, alors que plusieurs personnes, hommes et femmes, ont demandé si les terrains de soccer ou les musées, par exemple, en faisaient partie. Par ailleurs, dans les entrevues, lorsque la liste des thèmes était plus courte[6], une proportion aussi élevée de femmes que d'hommes priorisaient la bonne qualité des infrastructures. Tous partageaient manifestement la même préoccupation quant au besoin d'infrastructures durables et de qualité. Le commentaire d'une élue qui venait de parler d'une résidence pour personnes âgées traduit peut-être l'attitude des femmes à laquelle Caroline Andrew faisait référence :

> Je suis plus centrée sur les personnes que les autres personnes au conseil. Ce sont plus des hommes évidemment. Eux, ils sont plus rationnels, ce sont les égouts, les rues, les services d'eau qui ne sont pas rendus qui retiennent leur attention alors que moi, je dis voyons, « c'est important le coup d'œil, c'est important ci, c'est important ça… » Alors, les valeurs sont différentes.

Un plus grand nombre d'hommes que de femmes priorisent la « conciliation famille-travail » ; le plus étonnant demeure toutefois le peu d'importance conférée à ce thème en général. Pourtant, la notion de conciliation famille-travail était loin d'être méconnue dans le milieu municipal au moment de l'enquête. En 1994, une brochure, signée par Nicole Brais, intitulée *Concilier travail et famille : le rôle des municipalités* et publiée par l'Université Laval, INRS-Urbanisation et le Carrefour action municipale et famille (CAMF)[7], a été distribuée lors des colloques annuels du CAMF qui visaient particulièrement les élus, d'où l'intérêt de déterminer si cette notion était connue et priorisée par ces derniers. Les entrevues apportent un éclairage sur nos résultats : quand on leur présente une liste de thèmes comprenant

---

6.   Les autres thèmes étaient puisés parmi ceux priorisés dans l'enquête et d'autres moins populaires. Le but n'était pas de limiter à cinq les thèmes importants, mais de détailler l'importance de certains thèmes du questionnaire. Outre la bonne qualité des infrastructures, les thèmes présentés étaient le développement économique, la diminution de la pollution, la mise en valeur de l'environnement, la participation du public, la protection de l'environnement, la protection du patrimoine, les taxes foncières et le transport.

7.   Le Carrefour action municipale et famille (CAMF) a été créé en 1989. Ses objectifs sont de promouvoir une politique familiale municipale au Québec et d'accompagner les municipalités et les municipalités régionales de comté (MRC) dans la mise en place d'une telle politique à l'échelle nationale (CAMF, 2011).

la « conciliation travail-famille », certains des répondants et répondantes demandent qu'on leur explique la signification de ce thème. D'autres, autant chez les élus que chez les membres d'un CCU, disent carrément que ce thème ne relève pas de leur mandat. Un membre d'un CCU dira franchement : « La conciliation travail-famille, c'est personnel, ça m'accroche moins. C'est une réalité qu'on n'a pas encore saisie. » Il enchaîne sur un centre de la petite enfance, pour conclure : « Ce sont les gens qui nous amènent ça, ce ne sont pas des choses qu'on avait identifiées comme des besoins. Par contre, on a fait des choses qui vont dans ce sens-là. » Dans les entrevues, un tiers des répondants, hommes et femmes, reconnaissent l'importance du thème, mais expliquent que d'autres thèmes le traduisent à leurs yeux de façon plus concrète : « loisirs pour différentes catégories d'âge », « équipements communautaires », « services de base à proximité » et « garderies, écoles à proximité ». J'ai donc regroupé les thèmes du questionnaire selon le domaine (tableau 4.2) afin de déterminer si certains thèmes qui n'étaient pas priorisés individuellement pouvaient l'être davantage quand ils sont regroupés. Les résultats ne changent rien au fait la fréquence des thèmes catégorisés comme relevant des services sociaux n'est pas très élevée, ni pour les femmes ni pour les hommes. Les chercheuses féministes, les mouvements de femmes et le mouvement de soutien aux familles font un lien très clair entre l'aménagement et la conciliation travail-famille. Pourtant, en 2000, ce terme assez abstrait n'apparaît pas spontanément comme une priorité aux yeux des personnes préoccupées par l'aménagement.

On remarque que d'autres thèmes considérés majeurs dans la littérature féministe et dans le nouvel urbanisme sont peu présents chez les femmes comme chez les hommes. C'est le cas de « devenir propriétaire », « sécurité routière » et « sécurité urbaine ». Le thème « participation du public », préoccupation de premier ordre pour Caroline Andrew (2010), ne retient pas beaucoup l'attention non plus, malgré que le courant de nouvel urbanisme, populaire à cette époque, souligne l'apport de la consultation et de la participation citoyenne aux projets urbains. Encore une fois, la terminologie peut nous avoir joué des tours. Lorsqu'il a été question de « participation du public » lors des entrevues, des répondantes et répondants ont évoqué la tradition des bénévoles, bien ancrée chez eux, particulièrement pour les activités destinées aux enfants auxquelles participent les parents. Ils ont aussi donné comme exemples de participation le nettoyage bénévole des berges d'une rivière et l'aide lors de festivals. La notion de

Tableau 4.2. Thèmes priorisés par domaine d'activité

Domaines d'activité	Femmes		Hommes		Total	
	N	%	N	%	N	%
	57	100	90	100	147	100
Thèmes économiques						
Développement économique	25	43,9	38	42,2	63	42,9
Taxe foncière	14	24,6	20	22,2	34	23,1
Création d'emplois	11	19,3	24	26,7	35	23,8
Diminution des frais publics	10	17,5	24	26,7	34	23,1
Environnement						
Protection de l'environnement	26	45,6	47	52,2	73	49,7
Mise en valeur de l'environnement	22	38,6	39	43,3	61	41,5
Diminution de la pollution	11	19,3	25	27,8	36	24,5
Contrôle de l'étalement urbain	9	15,8	23	25,6	32	21,8
Patrimoine						
Protection du patrimoine	26	45,6	34	37,8	60	40,8
Sécurité						
Sécurité urbaine	7	12,3	11	12,2	18	12,2
Sécurité routière	6	10,5	4	4,4	10	6,8
Services/social						
Loisirs pour tous les âges	12	21,1	19	21,1	31	21,1
Équipements communautaires	10	17,5	19	21,1	29	19,7
Résidents qui se ressemblent	7	12,3	8	8,9	15	10,2
Services de base à proximité	7	12,3	8	8,9	15	10,2
Garderies et écoles à proximité	6	10,5	4	4,4	10	6,8
Voisinage qui s'entraide	5	8,8	5	5,6	10	6,8
Conciliation travail-famille[1]	0	0	7	7,8	7	4,8
Habitation						
Habitation répondant aux besoins	11	19,3	15	16,7	26	17,7
Habitation à prix abordable	10	17,5	11	12,2	21	14,3
Possibilité de devenir propriétaire	2	3,5	1	1,1	3	2,0
Culture						
Sensibilisation à la culture (théâtre, musique, etc.)	7	12,3	7	7,8	14	9,5
Autres						
Participation du public	16	28,1	18	20	34	23,1
Bonne qualité des infrastructures[2]	12	21,1	40	44,4	52	35,4
Autre	4	7	5	5,6	9	6,1

1. La probabilité de la valeur du chi-deux est de 0,031. Avec le test de Fisher, les probabilités sont de 0,043 (test bilatéral) et de 0,029 (test unilatéral).
2. La probabilité de la valeur du chi-deux est de 0,004. Avec le test de Fisher, les probabilités sont de 0,005 (test bilatéral) et de 0,003 (test unilatéral).

Source : Données collectées par l'auteure, Winnie Frohn.

participation recouvre un large spectre, depuis la simple information des citoyens jusqu'à la création de comités avec une représentation de la population dès le début d'un projet. Comme l'expliquait une des membres de la Commission consultative Femmes et ville : « La participation du public, c'est un peu comme la base, au moment de la définition, de la conception des espaces, il faut que le monde y soit. Quand le monde n'y est pas, généralement, c'est là qu'on a des problèmes. »

Enfin, il faut souligner que, parmi les thèmes qui n'étaient pas offerts dans la liste, la qualité de vie est l'un des objectifs qui ont été mentionnés le plus fréquemment en entrevue, tant par les femmes que par les hommes. L'un d'entre eux en parle dans le contexte de la participation :

> Dans nos interventions publiques, dans le sens de l'aménagement des espaces publics, et aussi dans nos interventions d'encadrement de projets privés par la réglementation ou par l'évaluation des projets, dans les deux cas, comment s'assurer que l'objectif principal de maintenir ou de créer des milieux de qualité est atteint ? Je veux dire la qualité en relation avec les valeurs des gens. Comment éviter que ce soit moi qui décide ce qui est bon pour les autres, qui décide dans quelle sorte de milieu les gens veulent vivre ? C'est pourquoi la participation de la population doit être présente, qu'il faut se préoccuper de ce que la population désire, en disant que ce n'est pas du crémage, ce n'est pas du superflu, mais quelque chose qui doit être au cœur des décisions.

4.3. L'intérêt porté aux thèmes économiques

Il est intéressant d'explorer plus en profondeur les facteurs qui pouvaient être associés à la priorisation de thèmes qui relèvent de la sphère économique. Andrew suggérait en effet que les femmes s'intéressaient moins à « the profitable expansion of the city » qu'aux enjeux sociaux. L'hypothèse était donc que la différence entre hommes et femmes en ce qui concerne les thèmes économiques serait très grande. Cependant, comme indiqué précédemment, autant les femmes que les hommes mettaient le « développement économique » (44 % des femmes et 42 % des hommes) parmi les thèmes qui les intéressaient le plus. D'autres thèmes paraissent également relever de l'économie. Par exemple, celui de « création d'emploi » qui, contrairement à l'hypothèse, n'est pas priorisé autant que « développement économique », a tout de même été choisi par 19 % des femmes et 27 % des hommes. Les thèmes « taxes foncières » et « diminution des frais publics » touchent également l'économie. Ils ont été choisis par environ un quart des hommes et 18 % des femmes pour le premier et environ un quart des femmes et des hommes pour le deuxième. Le thème « habitation à prix abordable » (18 % des femmes et 12 % des hommes) fait aussi partie de la liste des thèmes que j'ai associés à la sphère économique. Le prix des loyers constituant une grande préoccupation chez les personnes à faible revenu, catégorie où les femmes sont majoritaires. Enfin, il me semblait intéressant de vérifier l'hypothèse selon laquelle le domaine économique a peut-être été moins priorisé par les membres d'un CCU parce qu'ils le percevaient comme relevant moins de leur mandat. Comment ces thèmes économiques ont-ils été classés selon les postes occupés par les répondantes et répondants ?

4.3.1. Les thèmes économiques et le statut

Premier constat : qu'elles aient été élues ou nommées, les femmes priorisent le « développement économique » parmi les thèmes qu'elles jugent les plus importants (tableau 4.3). En revanche, les élues semblent accorder plus d'importance que les non-élues à la « taxe foncière » et à la « création d'emploi », tandis que les non-élues priorisent la « diminution des frais publics » et « l'habitation à prix abordable ».

Tableau 4.3. Thèmes économiques : sexe et statut

	Conseil municipal		CCU	
	N	%	N	%
Femmes	17	29,8	40	70,2
Développement économique	8	47,1	17	42,5
Taxe foncière	5	29,4	9	22,5
Création d'emplois	4	23,5	7	17,5
Diminution des frais publics	2	11,8	8	20
Habitation à prix abordable	2	11,8	8	20
Hommes	27	30,0	63	70,0
Développement économique	14	51,9	24	38,1
Taxe foncière[1]	11	40,7	9	14,3
Création d'emplois	8	29,6	16	25,4
Diminution des frais publics	7	25,9	17	27,0
Habitation à prix abordable	2	7,4	9	14,3

1. La probabilité de la valeur du chi-deux est de 0,006. Avec le test de Fisher, les probabilités sont de 0,011 (test bilatéral) et de 0,008 (test unilatéral).

Source : Données collectées par l'auteure, Winnie Frohn.

Cette tendance se confirme chez les hommes, les élus accordant beaucoup plus d'importance à la question de la taxe foncière que les non-élus. Ceci n'a pas de quoi surprendre puisque la taxe foncière est la principale source de revenus des municipalités et, en même temps, un enjeu électoral. Les membres du CCU, hommes et femmes, accordent plus d'importance à l'habitation à prix abordable, qui suppose souvent une insertion dans un milieu déjà construit et qui peut parfois susciter une réaction de rejet de la part des voisins – le phénomène bien connu du NIMBY (*Not in my backyard*). Ainsi, les élus – femmes et hommes – auraient tendance à avoir des préoccupations liées à leur statut, tandis que celles de membres d'un CCU seraient davantage liées à la perception de leur mandat.

4.3.2. Les thèmes économiques et la provenance

La situation géographique peut aussi influencer les priorités. Je l'ai vérifié en distinguant les répondantes et répondants selon le lieu où ils siègent : 1) en-dehors de la région métropolitaine de recensement (RMR) ; 2) dans la RMR, mais en dehors de l'ancienne Communauté urbaine de Québec (CUQ), maintenant la Ville de Québec (sauf pour L'Ancienne-Lorette et Saint-Augustin-de-Desmaures)[8], et 3) dans l'ancienne CUQ. Cette dernière présente le territoire le plus fortement urbanisé, tandis qu'en dehors de la RMR ou, si l'on veut, à la périphérie, on trouve des municipalités plutôt rurales ou de petits centres de service. Les travailleuses et travailleurs résidant dans la couronne métropolitaine, soit dans les municipalités qui ne font pas partie de l'ancienne CUQ tout en se situant dans la RMR, ont pour beaucoup leur lieu de travail dans la CUQ.

Pour ce qui est des femmes qui siègent hors de la CUQ, mais dans la RMR, on observe qu'elles semblent plus préoccupées que les autres femmes par le thème du « développement économique » (tableau 4.4). Les entrevues menées auprès des responsables de l'aménagement ont révélé en effet que les municipalités situées dans cette zone mitoyenne tentent de profiter de la proximité de la ville-centre pour chercher à créer de l'emploi, afin de retenir les jeunes. Pensons, par exemple, aux municipalités de l'île d'Orléans, qui organisent des festivités et stimulent l'offre d'hébergement par le zonage pour attirer les touristes

8.   À part L'Ancienne-Lorette et Saint-Augustin-de-Desmaures, l'ancienne Communauté urbaine de Québec se composait de Beauport, Saint-Émile, Cap-Rouge, Sainte-Foy, Charlesbourg, Sillery, Lac-Saint-Charles, Val-Bélair, Vanier et de Québec.

Tableau 4.4. Thèmes économiques : sexe et provenance

	CUQ		RMR[1]		Hors RMR	
	N	%	N	%	N	%
Femmes	17	29,8	7	12,3	33	57,9
Développement économique	6	35,3	4[2]	57,1	15	45,5
Diminution des frais publics	4	23,5	2	28,6	4	12,2
Habitation à prix abordable	4	23,5	0	0,0	6	18,2
Taxe foncière	3	17,6	2	28,6	9	27,3
Création d'emplois	3	17,6	1	14,3	7	21,2
Hommes	16	17,8	15	16,7	59	65,6
Développement économique	9	56,3	2	13,3	27	45,8
Diminution des frais publics	4	25,0	6	40,0	14	23,7
Habitation à prix abordable	2	12,5	1	6,7	8	13,6
Taxe foncière	3	18,8	2	13,3	15	25,4
Création d'emplois	3	18,8	0	0,0	21	35,6

1. Dans la RMR hors la CUQ.
2. La probabilité de la valeur du chi-deux est de 0,032. Avec le test de Fisher, les probabilités sont de 0,054 (test bilatéral) et de 0,054 (test unilatéral).

Source : Données collectées par l'auteure, Winnie Frohn.

de passage à Québec qui voudraient explorer la région. Ces municipalités tentent de se donner leur propre vocation économique pour éviter de devenir de simples villes « dortoirs ». On pourrait aussi évoquer le fait que les emplois manufacturiers qui se trouvent dans ces municipalités sont occupés en majorité par des hommes, ce qui expliquerait que ces derniers y soient moins préoccupés par la création d'emplois. Les femmes, en revanche, doivent se déplacer plus nombreuses vers Québec pour le travail. Pour les femmes siégeant hors de la CUQ, le « développement économique » se conjuguerait avec la création d'emplois proches de leur domicile, un objectif bien documenté par Hanson et Pratt (1988). En ce qui concerne celles qui siègent hors de la RMR, le « développement économique » figure aussi parmi les préoccupations, comme pour les hommes. La question du déclin de l'industrie forestière, par exemple, a été souvent évoquée en entrevue. Dans la partie urbanisée, soit la CUQ, le « développement économique » est davantage une priorité pour les hommes. Peut-être est-ce alors ici que les femmes accordent la primauté aux problèmes sociaux. Il s'avère en effet que « l'habitation à prix abordable » a été priorisée par celles qui siègent à l'échelle de la CUQ, où l'absence de logement social est documentée (Minguy, 2003, p. 75).

4.3.3. Les thèmes économiques et l'orientation politique

L'enquête a permis de recueillir de l'information sur les orientations politiques des répondants. La question était libellée comme suit : « Avez-vous une (des) approche(s) politique(s) en général ? (Vous pouvez cocher plus d'une option.) ». Les options proposées étaient « conservatrice », « écologiste », « libérale », « social-démocrate » et « féministe ». Du total, 40 % des répondantes ont indiqué qu'elles étaient féministes. Une seule cependant a choisi uniquement cette option (tableau 4.5). Les autres féministes choisissaient surtout « écologiste » et/ou « social-démocrate ». Les féministes ont donc eu tendance à choisir des options qui s'apparentent à une volonté de changement dans la société. Celles qui ne choisissaient pas l'option « féministe » se répartissaient assez également entre toutes les autres orientations.

Tableau 4.5. Orientations politiques des femmes selon l'identification au féminisme

Orientation[1]	Féministes		Non-féministes		Total	
	N	%	N	%	N	%
Conservatrice	2	12,5	5	20,8	7	17,5
Écologiste	11	68,8	8	33,3	19	47,5
Libérale	2	12,5	9	37,5	11	27,5
Social-démocrate	9	56,3	4	16,7	13	32,5
Féministe seulement	1	6,3	n.a.	n.a.	1	2,5
Total	16	100	24	100	40	100

1. Des réponses multiples étaient permises.

Source : Données collectées par l'auteure, Winnie Frohn.

Quels sont les liens entre ces orientations et les thèmes d'ordre économique qu'elles ont privilégiés[9] ? Les femmes qui se déclarent « féministes » ont été moins nombreuses à retenir le « développement économique » parmi les thèmes qui étaient importants pour elles, par comparaison à celles qui ne s'identifient pas au féminisme (tableau 4.6). En contrepartie, plus de féministes que de non-féministes ont indiqué « l'habitation à prix abordable » comme une grande priorité, ce qui est loin de surprendre, car chez les féministes, chercheuses

9.   Au total, 40 des femmes qui ont priorisé des thèmes ont également indiqué leurs orientations politiques.

Tableau 4.6. Thèmes économiques : sexe et orientation politique[1]

	féministe		ne s'identifie pas comme féministe		écologiste		social démocrate		conser- vatrice		libérale	
	%		%		%		%		%		%	
Femmes N = 40	16	40,0	24	60,0	19	47,5	13	32,5	7	17,5	11	27,5
développement économique	5	31,3	13	54,2	7	36,8	5	38,5	4	57,1	4	36,4
taxe foncière	3	18,8	6	25,0	3	15,8	1	7,7	2	28,6	4	36.4
création d'emplois	1	6,3	3	12,5	2	10,5	0	0,0	2	28,6	1	9,1
diminution des frais publics	1	6,3	4	16,7	1[3]	5,3	0	0,0	0	0,0	3	27,3
habitation à prix abordable	4[2]	25,0	1	4,2	1	5,3	3	23,1	0	0,0	0[4]	0.0
Hommes N = 67	N/A	N/A	N/A	N/A	19	28,4	27	40,3	11	16,4	21	31,3
développement économique	N/A	N/A	N/A	N/A	5	26,3	11	40,7	4	36,4	14	66,7
taxe foncière	N/A	N/A	N/A	N/A	3	15,8	7	25,9	4	36,4	3	14,3
création d'emplois	N/A	N/A	N/A	N/A	2	10,5	3	11,1	5	45,5	6	28,6
diminution des frais publics	N/A	N/A	N/A	N/A	5	26,3	4	14,8	2	18,2	6	28,6
habitation à prix abordable	N/A	N/A	N/A	N/A	2	10,5	4	14,8	1	9,1	5	23,8

1. Les choix sont multiples.
2. Si l'on compare entre femmes, avec le test Fisher, les probablilités sont de 0,138 (test bilatéral) et de 0,073 (test unilatéral).
3. Si l'on compare hommes et femmes écologistes, avec le test Fisher, les probabilités sont de 0,180 (test bilatéral) et de 0,090 (test unilatéral).
4. Si l'on compare femmes et hommes libéraux, avec le test Fisher, les probabilités sont de 0,138 (test bilatéral) et de 0,101 (test unilatéral).

Source : Données collectées par l'auteure, Winnie Frohn.

comme militantes, l'habitation à prix abordable est effectivement un enjeu des luttes urbaines (Andrew, 1992 ; Séguin et Villeneuve, 1999). Ce thème aurait donc réussi à s'imposer chez les féministes tant élues que nommées au CCU. Il est aussi retenu, sans surprise, par les sociaux-démocrates.

Les hommes ont répondu à la même question sur l'orientation politique, à la différence toutefois que l'option « féministe » ne figurait pas dans les choix qui leur étaient proposés[10]. Ils sont nombreux, toute orientation politique confondue, à prioriser le « développement

10.   Si l'enquête était à refaire, il serait intéressant d'explorer également leurs réponses à cet effet.

économique ». On notera aussi l'intérêt des sociaux-démocrates pour « la taxe foncière » et des conservateurs pour la « création d'emplois ».

4.4. Les projets de nature économique

L'enquête s'est aussi intéressée aux projets qui sont chers aux répondantes et aux répondants. Aussi leur a-t-on demandé : « Parlez-nous d'un projet auquel vous tenez beaucoup ou qui vous a beaucoup déçu. » Les projets évoqués par les 64 hommes et les 31 femmes qui ont répondu à la question sont très divers : plantation florale, aménagement d'une halte routière, protection de bâtiments patrimoniaux, mise en valeur d'une rivière ou d'une montagne, harmonisation du zonage après des fusions municipales, etc.[11]. Je me suis concentrée encore une fois sur l'analyse des projets qui relèvent de la sphère économique. J'ai observé peu de différences entre les hommes et les femmes quant à la nature des projets mentionnés et quant aux objectifs de ces derniers.

Un premier constat est qu'environ le tiers des femmes et le quart des hommes ont choisi des projets qui relèvent du « développement économique » et/ou de la « création d'emplois ». Ils sont beaucoup moins nombreux à parler de projets qui concernent la « taxe foncière » ou la « diminution des frais publics ». Un seul répondant a mentionné un projet lié à « l'habitation à prix abordable ».

Par ailleurs, femmes et hommes s'investissent généralement dans les mêmes projets, quelle qu'en soit la teneur, et ils le font dans un but similaire. Leur objectif est bien sûr d'ordre économique, cherchant pour les uns à attirer le tourisme et pour les autres à stimuler le développement d'entreprises – commerciales, industrielles, de construction ou autre. Mais, fait intéressant, l'économie est très rarement la seule motivation. Quand ils décrivent les projets économiques qui leur tiennent à cœur, les femmes comme les hommes mentionnent aussi d'autres types de buts. Par exemple, lorsqu'ils évoquent des projets d'aménagement physique développés dans le but d'attirer les touristes et de stimuler l'économie par la création d'emploi, entre autres, ils parlent aussi d'autres objectifs, tels l'embellissement, l'élargissement de l'offre de loisirs pour les résidents, ou encore la protection de l'environnement. Que le milieu naturel

---

11.   Pour déterminer les thèmes et les objectifs de ces projets, une stratégie en deux temps a été utilisée : trois personnes ont classé tous les projets indépendamment, avant que le classement final soit établi par consensus.

ou bâti soit important pour les responsables de l'aménagement n'a rien d'étonnant. Il n'est pas étonnant non plus que de nombreux projets reposent sur une préoccupation esthétique. Le fait que plusieurs répondantes et répondants évoquent également des préoccupations sociales surprend toutefois. Certains parlent de l'impasse dans laquelle ils se sont trouvés lorsqu'ils ont dû concilier les exigences du développement économique et de la préservation de l'environnement. Ainsi, tout en soulignant qu'il faut créer des emplois, une conseillère approuve la sévérité de la réglementation concernant les industries et les restaurants et visant à protéger les résidents contre le bruit et d'autres formes de pollution. Un membre d'un CCU exprime l'importance de tenir compte de plusieurs facteurs :

> [...] les gens qui s'occupent de la culture dans la municipalité, je pense qu'ils ont peut-être quelque chose d'intéressant à dire pour les projets qui sont plus d'aménagement physique. Un autre exemple, c'est au niveau de la sécurité, est-ce que, quand on fait des projets d'aménagement, est-ce qu'on tient compte de ces facteurs ?

Enfin, certains élus et membres d'un CCU, hommes et femmes, se préoccupent aussi d'appartenance et de fierté. Ces questions, auxquelles s'ajoutent divers commentaires sur l'amour qu'on porte à sa ville, ressortent très fréquemment en entrevue.

4.5. Un suivi en 2008

J'ai fait un suivi auprès des répondantes et répondants en 2008 dans le but d'explorer l'effet du temps et de la conjoncture sur leurs priorités. J'étais particulièrement intéressée par la question de la conciliation travail-famille qui, comme je l'ai souligné d'entrée de jeu, recouvre plusieurs aspects de la vie urbaine. Aurait-elle réussi à s'imposer au cours des années 2000 parmi les thématiques jugées les plus importantes ? Plusieurs raisons me portaient à le croire. En 2002, un programme de soutien financier, notamment, a été mis en place pour aider les municipalités à développer une politique familiale avec le soutien du CAMF, évoqué plus tôt. En 2011, 637 municipalités et municipalités régionales de comté (MRC) avaient élaboré une telle politique familiale, s'adressant à près de 84 % de la population québécoise (CAMF, 2011).

Le milieu municipal avait aussi connu d'autres changements. En 2000, un événement tragique avait attiré l'attention du public sur les problèmes environnementaux municipaux : la petite ville de Walkerton avait fait les manchettes canadiennes lorsque la contamination des eaux de l'aqueduc avait causé la mort de 7 personnes et rendu malades plus de 1 000 autres. Toujours en ce qui concerne les enjeux environnementaux, le gouvernement du Québec a adopté en 2006 la *Loi sur le développement durable*. Même si la loi ne s'applique pas aux municipalités, les allusions à celles-ci sont fréquentes dans le plan d'action, qui mentionne, par exemple, qu'une « politique familiale municipale peut favoriser la conciliation travail-famille ». De nombreux autres thèmes du questionnaire de 2000 y sont explicitement évoqués : l'habitat, l'accessibilité aux services, les infrastructures, les équipements, les services et le patrimoine. Couplés à la crise économique mondiale, dont on prend la pleine mesure en 2008, de tels enjeux ne pouvaient, à notre avis, rester sans effets sur les façons de voir la ville et son aménagement.

J'ai donc voulu voir si les répondantes et répondants maintenaient les mêmes priorités qu'en 2000. Je les ai notamment interrogés sur les facteurs qui les influençaient dans les choix qu'ils faisaient huit ans plus tard. Le suivi s'est fait uniquement à l'extérieur de la nouvelle Ville de Québec [12]. Celle-ci a été exclue parce que les restructurations auxquelles elle a fait face entre 2001 et 2005 ont dominé le programme politique chez les élus et les fonctionnaires, ce qui aurait été susceptible de fausser les données. Des 40 personnes que nous avons pu retracer, 24 ont répondu à un questionnaire simplifié [13], dont 14 conseillers et 10 membres d'un CCU. En tout, huit femmes et 16 hommes ont participé au suivi de 2008. Vingt municipalités étaient représentées. Quatre entrevues ont également eu lieu avec deux conseillers et deux membres d'un CCU, soit deux femmes et deux hommes. Le but était d'explorer plus à fond leurs priorités et les raisons pour lesquelles ces priorités auraient pu changer avec le temps.

---

12. Résultat de la fusion de l'ancienne Ville de Québec et des Villes de Sainte-Foy, Beauport, Charlesbourg, Sillery, Loretteville, Val-Bélair, Cap-Rouge, Saint-Augustin-de-Desmaures, L'Ancienne-Lorette, Saint-Émile, Vanier et Lac-Saint-Charles. En 2005, Saint-Augustin-de-Desmaures et L'Ancienne-Lorette redeviennent des municipalités.

13. Dans le questionnaire simplifié, les répondantes et répondants n'étaient plus tenus, entre autres, de décrire un projet qui leur tenait à cœur.

Tableau 4.7. Thèmes priorisés par les personnes qui ont participé
aux deux enquêtes par domaine d'activité, 2000 et 2008

Domaine d'activité	Total 24		Femmes 8		Hommes 16	
	2000	2008	2000	2008	2000	2008
Économie						
Développement économique	11	4	5	1	6	3
Création d'emplois	4	2	2	0	2	2
Taxe foncière	4	1	1	0	3	1
Diminution des frais publics	3	2	2	0	1	2
Environnement						
Protection de l'environnement	10	12	0	3	10	9
Mise en valeur de l'environnement	9	11	3	2	6	9
Contrôle de l'étalement urbain	3	4	0	0	3	4
Diminution de la pollution	5	4	1	0	4	4
Patrimoine						
Protection du patrimoine	7	10	0	1	7	9
Sécurité						
Sécurité routière	0	2	0	1	0	1
Sécurité urbaine	1	3	0	3	1	0
Services/social						
Services de base à proximité	3	9	0	3	3	6
Équipements communautaires	7	9	2	3	5	6
Voisinage qui s'entraide	0	2	0	0	0	2
Résidents qui se ressemblent	2	3	0	0	2	3
Garderies et écoles à proximité	2	2	0	0	2	2
Loisirs pour tous les âges	8	5	2	1	6	4
Conciliation travail-famille	3	0	0	0	3	0
Habitation						
Habitation répondant aux besoins	1	6	0	1	1	5
Habitation à prix abordable	2	3	0	1	2	2
Possibilité de devenir propriétaire	0	0	0	0	0	0
Culture						
Sensibilisation à la culture (théâtre, musique, etc.)	2	2	0	1	2	1
Autres						
Bonne qualité des infrastructures	8	7	1	3	7	4
Participation du public	7	1	3	0	4	1

Source : Données collectées par l'auteure, Winnie Frohn.

4.5.1. Les nouvelles priorités

J'ai comparé l'ordre de priorités des 24 personnes qui ont répondu aux deux questionnaires. Si certaines priorités n'ont pas changé, l'intérêt pour certains dossiers a quant à lui grandi (tableau 4.7).

Dans le questionnaire de 2000, les thèmes liés à l'environnement et au patrimoine s'étaient démarqués autant pour les femmes que pour les hommes. La « protection de l'environnement » et la « mise en valeur de l'environnement » continuent de se démarquer huit ans plus tard, alors que l'importance du premier augmente pour les femmes et que celle du deuxième augmente pour les hommes. La « protection du patrimoine », déjà priorisé par les femmes et les hommes en 2000, gagne une adhérente et deux adhérents en 2008. La fréquence du thème du « développement économique » a, contre toute attente, chuté : des 11 répondants qui l'avaient choisi en 2000, uniquement quatre le retiennent en 2008, et ce sont surtout des hommes. Aucun des autres thèmes « économiques » ne gagne en effet en popularité. D'autres thèmes les ont remplacés, tels la « protection de l'environnement », les « services de base à proximité » et la « sécurité urbaine ». Un sondage réalisé en 2010 par la Fédération québécoise des municipalités (FQM) auprès de 580 élus confirme l'intérêt grandissant pour ces nouvelles problématiques[14]. Lorsqu'interrogés sur le principal défi des municipalités, les participants qui répondent qu'il est de « trouver de nouvelles sources de revenus » (16,6 %) ou encore d'« assurer le développement économique local » (16,6 %) sont moins nombreux que ceux qui croient qu'il consiste à « maintenir les populations et attirer de nouveaux résidants » (24,6 %), à « maintenir des services de qualité » (22,7 %) ou à « protéger l'environnement et assurer un développement durable » (18 %)[15].

Le suivi révèle aussi un intérêt accru pour les enjeux sociaux, les répondants de 2008 étant un peu plus nombreux à choisir les « services

14. Le sondage était réalisé par la Fédération québécoise des municipalités (FQM) et Axiome marketing : « Sondage exclusif sur les enjeux municipaux : 3 Québécois sur 4 estiment que l'élu municipal est le mieux placé pour répondre à leurs besoins ». Réseau information municipale, communiqué, 4 octobre 2010. [Sondage exclusif sur les enjeux municipaux : 3 Québécois sur 4 estiment que l'élu municipal est le mieux placé pour répondre à leurs besoins (rimq.qc.ca)] (15 août 2021).

15. Malheureusement, le communiqué qui rapporte ce sondage (FQM, 2010) ne mentionne pas le profil des élus qui y ont répondu, quoiqu'on puisse présumer qu'ils proviennent de municipalités rurales, surreprésentées à la FMQ, et que ce profil corresponde assez bien à celui des personnes qui ont participé à notre suivi de 2008, qui excluait la nouvelle Ville de Québec.

de base à proximité », notamment les femmes, reflet possible de leur conscience accrue des problèmes de conciliation travail-famille. La question de « l'habitation répondant aux besoins » s'est imposée parmi les thèmes d'intérêt, surtout chez les hommes. Les entrevues font voir le changement de mentalité alors que le développement résidentiel, par exemple, s'il reste perçu comme une façon d'augmenter l'assiette fiscale, n'en est pas moins considéré aussi comme une façon d'offrir un milieu de vie propice à la vie familiale. Le suivi a aussi permis de voir que l'intérêt des femmes pour les infrastructures a augmenté. Ce n'est pas surprenant, vu le nombre élevé de municipalités qui profitent de subventions gouvernementales pour améliorer leurs systèmes d'aqueduc et d'égout, un sujet souvent évoqué en entrevue. La sécurité, routière et surtout urbaine, retient davantage l'attention des femmes en 2008 qu'en 2000, alors que les hommes ne démontrent pas un grand intérêt pour la question, ni en 2000 ni en 2008. Enfin, la « participation du public », qui semblait importante à de nombreux répondantes et répondants en 2000, perd six adhérents sur sept chez ceux de 2008, femmes et hommes confondus. Cela pourrait s'expliquer encore une fois par le fait que l'expression n'a peut-être pas été comprise par tous de la même façon.

4.5.2. Facteurs de changement

Le suivi de 2008 visait aussi à mieux saisir les raisons des changements dans les priorités des répondantes et répondants. Le questionnaire posait la question de savoir si, depuis 2000, des cours, des visites dans d'autres pays, des personnes ou des circonstances les avaient aidés à mieux comprendre la planification. Les réponses[16] montrent qu'effectivement, ces facteurs ont eu un impact. Cinq répondants de 2008 ont déclaré avoir suivi des cours de planification, dans la majorité des cas organisés par diverses associations municipales, alors que huit autres avaient suivi d'autres types de cours. Deux ont parlé de magazines sur l'environnement et un autre, d'une conférence. Parmi les 24 personnes ayant répondu au questionnaire de 2008, 7 ont déclaré avoir été influencées par des professionnels en urbanisme ou encore par des élus ayant beaucoup d'expérience dans le domaine. Huit ont dit qu'elles avaient appris au fil de la prise de

---

16.   Les réponses pour cette partie proviennent de quatre questionnaires de nouveaux répondants (une élue et trois hommes membres d'un CCU).

décision en matière d'aménagement. En ce qui concerne les voyages depuis 2000, sept répondants ont déclaré que les pays qu'ils avaient visités, majoritairement en Europe, avaient enrichi leur compréhension de la planification.

À la question plus générale de savoir si leurs idées sur la planification avaient évolué depuis 2000, quatre répondantes et répondants ont mentionné leur préoccupation croissante pour l'environnement. L'un d'eux a parlé plus spécifiquement de la protection de l'environnement pour les générations futures, en écho aux principes du développement durable.

4.6. Conclusion

Caroline Andrew s'interrogeait sur les raisons pour lesquelles peu de femmes militaient au palier municipal. Elle suggérait que ce qui était considéré alors comme du ressort des municipalités, soit les services à la propriété privée, les infrastructures et autres responsabilités destinées à permettre et à soutenir « the profitable expansion of the city » (p. 115), présentait peu d'intérêt pour les féministes, qui se préoccupaient surtout d'enjeux sociaux. Cependant, elle observait aussi que de tels enjeux sociaux commençaient à apparaître à l'ordre du jour municipal. Selon elle, ceci ne pouvait qu'encourager les féministes à s'investir en politique municipale et vice versa : leur présence grandissante au sein des groupes de pression et comme élues ferait en sorte que ces dossiers soient inscrits au programme. Notre enquête témoigne d'une telle évolution, quoique peut-être plus lente que ce que prévoyait Caroline. Ce changement est nul doute provoqué, en partie, par la conjoncture économique (chômage, déclin en foresterie, problèmes sociaux), mais également par la présence des femmes.

Notre recherche a aussi révélé un intérêt grandissant pour l'environnement, jugé comme une priorité par les uns et les autres, qu'il s'agisse de sa protection ou de sa mise en valeur. La protection du patrimoine s'est imposée parmi les préoccupations majeures. Par ailleurs, femmes et hommes partagent de plus en plus une vision holistique du développement, une préoccupation pour la qualité de vie, notamment pour la famille, et un amour pour leur territoire. En guise de conclusion, on peut s'interroger sur l'effet qu'auront eu les événements qui ont marqué la dernière décennie sur les priorités des personnes actives au palier municipal. Durant cette période, les effets des changements climatiques ont été de plus en plus visibles, les enjeux de sécurité se sont faits plus pressants, des questions telles que le racisme se sont imposées. La grave pandémie qui a frappé en 2020 et a bouleversé notre rapport au monde entraînera aussi des conséquences irréversibles sur les façons de planifier les villes. Elle a montré jusqu'à quel point le lien est étroit entre la santé et l'urbanisme. Le télétravail et l'école à la maison ont mis à mal la conciliation travail-famille. La migration de résidents de la ville-centre vers la banlieue et la périphérie a ajouté aux défis du transport en commun. Même si certains résidents qui demeurent en ville ont appris l'usage du vélo et de la marche, d'autres ont renoncé au covoiturage avec, comme conséquence, une hausse de la pollution, même si le télétravail l'a en partie neutralisée. La pandémie a rappelé l'importance des aménagements qui présentent une mixité de fonctions, c'est-à-dire des artères commerciales et petits centres de services dans les quartiers permettant une accessibilité aux services, commerces et emplois à proximité des résidences.

Ainsi, les dernières années auront rappelé aux conseils de ville et aux comités qui les appuient dans leur travail toute l'importance des multiples enjeux sur lesquels Caroline Andrew s'est mobilisée au fil de sa carrière, enjeux qui sont au cœur des préoccupations, des expériences, des savoirs et des intérêts des femmes. La présence grandissante de ces dernières à la table – on ne peut passer sous silence l'élection de nombreuses jeunes mairesses et conseillères dans les villes du Québec en novembre 2021 – nourrit tous les espoirs quant aux avenues qui seront privilégiées dans le monde municipal en matière de développement et d'aménagement.

Références

ANDREW, Caroline (1992). « The Feminist City », dans Henri Lustiger-Thaler (dir.), *Political Arrangements: Power and the City*, Montréal, Black Rose Books, p. 109-122.

ANDREW, Caroline (2010). « Récit d'une recherche-action : la participation et le passage de frontières de femmes immigrantes à la Ville d'Ottawa », *Sociologie et sociétés*, vol. 42, n° 1, p. 227-243.

BRAIS, Nicole (1994). « Concilier travail et famille : le rôle des municipalités, Montréal et Québec », INRS-Urbanisation et Carrefour Action municipale et familles, CRAD Université Laval.

BRAIS, Nicole et Winnie FROHN (2002). « État local et mouvement des femmes à Québec : une étude de cas », *Lien social et Politiques*, 47, p. 55-66.

Carrefour action municipale et famille (CAMF) (2011). « La rencontre d'une femme de conviction », *Municipalité+Famille*, vol. 8, n° 2, avril, p. 5.

Fédération québécoise des municipalités (FQM) (2010). « Sondage exclusif sur les enjeux municipaux : 3 Québécois sur 4 estiment que l'élu municipal est le mieux placé pour répondre à leurs besoins », Réseau information municipale, communiqué, 4 octobre. [Sondage exclusif sur les enjeux municipaux : 3 Québécois sur 4 estiment que l'élu municipal est le mieux placé pour répondre à leurs besoins (rimq.qc.ca)] (consulté le 15 août 2021).

Hanson, Susan, et Geraldine Pratt (1988). « Reconceptualizing the Links between Home and Work in Urban Geography », *Economic Geography*, vol. 64, n° 4, p. 299-321.

Masson, Dominique (2001). « Gouvernance partagée, associations et démocratie : les femmes dans le développement régional », *Politique et Sociétés*, p. 89-115.

Mévellec, Anne et Manon Tremblay (2016). *Genre et professionnalisation de la politique municipale*, Québec, Presses de l'Université du Québec.

Michaud, Anne (1997). « Les femmes et la ville : un enjeu local, un enjeu mondial », *Recherches féministes*, vol. 10, n° 2, p. 181-191.

Minguy, Claire (2003). *Les conditions de vie des femmes et le développement régional et local dans la région de la Capitale-Nationale*, Québec, Conseil du statut de la femme, Collection Femmes et développement des régions.

Québec. Ministère des Affaires municipales et de la Métropole (2001), *Mairesses et maires, conseillères et conseillers : statistiques sur la participation des femmes et des hommes à la prise de décision municipale 2000*, [Fichier PDF], [https://www.mamh.gouv.qc.ca/fileadmin/publications/elections/mair_stat_2000.pdf].

Québec. Ministère des Affaires municipales et de l'Habitation (2020), *Données relatives à l'élection générale municipale 2017 : compilation et traitement*, [Fichier PDF], [https://www.electionsmunicipales.gouv.qc.ca/fileadmin/publications/elections/Portrait_Statistique_EG_2017.pdf].

Séguin, Annie-Marie et Paul Villeneuve (1999). Intervention gouvernementale et habitation sociale. *Recherches féministes*, vol. 12, n° 1, p. 25-42.

Villeneuve, Paul, Winnie Frohn et Catherine Trudelle (2002). « Femmes, pouvoir local et politiques municipales à Québec », *Espace populations sociétés/Space populations societies*, vol. 20, n° 3, p. 361-72.

Wekerle, Gerda et Linda Peake (1996). « New Social Movements and Women's Urban Activism », dans Jon Caufield et Linda Peake (dir.), *City Lives and City Forms: Critical Research and Canadian Urbanism*, Toronto, University of Toronto Press, p. 264-281.

Whitzman, Carolyn, Caroline Andrew et Kalpana Viswanath (2014). « Partnerships for Women's Safety in the City: "Four Legs for a Good Table" », *Environment and Urbanization*, vol. 26, n° 2, p. 443-456.

CHAPITRE 5

Montréal, ville inclusive ? Le Projet de ville à l'aune du nouveau Plan d'urbanisme et de mobilité 2050

Sylvie Paré

> Ville inclusive, attractive et créative : pour faire de Montréal la ville que nous voulons.
>
> (Valérie Plante, mairesse de Montréal, *Projet de ville*, 2021, p. 9).

Ce slogan témoigne de l'image que veut bien se donner Montréal[1], métropole multiculturelle, et qui renvoie à des dimensions multiples comme l'indique Catherine De Beer (2018) lorsqu'elle cite le schéma de Nora Saint-Gal : une ville solidaire et accueillante, une ville inclusive qui garantit l'accès aux droits, une ville citoyenne qui donne du pouvoir d'agir, une ville responsable qui agit pour la prévention et l'accès aux soins et une ville jeune qui accompagne ses enfants vers l'autonomie. La « ville inclusive[2] » vise à permettre l'exercice en toute égalité des droits de la personne par un accès sans restriction aux espaces urbains, aux infrastructures et aux services[3]. Elle renvoie aux droits prescrits par les diverses chartes tant à l'échelle municipale

---

1. Diverses organisations utilisent aussi l'expression Montréal, ville inclusive. Voir par exemple Tourisme Montréal, *Montréal, ville de diversité et d'inclusion*, 20 janvier 2021, [https://blog.mtl.org/fr/diversite-et-inclusion] (consulté le 7 juillet 2021).
2. Les travaux de Liang et coll. (2022) montrent l'accroissement de l'intérêt pour cette notion par une analyse fine des discours de plus en plus nombreux autour de la ville inclusive.
3. PSVI. Équipe de recherche Participation sociale et villes inclusives. *Qu'est-ce qu'une ville inclusive ?* [s.d.], [https://villesinclusives.org/] (consulté le 9 août 2021).

que provinciale ou fédérale. En guise d'exemple, notons les droits des populations LGBTQ+, auxquels ont contribué les défilés de la fierté et l'établissement institutionnalisé du quartier gay, mis en valeur par les diverses instances de la gouvernance locale. L'intégration des nouveaux arrivants participe aussi des actions destinées à faire de Montréal une ville inclusive[4]. On peut citer, enfin, les mesures prises par la ville en matière d'accessibilité universelle, ce qui facilite l'accès aux personnes âgées, aux personnes handicapées et aux jeunes parents avec poussettes aux divers lieux publics[5].

Au-delà du discours, Montréal doit cependant, comme plusieurs autres grandes villes du monde, relever encore de multiples défis en matière d'inclusion sociale, de lutte à la discrimination et à la pauvreté (Andrew et Doloreux, 2012 ; Paré, 2009 ; Sassen, 2001). Plusieurs auteurs ont traité de ces enjeux dans des ouvrages désormais reconnus comme des classiques du droit à la ville, dont David Harvey (1973) et Henri Lefebvre (1968). Où en est vraiment Montréal dans ses initiatives pour assurer un droit à la ville à toutes ses citoyennes et tous ses citoyens dans une ville qui serait inclusive, comme le préconisait la professeure émérite Caroline Andrew ? Qu'entend-on par cette notion de ville inclusive, alors que les inégalités sociospatiales persistent à Montréal ? Cette dissonance est remarquée notamment par les groupes communautaires des quartiers pauvres, qui peinent à subvenir à certains des besoins, notamment alimentaires, culturels et éducatifs, de leur population et n'arrivent pas à combler cet écart important entre la visée des instances publiques et la réalité objective. En effet, les disparités sociospatiales et socioethniques demeurent nombreuses à Montréal et doivent forcément interpeller les décideurs dans l'élaboration de leurs documents de planification. Les politiques publiques tiennent-elles suffisamment compte des disparités en question ? La Ville de Montréal s'en préoccupe-t-elle suffisamment ?

C'est dans ce contexte qu'a été présenté, au mois de juin 2021, le Projet de ville (Ville de Montréal, Service de l'urbanisme et de la

---

4.   Voir à cet effet, le Plan d'action 2018-2021 : Montréal inclusive. [https://observatoirevivreensemble.org/sites/observatoirevivreensemble.org/files/montreal_inclusive.pdf].

5.   La *Politique municipale d'accessibilité universelle* adoptée en juin 2011 a confirmé la volonté de la Ville de faire de Montréal une ville universellement accessible. [http://ville.montreal.qc.ca/pls/portal/docs/PAGE/ARROND_RDP_FR/MEDIA/DOCUMENTS/2015-10-06_PLAN%20ACCESSIBILIT%C9%20UNIVERSELLE%20-%20VILLE%20DE%20MONTR%C9AL.PDF].

mobilité, 2021)[6] par les fonctionnaires des services associés à l'urbanisme de la Ville de Montréal. Le document se veut un diagnostic de l'urbanisme et de la mobilité à Montréal, suivant une réflexion entamée il y a plusieurs mois (VRM, 2021) dans le but d'élaborer le nouveau Plan d'urbanisme et de mobilité 2050 (PUM). Ce document d'orientation comporte de nombreuses données, mais constitue surtout un engagement à faire tout ce qui est possible pour rendre la Ville de Montréal plus inclusive et égalitaire, et pour la ramener à une échelle plus humaine. Notre texte se veut un regard critique, de nature sociopolitique, porté sur cette démarche et les orientations qui s'en dégagent. Nous examinerons la philosophie de l'aménagement urbain dans laquelle elle s'ancre, en phase avec de nouvelles tendances en urbanisme, dont l'urbanisme participatif[7], la co-construction et le développement durable. Nous nous interrogeons plus particulièrement à savoir ce qu'il en est de Montréal, ville inclusive, pour les divers groupes sociaux vulnérables, dont les immigrantes et immigrants récents, les Autochtones et les femmes aux prises avec des problématiques d'iniquités socioéconomiques et de genre qui se reflètent dans leurs milieux de vie. Nous pensons notamment au logement abordable pour toutes et tous, à l'accès aux équipements de loisir et de culture, à la disponibilité de services publics, pour ne nommer que ceux-là. Le texte se divise en quatre parties : 1. la présentation des objectifs et de la visée du Projet de ville ; 2. le projet de ville en matière d'inclusivité selon deux de ses dimensions ; 3. le Projet de ville et les possibles transformations en matière d'équité socioterritoriale ; et 4. la conclusion.

5.1. Le Projet de ville : un document aux ambitions multiples

Montréal est une ville plurielle à l'instar d'autres grandes villes nord-américaines. Il s'agit d'une ville multiculturelle qui offre une grande mosaïque interculturelle.

> Le quartier chinois (Centre-ville), la Petite-Italie (Rosemont-La Petite-Patrie), le Petit Maghreb (Saint-Michel), le quartier portugais

---

6. Document que nous désignerons plus loin par son titre : *Projet de ville*.
7. Nous entendons ici l'urbanisme de collaboration avec la population dans les quartiers, lors de projets urbains majeurs. Il ne s'agit pas seulement de consultations publiques sur un projet préétabli, mais plutôt d'une démarche collaborative pour mieux arrimer les besoins de la population à la conception et à la réalisation de projets urbains, une approche ayant émergé dans les années 1990.

(Plateau-Mont-Royal) sont autant de secteurs très précis de l'île de Montréal qui abritent autant de communautés culturelles et ethniques précises ayant leur propre histoire[8].

Montréal attire, entre autres, une immigration en provenance de la francophonie, issue des pays de l'Europe, de l'Afrique de l'Ouest et des Antilles. Notamment, sa composition démographique propose des traits distinctifs grâce à son caractère français :

> Si la majorité des résidents de Montréal sont francophones (c'est-à-dire que leur langue maternelle est le français), près de 33 % des résidents sont nés à l'étranger et se sont installés à Montréal. Beaucoup de ceux-ci proviennent d'autres régions du monde, comme l'Algérie ou Haïti, mais Montréal accueille également des immigrants et réfugiés de tous les pays du monde[9].

Montréal offre aussi une grande diversité sociale. Les inégalités socio-économiques perdurent dans de nombreuses portions de son territoire. Certains secteurs de Hochelaga, Saint-Michel, Côte-des-Neiges, Cartierville, Parc-Extension ou Montréal-Nord sont défavorisés. Des mesures y sont d'ailleurs mises de l'avant pour contrer les effets de la pauvreté et de l'exclusion, comme les actions relatives au programme de la RUI (revitalisation urbaine intégrée)[10]. Divers projets de réaménagement ont déjà pris forme et contribuent à la revitalisation de ces quartiers. Montréal mise sur cette diversité pour parfaire un nouveau PUM à l'horizon 2050.

Mais revenons au Projet de ville. Ce document compte 140 pages et, outre les allocutions des élus et de la direction du Service de l'urbanisme et de la mobilité, il comprend trois sections principales : « un appel à la transformation », qui pourrait s'intituler aussi « perspectives

---

8. Accès Montréal, *Les communautés culturelles par quartier à Montréal*, 20 août 2018, [https://www.accesinternational.com/fr-ca/blogue/les-communautes-culturelles-par-quartier-a-montreal/#:~:text=Certains%20quartiers%20de%20Montr%C3%A9al%20sont%20devenus%20si%20incontournables,culturelles%20et%20ethniques%20pr%C3%A9cises%20ayant%20leur%20propre%20histoire] (30 août 2021). Voir aussi Immigrant Québec, « Découvrir les quartiers de Montréal », [s.d.], [https://immigrantquebec.com/fr/reussir-votre-installation/vivre-a-montreal/connaitre-montreal/les-quartiers-de-montreal/] (consulté le 30 août 2021).

9. Tourisme Montréal, *op cit*.

10. Huit des vingt secteurs défavorisés qui ont été identifiés, font l'objet d'interventions sur les plans urbanistique, social, économique, communautaire, culturel, environnemental, etc. (Chabant et Paré, 2014).

d'avenir », « les futurs possibles », ou « comment envisager le changement », et « les chemins de transition », c'est-à-dire des « stratégies pour y parvenir[11] », trois étapes que nous aborderons ultérieurement dans le texte. Le document s'appuie sur une vision intégrée de l'aménagement du territoire et de la mobilité et repose sur trois grands objectifs : rapprocher les différents services publics et activités sur le territoire, miser sur des modes de déplacement durables et améliorer l'utilisation des rues et des autres espaces publics.

Le document atteste d'une réflexion approfondie sur les nouvelles conditions de vie des Montréalaises et des Montréalais, dont celles imposées par la situation sanitaire exceptionnelle qui prévaut depuis le mois de mars 2020. En effet, l'importance d'aménager l'espace public (parcs et espaces verts, mobilités actives, etc.) en y accordant plus de verdissement, de lieux de détente accessibles, surtout en quartier dense, s'est révélée plus que jamais à Montréal et ailleurs dans le monde (Gehl, 2010)[12]. Les divers scénarios d'aménagement urbain sur lesquels repose le document ne sont toutefois pas arrêtés, les divers paliers de gouvernance étant toujours en réaction aux conditions inhérentes à la pandémie, tant au niveau local, métropolitain, régional que provincial.

Les ambitions, buts et objectifs du Projet de ville sont de divers ordres, mais on y souhaite surtout examiner les diverses manières d'aménager ou de réaménager la ville afin de répondre aux besoins futurs de sa population, ce qui reflète un souci d'inclusivité et de pratiques innovantes dans le domaine urbain. La volonté de bien préparer l'avenir est donc palpable dans la démarche du Projet de ville, comme en témoigne ce passage du document :

> Ainsi, Montréal change, se transforme et s'embellit. Elle plonge ses racines dans les forces actuelles pour construire l'avenir. La pandémie nous amène également à réfléchir différemment sur la ville et à saisir l'importance de la qualité de nos milieux de vie. Les Montréalaises et les Montréalais seront appelés à s'exprimer sur le futur plan d'urbanisme et de mobilité 2050, un outil qui remplacera le Plan d'urbanisme de 2004 ainsi que le Plan de transport

11. Ville de Montréal, *Un Projet de ville pour Montréal : démarche d'élaboration du Plan d'urbanisme et de mobilité 2050*. Présentation PowerPoint aux partenaires du Projet de ville, 10 juin 2021.
12. Voir aussi Gehl, *Écosociété*, [s.d.] [https://ecosociete.org/livres/pour-des-villes-a-echelle-humaine] (consulté le 10 août 2021).

de 2008, qui s'inscrira dans leur continuité et qui permettra de relever les nouveaux défis. (Ville de Montréal, 2021, p. 4)

Outre ces nouvelles réalités, on peut donc noter un souci particulier pour la participation citoyenne dans l'élaboration du futur PUM, près de 20 ans après celui de 2004, qui s'inscrivait plutôt dans une perspective fonctionnaliste[13] où les experts et les professionnels de l'urbanisme pensaient et planifiaient seuls la ville. À cet effet, le premier plan d'urbanisme de Montréal a été adopté en 1992 sous l'administration Doré, une initiative à des fins notamment administratives, suivant l'adoption de la *Loi sur l'aménagement et l'urbanisme* du début des années 1980 (LAU)[14].

La participation publique dans le processus d'aménagement du territoire est encadrée par de nouvelles règles du jeu en matière d'urbanisme, suivant une modification apportée à la LAU (nouveau chapitre II.2 du titre 1 sur la participation publique)[15]. Selon ces nouvelles dispositions, une municipalité peut être exemptée de règles référendaires pour adopter une politique de participation publique. Montréal peut donc retenir cette approche qui apporte souvent de nouvelles préoccupations dans les discours et actions de divers acteurs de la gouvernance locale. En mobilisant ainsi la population et les groupes communautaires, on fait en sorte que les dossiers d'urbanisme bénéficient d'une plus grande acceptabilité sociale, les élus et les fonctionnaires pouvant ainsi ajuster leurs programmes et faire avancer leurs projets.

Rappelons que la participation publique est devenue une condition *sine qua non* du processus décisionnel des autorités locales, métropolitaines et régionales lorsqu'il s'agit de déterminer si tel ou tel projet d'aménagement ou de réaménagement urbain serait bon ou mauvais.

Une politique de participation publique doit prévoir :

- la diffusion de l'information, la consultation et la participation active des citoyens au processus décisionnel en matière d'aménagement et d'urbanisme ;

---

13. L'urbanisme fonctionnaliste renvoie à l'organisation spatiale selon les fonctions d'habiter, de travailler, le tout dans des espaces séparés.
14. Voir à cet égard l'article paru dans *Le Devoir*, « Pour un Plan d'urbanisme de Montréal digne du XXIᵉ siècle », signé par Carole Deniger et Dinu Bumbaru, le 24 décembre 2019.
15. Québec. Ministère des Affaires municipales et de l'Habitation, *Guide d'élaboration d'une politique de participation publique*, [s.d.], [https://www.mamh.gouv.qc.ca/amenagement-du-territoire/guide-delaboration-dune-politique-de-participation-publique/] (consulté le 14 juillet 2021).

- des mesures complémentaires à celles qui sont déjà prévues dans la LAU ;
- la conformité aux exigences du *Règlement sur la participation publique en matière d'aménagement et d'urbanisme*[16].

La Ville de Montréal a annoncé qu'elle procédera avec l'Office de consultation publique de Montréal (OCPM) à une grande consultation publique, accompagnée de nombreuses autres activités de participation. On croit ainsi que le PUM s'adressera équitablement à toutes et tous, et que l'exercice permettra à l'ensemble des Montréalaises et des Montréalais de définir, de façonner et d'influencer le contenu du document pendant sa rédaction (Ville de Montréal, 2021, p. 25). Toutefois, les expériences de consultation publique montrent que, très souvent, les populations vulnérables sont peu présentes dans les exercices de participation ou de consultation publique en raison d'un manque de disponibilité lié à la famille et à leurs obligations économiques. Les femmes immigrantes qui dispensent les soins aux enfants ou encore les personnes qui occupent plusieurs emplois pour subvenir aux besoins de leur famille participent généralement peu à de tels processus (Québec, ministère de l'Immigration, de la Diversité et de l'Inclusion, 2014). La participation a donc lieu, mais à géométrie variable.

5.2. Le Projet de ville en matière d'inclusivité : de la visée à la réalité objective

Dans le Projet de ville, sept dimensions sont développées afin d'en dégager une lecture prospective : population ; climat et environnement ; inégalités sociales ; mobilité ; activités ; formes urbaines et occupations du sol ; et gouvernance (Ville de Montréal, 2021, p. 29). Pour nos fins, nous retiendrons en particulier deux de ces dimensions, soit la population et les inégalités sociales, celles-ci étant plus directement liées à notre propos alors que les autres dimensions se rapportent plutôt aux infrastructures, au milieu bâti et à la gouvernance.

Selon les données du Projet de ville, la population de Montréal augmentera de manière substantielle d'ici 2050. Entre 2016 et 2050, on enregistrera une hausse de 23 % de la population à Montréal (388 000 habitants). Elle sera fortement concentrée au centre de l'île, comme le montre la carte thématique ci-dessous.

---

16. *Ibid.*

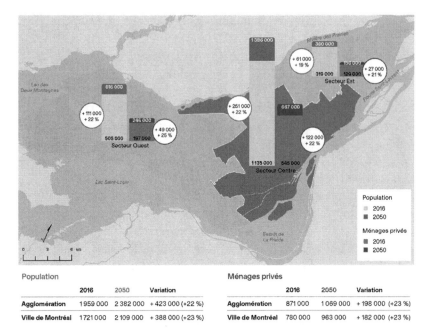

Figure 5.1. Croissance projetée de la population et des ménages privés, 2016-2050. Regroupements de territoires de CLSC, agglomération de Montréal.

Source : Ville de Montréal (2021, p. 30).

La croissance démographique s'accompagnera d'une demande accrue de biens et services adaptés aux besoins de ces populations en matière de mobilité, d'équipements collectifs, de commerces de première nécessité et de services de santé, car comme le montre le graphique suivant, on verra une augmentation du taux de personnes non mobiles chez les personnes âgées, chez les hommes encore plus que chez les femmes. Les espaces publics de proximité seront certes essentiels dans cette conjoncture, surtout lorsque les règles sanitaires n'autorisent que les rencontres en plein air.

À propos des inégalités sociales, le Projet de ville montre qu'elles persistent et s'accumulent selon divers registres : santé, éducation, emploi, environnement, logement et mobilité. Les données de 2016 de Statistique Canada illustrent en effet les nombreuses iniquités aux-quelles font face les personnes vivant sous le seuil de faible revenu

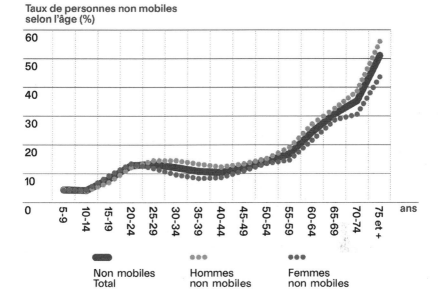

Taux de personnes non mobiles selon l'âge (%)

Enquête OD Montréal 2013 (version 13.2d). Traitement : Ville de Montréal.

La mobilité tend à diminuer avec l'avancement en âge des personnes. En raison du vieillissement de la population, la proportion de personnes mobiles pourrait décroître d'ici 2050.

Figure 5.2. Non-mobilité selon l'âge, agglomération de Montréal, 2013

Source : Ville de Montréal (2021, p. 31).

(1 personne sur 5). Pour de nombreux ménages – des locataires pour la très grande majorité –, la question du logement abordable est cruciale, sans compter la situation de la plupart de ceux qui vivent l'insécurité alimentaire. Le document montre aussi que le statut d'immigrant peut avoir des répercussions importantes sur la vulnérabilité sociale. Le plus souvent, les personnes en situation de pauvreté sont immigrantes (39 %) et se définissent comme appartenant à une minorité visible (46 %), notamment noire ou arabe (Ville de Montréal, 2021, p. 40).

La Ville a privilégié une approche intersectionnelle afin de tenir compte du caractère croisé de la discrimination, ce qui donne un portrait diversifié des multiples situations vécues dans la ville, selon les quartiers et les lieux publics. S'inspirant de certaines villes, notamment d'Europe, qui ont développé une approche de planification basée sur le genre (*Gender Mainstream Approach*), entérinée par le Conseil d'Europe dès 1998, la Ville de Montréal s'est aussi intéressée à l'inégalité de genre. On sait que les sentiments d'insécurité des femmes dans la ville créent le phénomène d'évitement de certains espaces de la ville, ce qui va à l'encontre du principe d'inclusivité (Paré et Mounier, 2021a). Une analyse différenciée selon les sexes dans une perspective intersectionnelle (ADS+) est en cours d'expérimentation, avec le potentiel de redéfinition des approches, des processus et des cibles de planification pour Montréal (Ville de Montréal, 2021, p. 45). Mais que dire des groupes autochtones, des groupes racisés ou des immigrants en situation de pauvreté ?

Eu égard aux inégalités sociales, le Projet de ville pose la question de savoir : « Comment améliorer l'accès des Montréalaises et des Montréalais aux ressources urbaines essentielles (mobilité, emplois, commerces, services, équipements, etc.), alors que les ressources matérielles, humaines et financières sont limitées et ne relèvent pas uniquement de la Ville ? Comment s'assurer que la transition écologique profite à toutes et à tous sans creuser les inégalités ? » (Ville de Montréal, 2021, p. 43) Ainsi, le logement, l'accessibilité des transports publics et l'accès à des espaces publics de qualité sont à l'ordre du jour du Projet de Ville de Montréal. Mais du constat des iniquités territoriales (comme les déserts alimentaires), en passant par une philosophie inclusive de l'aménagement urbain, jusqu'aux options préférentielles d'aménagement, nous sommes encore bien loin d'une vision claire des moyens à prendre pour arriver à des résultats probants en matière d'inclusivité.

D'autres actions de la Ville de Montréal méritent d'être soulignées à cet égard. Parmi celles-ci, le Plan d'action 2018-2021 Montréal inclusive a généré des attentes élevées. L'objectif en est relativement simple : « mieux répondre aux besoins des nouveaux arrivants et être à l'avant-garde des bonnes pratiques en matière d'inclusion et de lutte contre la discrimination » (Ville de Montréal, 2018, p. 2). Le Plan s'adresse à la fois à l'appareil municipal, à l'écosystème d'acteurs qui œuvrent à l'accueil et à l'intégration des nouveaux arrivants et à la société civile. Six territoires d'inclusion ont été retenus comme prioritaires, notamment les arrondissements d'Anjou, d'Ahuntsic-Cartierville, de Côte-des-Neiges–Notre-Dame-de-Grâce, de Saint-Laurent, de Saint-Léonard, de Montréal-Nord, de Pierrefonds-Roxboro et de

Villeray-Saint-Michel-Parc-Extension [17]. Ces quartiers accueillent une forte proportion des nouveaux arrivants. Ce plan d'action devra faire l'objet d'une évaluation au terme de sa mise en œuvre. Bref, l'équité sociale et territoriale, en regard du droit à la ville, ne saurait être atteinte sur la base d'un document de planification comme le plan d'urbanisme et de mobilité. Les divers paliers de gouvernement devront continuer de collaborer pour contrer les effets du manque de ressources que vivent plusieurs groupes vulnérables. C'est bien ce dont il est question dans le Projet de ville.

5.3. Le Projet de ville en matière d'inclusivité : l'absence de stratégie

Le Projet de ville est un document de vision territoriale, c'est-à-dire une projection d'un devenir et d'une stratégie de développement mise de l'avant pour discussion avec les citoyennes et les citoyens et le milieu communautaire lors des consultations publiques que tiendra l'OCPM sur le PUM. Les fonctionnaires du Service de l'urbanisme et de la mobilité et les élus de la Ville s'y accordent sur la mise en duo de l'urbanisme et de la mobilité, un nouveau défi pour eux. À noter que dans plusieurs villes d'Europe comme Grenoble et Marseille, on distingue les deux composantes par l'élaboration de plans distincts, la mobilité devant s'ancrer dans le plan d'urbanisme. L'on peut alors se demander si l'approche retenue ici d'intégrer la mobilité à même le plan d'urbanisme n'est pas un euphémisme… Les dimensions de la mobilité font depuis toujours partie intégrante de la planification urbaine et des plans d'urbanisme. Cette stratégie d'inclure le plan mobilité au plan d'urbanisme devra être évaluée dans les années suivant la mise en œuvre du futur PUM. On peut croire que l'actuel parti au pouvoir à Montréal aurait derrière cette approche un certain programme politique. Les élections municipales de novembre 2021 ont donné lieu à la réélection du parti de Valérie Plante, Projet Montréal, dont le discours primordial est justement axé sur la mobilité. À cet

---

17. Voir à cet effet le lancement du programme de financement, le 20 février 2021. *CISION Canada*, « Plan d'action "Montréal inclusive" 2018-2021 – Montréal accorde un financement historique de 3,9 M $ pour l'intégration et l'inclusion des personnes immigrantes », Ville de Montréal, cabinet de la mairesse et du comité exécutif, 20 février 2021, [https://www.newswire.ca/fr/news-releases/plan-d-action-montreal-inclusive-2018-2021-montreal-accorde-un-financement-historique-de-3-9-m-pour-l-integration-et-l-inclusion-des-personnes-immigrantes-859662229.html]).

égard, la réalisation de nombreuses pistes cyclables à Montréal, dont le contesté REV (Réseau express vélo) sur la rue Saint-Denis, laisse sur la ville la marque indélébile des décisions du parti de Valérie Plante.

Selon le Projet de ville, 14 « chemins de transitions » sont considérés comme étant prioritaires pour en arriver à un PUM qui assurera à toutes et tous une vie de quartier de qualité. Aucun de ces « chemins de transition » n'évoque le développement social et l'intégration des divers groupes sur le territoire montréalais. Bien au contraire, c'est une approche universaliste qui a été retenue pour exposer la vision et les intentions d'aménagement et d'urbanisme des concepteurs du Projet de ville. Le discours tenu, même s'il adopte l'ADS+ dans sa forme, n'accorde que peu d'espace aux spécificités des groupes sujets à la vulnérabilité sociale, en omettant de traiter directement de la question des inégalités sociospatiales. Ce n'est qu'un peu plus loin dans le document qu'on évoque le volet des inégalités sociales menant à la réflexion sur « les inégalités territoriales qui renforcent la vulnérabilité des personnes en situation de pauvreté et d'exclusion » (Ville de Montréal, 2021, p 41).

L'absence de stratégie pour contrer les inégalités a été soulevée par différents intervenants. Cet échange entre un participant et les porteurs du document lors de la présentation du Projet de ville le 10 juin 2021 en témoigne :

> Question :
> Le Projet de Ville parle d'inclusion et de solidarité. Le Projet de ville et le PUM pourront-ils être des outils qui permettent de revitaliser des quartiers mais sans les gentrifier ?
> Réponse :
> La Ville accorde une attention particulière à l'enjeu de la gentrification, notamment à ses effets négatifs, tels que sur le logement, le commerce, les espaces publics, etc. La Ville souhaite favoriser le développement de milieux de vie complets et adaptés aux besoins d'une diversité de personnes. Par exemple, en matière de logement, la Ville s'est dotée du Règlement pour une Métropole mixte (2020), qui a notamment pour objectif de « préserver le caractère mixte et abordable de Montréal, et soutenir la qualité de nos milieux de vie ». D'autres outils sont encore à développer et pourront se retrouver dans le PUM pour répondre à cet enjeu. Cependant, la Ville ne pourra agir seule en la matière et devra travailler de concert avec les paliers gouvernementaux.

Or, il s'agit là d'un enjeu d'une grande importance dans plusieurs quartiers centraux de Montréal, dont le quartier Hochelaga-Maisonneuve, comme en font foi nos travaux, qui montrent les tensions socioterritoriales dont ce quartier est le siège, surtout en raison de cette cohabitation parfois difficile entre les populations établies de longue date et celles nouvellement installées (Paré et Mounier, 2021b). Cependant, le Projet de ville n'y fait pas allusion et ne mentionne pas non plus plusieurs des autres questions qui concernent l'aménagement du point de vue des populations plus vulnérables. Certes, il s'agit là d'enjeux complexes dont les solutions ne sont pas évidentes et pour lesquelles il faudra d'autres outils que ceux offerts par le PUM, si ambitieux soit-il. La réponse donnée par les représentants de la Ville est par ailleurs claire quant au fait qu'elle se sent incapable d'agir sans la collaboration des autres acteurs de la gouvernance, des autres paliers gouvernementaux avant tout, dans de nombreux domaines, dont la santé, le logement, les infrastructures, etc.

En somme, si les questions auxquelles tente de répondre le Projet de ville sont de nature multiple, l'inclusivité et le développement social en sont toutefois absents :

> À quoi voulons-nous que la ville ressemble dans le futur ? Comment souhaitons-nous qu'elle soit organisée, construite et aménagée ? Que devons-nous conserver et que devons-nous transformer ? Dans quelles conditions désirons-nous nous déplacer dans la ville ? Et comment voulons-nous le faire ? (Ville de Montréal, 2021, p. 15)

On peut s'en surprendre. Des auteurs tel Jan Gehl (2010) offrent en effet des propositions très intéressantes pour une ville inclusive et à échelle humaine. Son œuvre marque actuellement les penseurs de l'urbanisme en matière d'espaces publics, de mobilité, de diversité sociale et de santé. Plus récemment, il présentait une vision de l'aménagement urbain en temps de pandémie, signifiant forcément la distanciation sociale. Le Projet de ville ne va pas aussi loin. Ce qu'il faut en retenir, c'est plutôt sa démarche axée sur la volonté de connaître jusqu'où la population veut (et j'ajouterais peut) aller pour changer ses habitudes de vie, notamment en ce qui a trait au logement, aux déplacements, etc., afin de visualiser ce que sera le Montréal de demain.

5.4. Conclusion

Le regard posé sur le document de vision qu'est le Projet de ville 2021 pour Montréal nous renseigne sur les limites de sa portée quant au principe de l'inclusivité et aux pouvoirs qu'une ville aurait face à des problèmes qui outrepassent ses seules compétences et responsabilités. Bien qu'on reconnaisse la qualité de la démarche ainsi que les divers documents qui en découlent, force est de constater que de nombreuses interrogations subsistent. Qu'en est-il des groupes sociaux défavorisés ? Qu'est-ce qui assurera l'inclusion de leurs besoins dans le PUM, alors que le texte du Projet de ville occulte certains de leurs particularismes ? Quelles innovations sont à prévoir dans le PUM, afin d'assurer à toutes et tous une ville inclusive ?

Ces questions ont fait l'objet d'un séminaire virtuel, qui a eu lieu en mars 2021 sous l'égide du réseau Villes Régions Monde, une collaboration entre le Département d'études urbaines et touristiques de l'Université du Québec à Montréal (UQAM) et la Ville de Montréal. L'objectif était de poser les principaux jalons d'une réflexion sur les enjeux socio-urbains, entre urbanisme transitoire et aménagement des espaces publics en temps de pandémie (VRM, 2021). La démarche du Projet de ville qui mènera éventuellement en 2022 ou 2023 à un nouveau Plan d'urbanisme et de mobilité permettra de poursuivre le débat. Si les consultations constituent à elles seules une avancée, l'engagement à « ne laisser personne pour compte » (Ville de Montréal, 2021, p. 8), tout en étant louable, demeure une réalité bien incertaine. Car si la philosophie de l'aménagement urbain à laquelle on nous convie dans la démarche du Projet de Ville de Montréal semble bien en phase avec de nouvelles tendances en urbanisme, dont l'urbanisme participatif, la co-construction des savoirs, selon une trame émergeant du développement durable, un doute subsiste à savoir si les populations vulnérables y seront représentées véritablement ou si l'on se situe comme le dirait Lefebvre (1961) dans une « utopie expérimentale » ?

Quelles seront donc les solutions repérées à l'issue des consultations publiques de l'OCPM ? Montréal sera-t-elle en mesure d'être la ville inclusive de demain, grâce à ses initiatives en matière de planification urbaine ? Les réponses viendront en partie au lendemain de ces démarches participatives, étant donné que plusieurs groupes vulnérables de la population demeureront difficiles à mobiliser dans le processus participatif.

Références

Accès Montréal (2018). *Les communautés culturelles par quartier à Montréal*, 20 août, [https://www.accesinternational.com/fr-ca/blogue/les-communautes-culturelles-par-quartier-a-montreal/] (consulté le 30 août 2021).

Andrew, Caroline et David Doloreux (2011). « Economic Development, Social Inclusion and Urban Governance: The Case of the City-Region of Ottawa in Canada », *International Journal of Urban and Regional Research*, vol. 36, n° 6, 2011, p. 1288-1305.

Chabant, Ophélie et Sylvie Paré (2014). « La revitalisation urbaine intégrée à Montréal : de la perception aux faits suivant l'expérience Laurentien-Grenet », *Organisations & territoires*, vol. 23, n° 1-2, p. 37-50.

De Beer, Catherine (2018). « Ville inclusive », Présentation dans le cadre du Séminaire sur les services de la Ville de Montreuil, Prezi, 14 janvier. [Ville inclusive by Catherine De Beer (prezi.com)] (consulté le 30 août 2021).

Demazière, Christophe et coll. (2018). « 50 ans après : actualités du droit à la ville d'Henri Lefebvre, *Métropolitiques*. [https://metropolitiques.eu/50-ans-apres-actualites-du-droit-a-la-ville-d-Henri-Lefebvre.html] (consulté le 30 août 2021).

Deniger, Carole et Dinu Bumbaru (2019). « Pour un Plan d'urbanisme de Montréal digne du xxiᵉ siècle », *Le Devoir*, 24 décembre.

Gehl, Jan (2010). *Cities for People*, Washington, D.C., Island Press.

Harvey, David (1973). *Social Justice and the City*, Athens (Ge.), University of Georgia Press.

Immigrant Québec [s.d.]. « Découvrir les quartiers de Montréal », [En ligne], [https://immigrantquebec.com/fr/reussir/vivre-a-montreal/les-quartiers-de-montreal] (consulté le 30 août 2021).

Lefebvre, Henri (1961). « Utopie expérimentale : pour un nouvel urbanisme », *Revue française de sociologie*, vol. 2, n° 3, p. 191-198.

Lefebvre, Henri (1968). *Le droit à la ville*, Paris, Anthropos.

Liang, D., De Jong, M., Schraven, D. et Wang, L. (2022). « Mapping Key Features and Dimensions of the Inclusive City: A Systematic Bibliometric Analysis and Literature Study », *International Journal of Sustainable Development & World Ecology*, vol. 29, n° 1, 60-79.

Paré, Sylvie (2009). « Diversité et pluralisme à Montréal : des perceptions, des faits », dans Pierre Delorme (dir.), *Montréal, aujourd'hui, demain : politique, urbanisme, tourisme*, Montréal, Liber, p. 192-202.

Paré, Sylvie et Sandrine Mounier (2021a). « L'accessibilité différenciée à l'espace public : une analyse comparative de deux places publiques dans Hochelaga-Maisonneuve à Montréal. » *Recherches sociographiques*, vol. 62, n° 3, p. 597-617.

Paré, Sylvie et Sandrine Mounier (2021b). « Perceptions of the Hochelaga-Maisonneuve Neighbourhood in Montreal: A Textual Analysis of

Written Media », *Culture and Local Governance/Culture et gouvernance locale*, vol. 7, n° 1-2, p. 17-39.

PSVI. Équipe de recherche *Participation sociale et villes inclusives. Qu'est-ce qu'une ville inclusive ?* [s.d.] [Villesinclusives.org] (consulté le 9 août 2021).

QUÉBEC. MINISTÈRE DE L'IMMIGRATION, DE LA DIVERSITÉ ET DE L'INCLUSION (2014). *Vers une nouvelle politique québécoise en matière d'immigration, de diversité et d'inclusion, Cahier de consultation 2015*, [Fichier PDF], gouvernement du Québec, [www.mifi.gouv.qc.ca/publications/fr/dossiers/CAH_ConsultationMIDI_Politique.pdf].

QUÉBEC. MINISTÈRE DES AFFAIRES MUNICIPALES ET DE L'HABITATION (s.d.). *Guide d'élaboration d'une politique de participation publique*, [En ligne], gouvernement du Québec, [https://www.mamh.gouv.qc.ca/amenagement-du-territoire/guide-delaboration-dune-politique-de-participation-publique/].

SASSEN, Saskia (2001). *The Global City: New York, London, Tokyo*, 2ᵉ éd., Princeton (N.J.), Princeton University Press.

TOURISME MONTRÉAL (2021). *Montréal : ville de diversité et d'inclusion*, 20 janvier, [https://blog.mtl.org/fr/diversite-et-inclusion] (consulté le 7 juillet 2021).

VILLE DE MONTRÉAL (2011). *Montréal, ville universellement accessible : politique municipale d'accessibilité universelle*, [FICHIER PDF], Ville de Montréal, [ville.montreal.qc.ca/pls/portal/docs/page/d_social_fr/media/documents/politique_au_adoptee_juin_2011__vf_v3.pdf].

VILLE DE MONTRÉAL (2018). *Plan d'action 2018-2021. Montréal ville inclusive. L'intégration des nouveaux arrivants à Montréal c'est l'affaire de tous*, [Fichier PDF] Ville de Montréal. [https://ville.montreal.qc.ca/pls/portal/docs/page/d_social_fr/media/documents/a120223b-01_binam_planaction_web_rev.pdf].

VILLE DE MONTRÉAL (2021). Service de l'urbanisme et de la mobilité. *Projet de ville : vers un plan d'urbanisme et de mobilité*, [Fichier PDF], Ville de Montréal, 2021. [https://portail-m4s.s3.montreal.ca/pdf/vdm_projet_de_ville.pdf].

VILLE DE MONTRÉAL (2021). Service de l'urbanisme et de la mobilité. *Un Projet de ville pour Montréal, Démarche d'élaboration du Plan d'urbanisme et de mobilité 2050*, présentation PowerPoint, Montréal, Ville de Montréal, 10 juin.

VILLE DE MONTRÉAL (2021). Service de l'urbanisme et de la mobilité. *Présentation aux partenaires du Projet de ville : vers un plan d'urbanisme et de mobilité (PUM) 2050*, Verbatim des questions et réponses, Montréal, Ville de Montréal, 10 juin.

VILLES RÉGIONS MONDE (2021). *Vers une meilleure compréhension des enjeux sociourbains actuels et des stratégies d'aménagement novatrices*, Compte-rendu du mini-colloque virtuel du 12 mars, [Fichier PDF], [www.vrm.ca/wp-content/uploads/compte_rendu_colloque_12_mars_2021_1.pdf].

PARTIE II

PRATIQUES SOCIALES

L'envers de la médaille : le défi de l'inclusion au sein des groupes communautaires du Québec

Denyse Côté

J'ai connu Caroline Andrew au moment où elle était jeune professeure et j'étais étudiante à la maîtrise à l'Université d'Ottawa. Elle a à ce moment appuyé sans réserve la rédaction de mon mémoire sur les comités de citoyens du vieux Hull (maintenant Gatineau), alors même que plusieurs ne considéraient pas ce sujet même digne de la science politique. J'ai aussi été à cette époque son assistante de recherche sur le même thème. Après plusieurs années consacrées à l'organisation communautaire professionnelle et au militantisme au Québec et en Amérique latine, j'ai réintégré la région, plus précisément l'Université du Québec en Outaouais. Nos chemins se sont alors à nouveau croisés. Je dédie ce chapitre à celle qui a été centrale à ma carrière, solidaire dans les moments les plus durs, quand les femmes étaient encore peu nombreuses à l'université. C'est grâce à elle que j'ai pu développer les recherches dont je vais faire état dans ce chapitre.

> Ce qui m'effraie, ce n'est pas l'oppression des méchants, mais l'indifférence des bons [...] à la fin, nous nous souviendrons non pas des maux de nos ennemis, mais du silence de nos amis.
>
> Martin Luther King

L'idée de la participation politique est aussi ancienne que l'histoire des démocraties (Bacqué et Sintomer, 2011). Par ailleurs, le concept de démocratie participative a émergé suite au constat des limites de la représentation électorale. Ce dernier concept et ses opérationnalisations ont mis en évidence le décalage dans les sociétés occidentales entre gouvernants et gouvernés. Désignée également sous le vocable anglais de *grassroots democracy*[1], la démocratie participative est vue par plusieurs comme la condition incontournable d'une gouvernance démocratique : elle postule que les citoyennes et citoyens pourront grâce à elle mieux participer aux affaires publiques, car leur horizon s'élargira, leurs connaissances sur le monde et sur l'univers politique se développeront et leur confiance s'accroîtra (Freire, 1974 ; Macpherson, 1992 ; Pateman, 1970). Soulignons que la démocratie participative touche tant les débats que les décisions publiques (Held, 1987).

L'objectif de ce chapitre est d'illustrer au moyen de trois cas précis certains des écueils qui guettent les groupes communautaires qui adoptent la philosophie de la démocratie participative. Il s'agira de souligner par la même occasion, au-delà des discours angéliques de la gauche ou diabolisant de la droite, la difficulté d'éviter de reproduire certaines pratiques d'exclusion. Certes polémique, ce constat nous semble incontournable non seulement d'un point de vue analytique, mais aussi pour les orientations futures du secteur communautaire.

Est-il utile de rappeler que la démocratie participative est apparue sur les territoires urbains et ruraux du Québec vers le début des années 1960, par le truchement de comités de citoyens. Ceux-ci luttaient, à Gatineau entre autres, contre l'expropriation des habitantes et habitants du centre-ville, une lutte urbaine qui marquera son époque. Cependant, bien qu'ayant impulsé d'importantes modifications aux politiques publiques et défendu les intérêts de secteurs marginalisés de la société, les groupes communautaires gatinois et québécois ont aussi été le terreau de pratiques d'exclusion, souvent courtoise et bienveillante, certes, mais tout aussi pernicieuse.

Pour aborder cette question, il s'avère nécessaire de percer la réputation mythique de combattants pour la justice sociale que sont les organisations communautaires. Car leur image de pureté limite la critique, qu'elle provienne de l'intérieur ou de l'extérieur. Leur posture d'alliés des laissés-pour-compte exige en effet souvent un ralliement inconditionnel autour d'un discours univoque. A contrario,

---

1.   L'expression *grassroots democracy* désigne les processus politiques issus des niveaux les plus locaux ou inférieurs de la société.

une analyse critique des groupes communautaires permet de renforcer l'inclusion et, a fortiori, cette démocratie participative : il ne s'agit après tout que d'organisations humaines, par définition imparfaites, dont il faut saisir les limites afin de pouvoir les dépasser.

À cet effet, je me suis intéressée dans ma thèse de maîtrise à la structure interne de pouvoir au sein des comités de citoyens d'un quartier de Gatineau, le « Vieux-Hull ». Ils étaient à l'époque fortement influencés par l'Église catholique de gauche. Dans ce chapitre, je m'attarderai donc en premier lieu à l'analyse des rapports de pouvoir des leaders au sein des comités de citoyens dans un Québec à peine émergé de la Révolution tranquille. J'analyserai en second lieu un deuxième moment de l'histoire des organisations communautaires au Québec : celui, dans les années 1990, où est apparu « l'effet de ruissellement[2] » des modes de gestion néolibérale. Je démontrerai comment diverses organisations se sont ainsi éloignées progressivement de leur philosophie et de leur mission initiales ancrées dans les valeurs de la démocratie participative, et ce, au fur et à mesure de leur rattachement au système public de soins à titre de prestataires de services. Enfin, le troisième cas présenté dans ce chapitre sera celui de la mise au rancart des groupes et du paradigme féministes par les organisations communautaires du champ de l'économie sociale, un exemple des tensions internes du secteur communautaire lui-même. Campés dans la fourchette située entre la seconde moitié du xxᵉ et la première décennie du xxiᵉ siècle, ces trois exemples permettront de saisir certains obstacles à l'inclusivité au sein des groupes communautaires québécois et, donc, à la mise en œuvre cohérente des principes de démocratie participative.

Nous appréhendons ici le concept de l'inclusion comme l'acte de promouvoir, de favoriser et de défendre l'intégration de minorités sociales. Il renvoie à des pratiques et à des politiques de promotion d'un accès égal aux ressources et aux opportunités pour les personnes marginalisées ou exclues en raison de leur sexe, de leur classe sociale, de leur couleur, de leur ethnicité, de leurs préférences sexuelles ou encore de leurs limitations physiques ou mentales. Cette première définition, plus connue, se fonde évidemment sur la différenciation démographique de groupes sociaux. En effet, l'inclusion peut être liée

---

2.   Cette expression renvoie à la théorie économique dite du *trickle-down effect* selon laquelle la taxation des compagnies et des plus nantis devrait être réduite au minimum afin de stimuler l'investissement. La réinjection de ces revenus générerait ainsi l'emploi pour tous et l'activité économique générale.

à des intérêts directement économiques, sociaux ou politiques. Son objet principal reste cependant de permettre à tout être humain de participer pleinement à la société. L'inclusion se prête ainsi à maintes interprétations conceptuelles. La plus étroite renvoie à la notion néolibérale d'accès (aux services, à la représentation, etc.), alors qu'une interprétation plus large postule que l'inclusion est une forme de participation. Enfin, une troisième interprétation, plus large encore, renvoie au développement du potentiel de chaque être humain et, en quelque sorte, à la notion d'*empowerment* (Gidley, Hampson et Wheeler, 2010). Renforcer l'inclusion correspondrait ainsi à l'égalité des chances, aux droits de la personne, à la dignité et à la justice pour tous.

Présents et actifs dans de nombreux champs spécifiques, les groupes communautaires québécois[3] se sont structurés en secteurs d'intervention qui se sont à leur tour graduellement transformés en mini-territoires, sous l'influence combinée des phénomènes conjugués de professionnalisation et d'institutionnalisation. L'inclusion de groupes marginalisés au sein des processus sociaux démocratiques ne s'est donc pas toujours concrétisée, et cela n'a que rarement fait l'objet d'analyses. En fait, il semble que c'est, pour la première fois, le débat actuel sur le racisme systémique qui fait ressortir sur la place publique québécoise les limites de l'inclusion au sein des groupes communautaires.

Les données de ce chapitre sont tirées de recherches empiriques effectuées pendant les périodes de référence (Côté, 2013, 2010, 1975 ; Côté et Simard, 2012). Les analyses se fondent également sur les observations faites par l'auteure au cours de plusieurs décennies à titre de professionnelle, de professeure en organisation communautaire, de militante et de membre de conseils d'administration d'organisations communautaires.

6.1. *Flashback* : les comités de citoyens et la rénovation urbaine dans le Vieux-Hull, une lutte de classes

D'inspiration française (Didier, 1970) et américaine, apparue au Québec dans les années 1960 et largement inspirée aussi de la théologie de la libération, l'approche de l'« animation sociale » (Blondin,

---

3.   Les comités de citoyens sont en fait les premiers groupes communautaires apparus au Québec, qui ont foisonné par la suite pour prendre différentes formes.

1965a ; 1965b ; 1987 ; Houle, 1972 ; Ninacs, 2013) a été adoptée par des intervenants progressistes[4] au cœur de la lutte contre la rénovation urbaine (Andrew, 1973 ; 1994 ; Robert, 1972) du Vieux-Hull (Bachand, 1980)[5]. Elle visait à réunir les populations de quartiers ouvriers autour de la défense de leurs droits contre une éviction massive en vue d'ériger des tours de bureaux et des boulevards à circulation rapide. Dans ma thèse de maîtrise, j'ai démontré que l'animation sociale ne parvenait que partiellement à réaliser l'ouverture de ces groupes de citoyens sur la collectivité et, donc, à appliquer de façon cohérente les principes de la démocratie participative : elle créait en effet, dans le cas étudié ainsi que dans plusieurs autres cas (Doré et Plamondon, 1980), une dépendance du groupe envers l'animateur.

L'animation sociale avait pour objectif la participation ouvrière au sein de ces comités, mais son discours laissait en effet dans l'ombre une réalité importante :

> [L'animation sociale] privilégie la participation à la décision, ce qui sous-entend l'appropriation de l'autorité, de l'arbitrage, de la contrainte. Mais est-[elle] suffisamment sensible aux autres niveaux de la participation : l'information, l'élaboration des décisions, leur mise en œuvre, le contrôle ? (L'Heureux, 1969, p. 120)

L'animateur professionnel, issu de la classe moyenne, place ainsi les participantes et les participants de ces comités de citoyens, toutes et tous d'origine ouvrière, en position désavantageuse. C'est l'animateur qui forme le comité, réunit ses membres et sent la nécessité d'une permanence afin d'en assurer la continuité ; c'est lui qui, invariablement, consacre le plus de temps au comité. De ce fait, il occupe une position privilégiée par rapport aux membres, qui sont issus d'une classe sociale inférieure à la sienne et qui se sentent incapables de contrer son influence, ne possédant ni le capital social, ni les habiletés, ni la

---

4.   Au Québec, l'animation sociale a été introduite et encadrée par divers organismes publics, parapublics et privés. Des structures ont même été créées par le gouvernement québécois : le Bureau de l'aménagement de l'Est du Québec (BAEQ) en 1963, le programme Action sociale jeunesse du ministère de l'Éducation du Québec en 1965. Il en a été de même au gouvernement fédéral : la Compagnie des jeunes Canadiens en 1967, le Programme des initiatives locales en 1968. Enfin, certains organismes privés de bienfaisance ont aussi adopté l'animation sociale à cette époque : le Conseil des œuvres de Montréal en 1963, le Service familial de Québec en 1966, pour ne citer que ces exemples.

5.   À ce sujet, voir aussi Gendron et coll., 2010.

volonté, ni les réseaux pour le faire. Ce phénomène est accentué par le fait que les animateurs sociaux du début de la Révolution tranquille étaient généralement issus de la prêtrise, leur conférant d'office une aura d'autorité.

Ces constats contredisent la prétention de l'animation sociale voulant que l'animateur soit neutre au sein d'un comité. En effet, l'animateur est choisi par l'agence, par le Diocèse dans le cas du Vieux-Hull, et sur la base d'une orientation ecclésiale. Mais « [t]ôt ou tard ce type de préjugés [entraînera] des biais dans le fonctionnement de l'animateur […] » (L'Heureux, 1969, p. 121). Qui plus est, l'animateur social rend des comptes à l'agence qui l'emploie plutôt qu'au comité qu'il encadre. Il se transforme alors tout simplement en véhicule entre l'agence et le groupe. Le comité ne l'a pas choisi, il a été délégué auprès de lui. C'est l'agence qui lui fournit son salaire ; son allégeance première n'appartient pas au comité.

Les entrevues que j'ai effectuées à l'époque ont démontré à quel point, dans le cas du Vieux-Hull, l'influence de l'animateur au sein des comités de citoyens était écrasante. La nature de son rôle, qui est essentiel, reste pourtant vague pour les membres des comités. Ils le décrivent comme consistant à « diriger plus vite », voire à « tout faire au comité ». D'autres insistent sur l'importance de son rôle sans toutefois arriver à en préciser les contours.

Ces constats illustrent l'ambiguïté du rôle de l'animateur social. Bien entendu, celui-ci ne fait pas « tout » au sein du comité, mais il donne à plusieurs membres une impression d'omniprésence et même d'omnipotence : « parce qu'il parle mieux », « parce qu'il était là depuis le début », « parce qu'il est mieux éduqué ». Sa présence n'est donc jamais remise en question : la possibilité de changer d'animateur n'a même jamais été évoquée en entrevue ; cela aurait été en fait impossible, selon certains membres. Le respect que vouent les membres à leur animateur relève à notre avis du respect accordé à l'époque par la population ouvrière et marginalisée « aux gens éduqués », aux professionnels et surtout aux membres du clergé. Et les animateurs sociaux ne semblaient ni déconstruire ni combattre cette mystification dont ils étaient l'objet.

Cette recherche a révélé certaines limites à la participation ouvrière au sein des comités de citoyens du Vieux-Hull, qui ont été confirmées par notre pratique professionnelle d'organisatrice communautaire à cette époque. Enfouie sous un discours de démocratie et une structure locale mettant de l'avant la participation de la population ouvrière, l'animation sociale postule en effet qu'un tel projet requiert une délégation de pouvoir du local vers un palier supérieur. Comme le souligne Blondin (1967, p. 65-66), « cette idée est primordiale, car elle pointe vers l'intégration de la population dans les structures de pouvoir institutionnel – là où la délégation du pouvoir est formelle et où les ressources sont disponibles – comme étant une voie de sortie de la marginalité ».

Il s'avère utile cependant de rappeler que les animateurs sociaux avaient réussi à développer à l'époque un contact beaucoup plus étroit avec les habitants du Vieux-Hull que n'avait réussi à le faire l'élite gatinoise, davantage investie au sein des mécanismes de démocratie représentative et très éloignée de tout contact politique direct avec les populations ouvrières (Andrew, Blais et DesRosiers, 1976 ; Andrew, Bordeleau et Guimont, 1981). Toutefois, le style de direction et de gestion des comités de citoyens par ces animateurs sociaux issus du clergé catholique et dont la philosophie et l'approche, quoique teintée de bonne volonté, n'a pas réussi à surmonter les barrières dressées par leur statut, leur éducation et leur place sociale. La formation d'un nouveau leadership ouvrier n'aura jamais été vraiment réussie. Il aura cependant libéré la parole et semé un germe de démocratie participative autour duquel se construira à son tour un mouvement social important : celui qui donnera naissance à la constellation des organisations communautaires québécoises. Au fil des années, ce type d'intervention a bien réussi dans le domaine des services à la vie quotidienne (alimentation, habitation, garde d'enfants, par exemple) et a créé de nombreux espaces démocratiques au sein des institutions et de la culture québécoises. Mais le constat suivant reste incontournable : après des décennies de gestion plus « démocratique » de la vie et des politiques sociales, après des décennies de pratique d'animation et de démocratie participative, l'espoir de freiner les élites locales et mondiales s'est quelque peu estompé (Ferilli, Sacco et Blessi, 2015).

6.2. *Fast forward* : les groupes communautaires à l'aune du néolibéralisme

Le deuxième portrait présenté dans ce chapitre touche la lourde influence de la culture gouvernementale et corporative sur les organismes communautaires québécois. Au cours des dernières décennies et à la suite du resserrement régulatoire de l'État, la tradition de responsabilité sociale des groupes communautaires s'est en effet quelque peu érodée grâce à l'agenda néolibéral de ce que la littérature désigne comme la « nouvelle gestion publique[6] » s'appuyant sur la société civile (Bouchard, 1996 ; Côté et Simard, 2012).

Les méthodes revendicatives qui ont forgé le Québec contemporain ont été graduellement mises au rancart. On a ainsi assisté à la lente disparition de la démocratie participative issue de la Révolution tranquille et portée par des comités de citoyens luttant contre les rénovations urbaines sauvages, par des cliniques populaires, des groupes de travailleurs handicapés ou sans emploi, des médias communautaires, des groupes de femmes, ou par des groupes luttant pour les droits au logement, l'alphabétisation, l'aide sociale. Certains ont argumenté qu'une telle transformation serait en quelque sorte la rançon de leur succès. En effet, ces groupes et ces luttes auraient permis l'institutionnalisation des droits citoyens par la mise en place de lois, réglementations et dispositifs publics tels que l'Office de protection du consommateur, le Conseil du statut de la femme, la *Loi sur l'assurance maladie*, la Régie du logement ou la *Loi sur l'équité salariale* (Laurin, 1999).

Les quelque 4 000 groupes communautaires québécois ayant pignon sur rue, regroupés aujourd'hui au bas mot en 250 coalitions, offrent toujours au Québec des services de soutien et de défense des droits aux personnes marginalisées. Mais, depuis le tournant des années 2000, ces divers groupes n'ont pas pu compter sur l'État-providence québécois qui les avait pourtant légitimés par le biais d'une reconnaissance unique au monde (Gouvernement du Québec, 2007). La politique de reconnaissance gouvernementale des groupes communautaires allait jusqu'à financer certains groupes de défense des droits, situation inégalée au monde (Guay et White, 2009). Elle rejetait aussi l'approche contractuelle adoptée en Europe, aux États-Unis, au Canada anglais, de même que dans plusieurs pays du Sud économique.

Mais avec le temps, les stratégies de revendication se sont éclipsées de la plupart de ces organisations communautaires pour faire place à des partenariats avec les institutions publiques ou les fondations privées (Bourque, 2008), ouvrant ainsi la porte à l'infiltration en

---

6. La « nouvelle gestion publique » ou *New Public Management* est une méthode de gestion qui renvoie à cette idée que l'État et ses interventions constituent des obstacles au développement social et économique. En particulier, dans le cas qui nous concerne, que les protections sociales propres à l'État-providence empêcheraient la croissance économique.

leur sein d'une culture organisationnelle corporative et institution-nelle. De plus en plus d'organisations communautaires se sont ainsi trouvées mobilisées par des institutions gouvernementales pour la mise en œuvre des priorités de ces dernières. Le militantisme des organisations a aussi chuté drastiquement et leurs utopies sociales et leur radicalisme semblent avoir baissé pavillon (Côté et Simard, 2012), désormais dépendants de financements récurrents pour leur survie.

La culture organisationnelle de transparence et de démocratie participative des organisations communautaires a ainsi été battue en brèche, du moins partiellement : formation d'élites communautaires, professionnalisation (Lamoureux, 1999), dévaluation des efforts de mobilisation et d'éducation populaire, distanciation d'avec leur base originelle. Tant et si bien que s'ils cristallisent toujours les intérêts de leurs membres ou des populations qu'ils desservent, nombre de groupes communautaires négligent aujourd'hui la mobilisation et la revendication. Leur légitimité s'est graduellement transférée des per-sonnes marginalisées qu'ils représentent vers l'État ou les bailleurs de fonds. Vulnérables à la vision néolibérale portée par ces derniers, ils ont, dans bien des cas, dû réduire leur fonction critique et se limiter à un mandat de provision de services. En d'autres mots, la militance a cédé le pas à la gestion des problèmes sociaux, elle-même modelée sur une économie de marché. Il s'agit ici d'une rupture graduelle certes, mais d'une rupture tout de même importante avec l'éthique des mou-vements sociaux basée sur le combat contre les causes profondes des problèmes sociaux (Lamoureux, 1999). Selon Lamoureux (1999, p. 13), « cette vision économiste du rôle des organisations sociales, notam-ment des groupes communautaires, contribue à amoindrir leur fonc-tion critique et les contraint au mandat plus étroit de la livraison de services ».

Désormais reconnus par l'État avant tout comme dispensateurs de services sociaux, il reste que, comme nous l'avons mentionné, les groupes communautaires[7] sont toujours vus comme représentants légitimes des intérêts des populations qu'ils desservent (Bourque, 2008 ; Côté et Simard, 2010). Ils sont à ce titre été invités à des pro-cessus de concertation, à des séances de consultation, à des forums

7.   Cette légitimité les a menés à gérer un important pan de l'intervention sociale au Québec en matière d'emploi, de logement social, de développement économique communautaire, d'économie sociale, de violence familiale et sexuelle, pour ne citer que ces exemples (Houle, 2006).

économiques et sociaux variés. Avec le temps, cette nouvelle légitimité a mené certaines organisations communautaires à mimer les pratiques et la culture de leurs contreparties et à modifier leur culture d'origine, tant et si bien que la dépendance au financement et à la reconnaissance de l'État est devenue la norme[8].

Déjà réduits dans les années 1980 (Lamoureux, 1990), désormais centrés sur la prestation de services[9], les groupes communautaires sont reconnus par l'État pour leur fonction utilitaire. L'État leur a transféré une partie de ses responsabilités sociales (Ilcan, 2009). Parallèlement aux coupures de services et à l'augmentation des frais d'utilisation, l'État a sous-contracté au secteur privé et aux organisations communautaires pour réduire ses budgets sociaux, les employés des secteurs communautaire et privé ne recevant pas les mêmes salaires et avantages sociaux que ceux du secteur public ou parapublic (Piotte, 2010). Certaines missions des organisations communautaires ont même graduellement été adaptées à l'incertitude de ces financements publics.

Rappelons que la réduction de la taille de l'État québécois a été accomplie à la fin du siècle dernier selon les principes de la nouvelle gestion publique (Giauque, 2003), basée sur une ligne de force néolibérale :

> Les secteurs publics et privés n'ont pas besoin d'être organisés ou gérés de façon fondamentalement différente. Dans les faits, il serait mieux que les services publics soient organisés et gérés à l'image du secteur privé, dans la mesure du possible. (Dawson et Dargie, 2002, p. 35 ; ma traduction)

Intégrés au secteur public et transmis au secteur communautaire, les concepts et dynamiques propres à la nouvelle gestion publique, mode régulateur contemporain de la démocratie néolibérale, restent paradoxaux, car « [ses] processus combine[nt] libertés et contraintes, néolibéralisme et bureaucratie, décentralisation et concentration du pouvoir » (Giauque, 2003, p. 567 ; ma traduction).

---

8.   Ce financement mise de plus en plus sur des relations sous-contractuelles avec les organismes communautaires en matière de services sociaux.

9.   Ainsi, les groupes ayant adopté des postures plus radicales ou centrées sur l'action directe (le droit à l'avortement par exemple), ou s'étant constitués autour de thématiques moins socialement ou politiquement rentables (le théâtre radical par exemple) ont tranquillement disparu (Lamoureux, 1990).

L'assujettissement à ces principes a suscité d'importantes modifications au sein de l'organisation du travail et de la livraison de services par les groupes communautaires. À titre de partenaires et de sous-contractants de l'État, ceux qui bénéficiaient du financement public ont été contraints à des conditions de plus en plus restrictives. Ils doivent désormais

> être moins redevables à leurs membres qu'à une bureaucratie qui a ses propres exigences […] ; adhérer à une logique de planification sociale basée non pas sur les exigences de changements structurels profonds, mais [à une logique] d'impératifs de gestion où le contrôle et la paix sociale nécessaires pour la gestion des affaires est, naturellement, présente. (Lamoureux, 1999, p. 32)

La métaphore d'un ménage à trois entre le marché, l'État et la société civile est de plus en plus évoquée par des auteurs se faisant les promoteurs d'une association plus étroite des groupes communautaires avec l'État (Favreau, 1998 ; Lévesque, 2002 ; Vaillancourt, 2008). Les groupes communautaires offriraient selon eux leur expertise par le biais de leur participation à la gouvernance et contribueraient ainsi à légitimer le processus de développement des politiques publiques (Bacqué et Sintomer, 2005), surtout lorsqu'ils représentent une clientèle précise (jeunes, personnes âgées, travailleurs, femmes) ou un secteur en particulier (environnement, culture, loisirs).

La légitimité de ces groupes ne prend désormais plus sa source dans leurs bases respectives ; les contraintes imposées par la nouvelle gestion publique font dévier leurs pratiques et divers groupes communautaires commencent alors à se modeler sur la morphologie et les modes de fonctionnement du secteur privé. La régulation prend ainsi le pas sur la mobilisation. Ayant acquis leur légitimité, assuré jusqu'à un certain point (et bien que précairement) leur survie financière et ayant établi des partenariats avec les institutions, beaucoup de groupes communautaires mettent de plus en plus souvent en veilleuse leur éthique d'éducation populaire et de transparence.

Une recherche de Berthiaume (2021) décrit des affinements récents de cette nouvelle gestion publique au sein des organismes communautaires. Les financements obtenus orientent de plus en plus vers une approche néolibérale qui individualise les stratégies de sortie de la pauvreté plutôt que de les collectiviser. On gère de moins en moins les problèmes sociaux, et de plus en plus les risques de problèmes sociaux. La collectivisation des problèmes individuels ne se fait plus sous forme de revendication ou de demande de réforme du système, mais plutôt sous forme d'une mise à profit du bénévolat de classe moyenne et d'une régulation individuelle, parfois même condescendante et irrespectueuse, de personnes en situation de marginalité. Les critères de financement et de contrôle des projets des organismes sans but lucratif se resserrent encore plus (Berthiaume, 2021). Désormais désignés sous le vocable « d'entrepreneurs sociaux », ces organismes voient leur permanence subordonnée à l'intégration des fondements théoriques néolibéraux de programmes auprès desquels ils sollicitent des fonds[10] (Jenson, 2017).

Qu'on parle de co-construction démocratique ou de « modèle québécois[11] », il s'agirait pour certains auteurs d'un compromis institutionnalisé allant dans le sens de l'intérêt général au Québec (Vaillancourt, 2008). Cette position ne tient pas compte cependant du délaissement d'intérêts, de philosophies ou de postures non directement compatibles avec les objectifs de l'État : elle semble mettre en veilleuse la défense des droits et la construction des discours des marginaux et devient à ce titre un nouveau facteur d'exclusion.

6.3. Encore une fois : des voix féministes invisibles

Notre troisième cas renvoie à l'émergence au sein du mouvement communautaire québécois de territoires d'intervention (immigration, femmes, santé, chômage par exemple) qui font l'objet de mécanismes de protection et de compétition. Au-delà d'un discours d'inclusion se jouent en effet, au sein du secteur communautaire, certaines luttes d'appropriation de territoires d'intervention. Le cas rapporté ici concerne plus particulièrement le mouvement féministe et le mouvement de l'économie sociale.

Le mouvement féministe et le mouvement communautaire ont au Québec une longue histoire de proximité et d'éloignement. La présence d'un mouvement féministe actif et partenaire a longtemps servi

---

10.   Rappelons que l'ancien financement à la mission des organisations communautaires a disparu au fil des ans.

11.   Le « modèle québécois » se fonde sur l'idée que la gestion de l'État québécois s'est construite et doit se construire sur la base d'un système de concertation, de partage des décisions et des responsabilités et entre le gouvernement et les acteurs de la société civile québécoise. Les promoteurs de cette idée et de sa mise en œuvre ont fait abstraction des rapports de pouvoir ainsi que de l'exclusion de plusieurs acteurs de ce type de concertation.

à justifier l'absence d'intégration d'une analyse féministe dans le secteur communautaire mixte québécois, ouvrant la voie à un discours ainsi qu'à des projets communautaires à tendance androcentrique.

C'est ainsi que l'organisation communautaire contemporaine est largement investie au Québec par des femmes issues des professions aidantes, alors que sa conceptualisation demeure largement masculine. En outre, maints auteurs associent l'organisation communautaire à l'émergence d'un tiers secteur, qui serait selon eux la pierre angulaire du « modèle québécois » mentionné précédemment ; ils oublient cependant que celui-ci a été construit sur la base de l'exclusion du mouvement et de la pensée féministes. La mise en place du secteur de la nouvelle économie sociale et solidaire au Québec vers 1996 est l'illustration de cette dérive malheureusement passée sous silence[12].

Par définition, le féminisme bouleverse l'ordre établi et dévoile d'importantes contradictions sociales. Il chiffonne même certaines personnes confortablement installées dans le « camp du bien ». Les quelques lignes suivantes contribueront à lever le voile sur le défaut d'inclusion au sein même d'un secteur communautaire traversé par des discours angéliques. Une fois de plus, bien que le constat soit dur, taire ces réalités ne fera que renforcer l'exclusion.

Rappelons d'entrée de jeu que le secteur de l'économie sociale et solidaire est apparu au Québec en s'appropriant les retombées d'un important mouvement féministe catalysé en 1995 par la marche Du pain et des roses. Cette mobilisation revendiquait de meilleures « infrastructures sociales », c'est-à-dire la prise en compte publique des contributions informelles des femmes à leur famille et à leur communauté. Elle exigeait le financement de ces activités à la hauteur de programmes d'infrastructures routières, très majoritairement investies par les hommes. Le succès retentissant de cette marche a généré un Sommet de l'économie et de l'emploi convoqué par le gouvernement du Québec. Un rapport du Comité d'orientation et de concertation sur l'économie sociale (1996) a ensuite fait état de cette vision féministe, qui est désormais connue sous le vocable d'économie sociale et solidaire. Puis, jusqu'en 1999, les tables régionales de groupes féministes ont été appelées à cogérer une politique d'appui à l'économie sociale à saveur féministe. Le Chantier de l'économie sociale, regroupement communautaire créé par le Sommet en partenariat avec le

---

12.   Pour une analyse plus détaillée du phénomène, voir Côté, 2010.

gouvernement québécois, sonnera pourtant le glas de cette expérience féministe et les groupes de femmes disparaîtront rapidement de la scène de l'économie sociale sans laisser de trace.

Toutes les énergies investies par les féministes dans les six années précédant et suivant la marche Du pain et des roses et tout leur travail de mobilisation et de modification des discours et pratiques-terrain s'évanouiront subitement après l'an 2000 puisque les lieux décisionnels, les politiques et les critères de financement de projets les excluront pour privilégier le Chantier de l'économie sociale comme seul représentant du secteur communautaire. Celui-ci adoptera rapidement un virage entrepreneurial auquel les féministes s'opposeront ouvertement.

Contrairement à ce qu'ont affirmé plusieurs, les groupes féministes n'ont donc pas claqué la porte du Chantier, elles en ont plutôt été éjectées. Dans son effort de co-construction d'une politique publique étatique de l'économie sociale, le Chantier n'a pas fait primer la rentabilité sociale des projets en économie sociale sur leur rentabilité économique ou politique ; la première était pourtant centrale pour les groupes féministes (Toupin, 2001)[13]. Il a ignoré les importantes contributions philosophiques du féminisme à l'économie sociale et s'est approprié les pratiques des groupes féministes qui en avaient permis la création, ainsi que l'adoption de politiques publiques en économie sociale. Aussi, à partir de 2000, les projets issus du secteur féministe n'ont tout simplement plus été financés à même les enveloppes gouvernementales réservées à l'économie sociale[14].

Comment une telle exclusion a-t-elle pu se produire au sein d'un secteur communautaire prônant des valeurs d'inclusivité et de démocratie participative ? D'entrée de jeu, l'évolution même du secteur communautaire québécois décrit plus haut permet de répondre, du moins partiellement, à cette question. D'autre part, le rapport de force créé par l'État néolibéral lui-même a joué un rôle important : il a créé ce Chantier en économie sociale, l'a conçu comme « neutre » et

---

13.   Repris par le mouvement féministe québécois au moment de l'élaboration de politiques publiques en économie sociale, le concept de *rentabilité sociale* remet en question la prépondérance de l'argent, des biens matériels et des technologies comme symbole et mesure de richesse. Elle met également en lumière l'invisibilité, la dévaluation financière et l'exploitation du travail qui consiste à « prendre soin des autres », travail encore largement assumé par les femmes dans les familles, les communautés et les entreprises (Toupin, 2001).

14.   Ce processus s'est déroulé sur environs cinq ans. Pour une description plus détaillée du phénomène, voir Côté, 2010.

comme un véhicule lui permettant de se délester de services publics. Il a même, malgré leur importante contribution entre 1996 et 2000, exclu par décret les groupes féministes de la cogestion des programmes d'appui à l'économie sociale. Enfin, rappelons que la revendication féministe d'origine rejetait la conception classique d'une rupture entre société et économie, reléguant le social à un secteur défini comme non productif. La position du Chantier sur l'économie sociale allait à l'encontre de certains postulats de l'économie classique. En revanche, contrairement à la position féministe, elle n'était pas incompatible avec le rôle du marché, adoptant plutôt l'idée de sa centralité tout en critiquant, certes, certaines de ses limites. L'illustration classique de la conception de l'économie sociale adoptée par le Chantier en était une où le marché, les institutions publiques et l'économie formeraient les trois pointes d'un triangle. La posture féministe, défendue à l'époque et toujours présente aujourd'hui, souligne l'absence dans cette illustration de l'économie domestique et du travail communautaire et familial accompli gratuitement par les femmes. Pour qu'il y ait une réelle inclusion des femmes, ce travail familial et communautaire gratuit devrait plutôt former un 4e angle, et l'illustration se transformer en carré : ce travail est nécessaire au fonctionnement de toute société. Concrètement, en matière de politique publique, les groupes féministes on lutté à la fin des années 1990, sans succès, pour que le champ de l'économie sociale ne se limite pas à des projets qui génèrent des biens ou des services vendus sur le marché, mais pour qu'il comprenne aussi toutes les activités de prestation de services produits par les associations et groupes communautaires qui ne donnent pas lieu à un échange monétaire.

Cette oblitération du point de vue féministe dans la co-construction de la politique publique en matière d'économie sociale illustre aussi les déséquilibres fréquents dans la production des savoirs pratiques et des savoirs en sciences humaines et sociales, et dans les théories courantes sur l'économie sociale et l'organisation communautaire. Trop souvent, ces théories ne reconnaissent pas les formes de savoirs et de pratiques féministes, contribuant ainsi à multiplier et à reproduire les exclusions. Même au sein du secteur communautaire, ces discours se construisent sur des positions de pouvoir que certains ont réussi à se tailler et qui évacuent les discours « subalternes » (Fraser, 2011). Ce qui est autorisé, entendu, écouté avec attention, présumé crédible, dépend toujours d'une hiérarchie des positions sociales et des savoirs (Chung, 2008).

Plus concrètement, dans le cas qui nous concerne, les expertises et les entrées politiques développées de 1995 à 2000 auront été insuffisantes pour assurer une place aux groupes et à la pensée féministes au sein du secteur de l'économie sociale : ils n'en ont retiré aucune retombée durable en termes de discours, de revenus, de création d'emplois ou d'appui à des projets spécifiques. À titre d'exemple, nos recherches ont démontré que l'absence d'accès aux subventions en économie sociale a été consolidée lorsque les groupes de femmes ont refusé de tarifer leurs services d'aide et de soutien aux femmes comme l'exigeait désormais la nouvelle philosophie entrepreneuriale des politiques de soutien à l'économie sociale.

D'ailleurs, malgré l'optimisme manifesté par certains promoteurs québécois de l'économie sociale à l'égard de son potentiel transformateur, de défense des droits, d'adoption de formes de travail plus démocratiques et de mise en œuvre d'une gestion participative, les objectifs de développement socialement équilibré du territoire ont souvent été secondarisés aux objectifs de croissance économique et de pérennisation de l'entreprise sociale (Côté et Fournier, 2005 ; Graefe, 1999). Les promoteurs de l'économie sociale proches du Chantier semblent avoir d'ailleurs développé un penchant pour le modèle schumpetérien, celui de « l'entrepreneur [social] visionnaire et éclairé », au détriment du modèle de la mobilisation sociale. Pour emprunter l'expression de Diane Lamoureux (2008), certains processus démocratiques resteraient encore à démocratiser au sein du secteur communautaire, tout particulièrement au regard d'une meilleure intégration de l'égalité et de l'expertise du mouvement féministe.

L'observation que nous avons pu faire de ces processus, à titre de chercheuse et de militante, a levé le voile sur cet effacement de l'effort collectif et de la pensée féministes. Cet effacement a aussi malheureusement, dans certains cas, été accompagné de méthodes plus classiques d'exclusion directe pratiquées par certains acteurs centraux et visant entre autres des actrices au cœur de la création et de la validation du discours et des pratiques féministes en économie sociale. De telles méthodes ne se sont pas limitées à un discours de sexisme bienveillant[15]. Avant l'apparition des médias sociaux et de la cyberin-

---

15.   Le sexisme bienveillant est une attitude de révérence envers les femmes dans leurs rôles traditionnels, comme ceux d'épouse et de mère. Les idéalisant comme objets d'affection hétérosexuelle, elle avance que les hommes auraient le devoir de les protéger. En apparence positive, particulièrement pour la personne qui en

timidation, j'ai été témoin avec d'autres – et j'en ai même été la cible – de stratégies directes et personnelles d'intimidation, de harcèlement psychologique ou professionnel, d'exclusion de la part d'intégrantes et d'intégrants du secteur de l'économie sociale, envers des féministes. Ce qui étonne ici, c'est bien sûr la virulence des attaques de la part de certains ténors de l'inclusion, mais aussi le silence des nombreux acteurs témoins de ces attaques.

Bref, l'« enchantement » qui a caractérisé au Québec la représentation de l'économie sociale (Hély, 2008) ainsi que les relations entre les autorités publiques et le secteur communautaire ont mis de l'avant une vision romantique et idéalisée d'un « modèle québécois » où les femmes se sont trouvées perdantes (Berthiaume, 2021), tout comme le secteur féministe.

6.4. Conclusion

Ce dernier cas surprend peut-être, même s'il s'agit d'un exemple pourtant classique d'appropriation et d'instrumentalisation de la parole et du travail des femmes. Il fait la triste démonstration que la gauche comme la droite ont leurs manières d'exclure les femmes et le féminisme. Tout en en appuyant les revendications générales, le secteur de l'économie sociale aura ici paradoxalement mis au rancart la pensée et le secteur féministes.

Les mécanismes d'exclusion rapportés dans ce chapitre renvoient à la réalité du pouvoir et du capital discursif des hommes et de la classe moyenne, qui demeurent encore aujourd'hui supérieurs à ceux des femmes et des laissés-pour-compte, même au sein du secteur communautaire. Ils renvoient aussi au fait que les projets et la pensée androcentriques et de la classe moyenne sont susceptibles d'attirer plus facilement la sympathie et les appuis[16].

Ce sont d'importants enjeux de pouvoir qui se jouent autour du capital discursif et du leadership dans le secteur communautaire : enjeux de responsabilité masculine, certes, mais aussi de responsabilité de cette classe moyenne qui sert à la fois de leader et de courroie

---

est la source, elle nuit dans bien des cas à l'atteinte d'une véritable égalité. Voir Jost et Kay, 2005.

16.   D'ailleurs une nouvelle expression anglo-saxonne a vu le jour dernièrement : il s'agit du concept d'*himpathy* formulée par Kate Manne (2017), qui désigne la sympathie exagérée dont jouissent certains hommes pourtant responsables de comportements misogynes et même criminels.

de transmission. Plusieurs mécanismes institutionnels créés au sein du secteur communautaire ainsi qu'à l'extérieur de celui-ci auront en effet, paradoxalement, relégué les femmes et d'autres populations marginalisées dans l'ombre des projets masculins et de la classe moyenne. Nous avons voulu, à l'aide de ces trois exemples, libérer une parole et contribuer ainsi à la réappropriation de champs de pratique, de champs idéologiques et disciplinaires par certains groupes « subalternes » (Fraser, 2011). À ce titre, on ne peut passer sous silence que la co-construction de l'idéal sous-jacent au « modèle québécois », qui s'appuie sur les organismes communautaires, s'est aussi effectuée sur la base d'une exclusion et de violences symboliques, épistémiques et même parfois interpersonnelles. Passage obligé si l'on veut renforcer l'inclusion des rapports de genre, de classe et de race au sein des organisations à vocation participative, et ce, dans toutes leurs dimensions – familiale, institutionnelle ou idéologique. Malheureusement, l'indifférence et le silence s'avèrent ici, comme toujours, des armes à portée meurtrière.

L'idéal d'une participation démocratique qui passerait par la mobilisation « du bas » a tout de même la vie dure. En effet, la construction d'un projet de transformation sociale et d'une forme d'organisation s'appuyant sur l'expérience des individus et des groupes se renouvelle constamment, et ce, depuis la Grèce antique. Une nouvelle génération de mouvements sociaux non professionnalisés et portant sur de nouveaux enjeux a en effet émergé au Québec et dans le monde au cours des dernières décennies. Elle contourne les espaces de discussion citoyenne créés par les bailleurs de fonds privés et institutionnels, puisque les groupes subalternes s'avèrent finalement avoir

> peu d'emprise sur l'orientation des décisions politiques et [des] retombées [...] peu tangibles. Ces espaces sont rarement des lieux de débats ou de prise de décision. Ils servent plutôt à transmettre de l'information des intervenantes vers les habitant·es [d'un)] quartier. En même temps, les occasions d'engagement bénévole ressemblent souvent à des moyens de palier au sous-financement de certaines activités, plutôt que [d'atteindre les populations visées]. (Berthiaume, 2021, p. 220)

Par ces trois cas, nous avons voulu illustrer un tant soit peu l'évolution de la démocratie participative en terrain québécois. Insistant sur l'implication des citoyennes et citoyens ordinaires, cet idéal de démocratie participative a permis l'émergence de nouveaux dispositifs et a ouvert la porte à la création d'espaces publics au-delà de la représentation électorale. Elle s'est largement imposée suite au régime autoritaire clérico-nationaliste d'avant la Révolution tranquille. Mais, confrontée au désir d'un profond renouvellement (Sintomer, 2011), elle a suscité un certain désenchantement dès son implantation, ainsi que par la suite. Cette *grassroots democracy* se mue donc vers de nouvelles formes de démocratie qui prônent l'horizontalité, la prise de décision par consensus, l'absence de structure hiérarchique, et qui renouvellent ainsi la tradition séculaire : Porto Alegre, Occupy Wall Street, #MeToo, le printemps arabe, le mouvement étudiant québécois de 2012, l'antimondialisation et l'altermondialisme en sont des exemples. Le paradoxe reste cependant celui du caractère éphémère de certains de ces mouvements ainsi que des formes institutionnelles précises qu'elles adoptent. Des outils méthodologiques prônant des règles formalisées naissent de nouveau de ces élans et créent une nouvelle démocratie participative procédurale, qui est à la fois au cœur de la réflexion et à la source des problèmes décrits. Ces nouvelles formes politiques se veulent toujours une application du principe selon lequel chaque citoyenne et citoyen est capable d'apporter une contribution à la solution des problèmes collectifs (Sintomer, 2011). Cependant, les nouvelles formes de gouvernance publique en réseau qui en émergent, auxquelles participent des organisations communautaires, les nouveaux mouvements sociaux basés sur de nouvelles formes de démocratie directe, les dispositifs de démocratie participative qui institutionnalisent l'association de simples citoyens à la discussion de la chose publique restent elles-mêmes toujours limitées quant à leur capacité d'inclusion.

Le problème dont nous avons discuté ici est profond. Il renvoie à l'éloignement progressif des ambitions initiales d'une participation la plus large et la plus inclusive possible, et ce, en vertu de tout un ensemble de processus. Et cet éloignement vient modifier tantôt la vision, tantôt l'approche, tantôt le mode de fonctionnement des organisations intégrant le secteur communautaire.

Références

ANDREW, Caroline (1994). « Les mouvements sociaux », dans Chad Gaffield et coll. (dir.), *Histoire de l'Outaouais*, Québec, Institut québécois de recherche sur la culture, p. 583-639.

ANDREW, Caroline, André BLAIS et Rachel DESROSIERS (1976). *Les élites politiques, les bas-salariés et la politique du logement à Hull,* Éditions de l'Université d'Ottawa, Ottawa.

ANDREW, Caroline et coll. (1973). *Assemblée générale de l'Île de Hull : projet d'évaluation – Rapport final d'évaluation,* Centre Outaouais de documentation et de recherche.

ANDREW, Caroline, Serge BORDELEAU et Alain GUIMONT (1981). *L'urbanisation : une affaire – L'appropriation du sol et l'État local dans l'Outaouais québécois,* Ottawa, Éditions de l'Université d'Ottawa.

BACHAND, Marc (1980). « Comités de citoyens et enjeux urbains à Hull », *Revue internationale d'action communautaire/International Review of Community Development,* vol. 44, n° 4, p. 134-140.

BACQUÉ, Marie-Hélène, Henri REY et Yves SINTOMER (2005). *Gestion de proximité et démocratie participative : une analyse comparative,* Paris, La Découverte.

BACQUÉ, Marie-Hélène et Yves SINTOMER (2011). *La démocratie participative : histoire et généalogie,* Paris, La Découverte.

BERTHIAUME, Annabelle (2021). *Le déploiement de la perspective de l'investissement social dans les politiques « enfance-famille » au Québec : co-construction, engagement et mixité sociale ?,* thèse de doctorat, Montréal, Université McGill.

BLONDIN, Michel (1965a). « L'animation sociale en milieu urbain : une solution », *Recherches sociographiques,* vol. 6, n° 3, p. 283-304.

BLONDIN, Michel (1965b). « Vie urbaine et animation sociale », *Recherches sociographiques,* vol. 9, n° 1-2, p. 111-119.

BLONDIN, Michel (1967). « Notes sur l'animation sociale en milieu urbain », *Cahiers de l'Institut canadien de l'éducation des adultes,* n° 4-5, p. 51-71.

BLONDIN, Michel (1987). « Animation en milieu ouvrier : de Saint-Henri à la FTQ », dans Paul R. Bélanger et coll. (dir.), *Animation et culture en mouvement : fin ou début d'une époque ?,* Sillery, Presses de l'Université du Québec, p. 25-32.

BOUCHARD, Gilles (1996). « De citoyen à client : plus qu'un changement de vocabulaire », *Politique et sociétés,* n° 29, p. 139-159.

BOURQUE, Denis (2008). *Concertation et partenariat : entre levier et piège du développement des communautés,* Québec, Presses de l'Université du Québec.

CHUNG, Ryoa (2018). « Les études féministes pour résister aux injustices épistémiques genrées », dans Sabine Lamour, Denyse Côté et Darline Alexis, *Déjouer le silence silence : contre-discours sur les femmes haïtiennes,* Montréal et Port-au-Prince, Les éditions du remue-ménage et Mémoire d'encrier, p. 25-34.

CÔTÉ, Denyse (1975). *La participation des citoyens aux organismes communautaires de Hull : une étude de l'Assemblée générale de l'Île de Hull,* thèse de maîtrise, Université d'Ottawa.

CÔTÉ, Denyse (2010). « Difficiles convergences : mouvement des femmes et économie sociale, l'expérience québécoise », dans Isabelle Guérin,

Madeleine Hersent et Laurent Fraisse (dir.), *Femmes, économie et développement : de la résistance à la justice sociale*, Paris, ÉRÈS/IRD, p. 283-312.

Côté, Denyse et Étienne Simard (2012). « Grassroots in Québec: How New Public Management and Corporate Culture are Trickling Down », *Studies in Political Economy*, n° 89, p. 105-128.

Côté, Denyse et Étienne Simard (2013). « Mésaventure ou mauvaises habitudes ? La disparition des femmes dans les discours locaux sur l'économie sociale au Québec », *Économie et Solidarités*, vol. 43, n° 1-2, p. 111-124.

Dawson, Sandra et Charlotte Dargie (2002). « New Public Management : A Discussion with Special Reference to UK Health », dans Kate McLaughlin, Stephen Osborne et Ewan Ferlie (dir.), *New Public Management*, Londres, Routledge, p. 34-56.

Defilippis, Fisher et Eric Shragge (2010). *Contesting Community: The Limits and Potential of Local Organizing*, New Brunswick (NJ), Rutgers University Press.

Didier, René (1970). *L'animation sociale*, Québec, Commission d'enquête sur la santé et le bien-être social.

Doré, Gérald et Denis Plamondon (1980). « Les pratiques urbaines d'opposition à Québec », *Revue internationale d'action communautaire/International Review of Community Development*, vol. 44, n° 4, p. 120-128.

Favreau, Louis (1998). « Québec. L'insertion conjuguée avec le développement économique communautaire », dans Jacques Defourny, Louis Favreau et Jean-Louis Laville (dir.), *Insertion et nouvelle économie sociale*, Paris, Desclée de Brouwer, p. 159-182.

Ferilli, Guido, Pier Luigi Sacco et Giorgio Tavano Blessi (2016). « Beyond the Rhetoric of Participation: New Challenges and Prospects for Inclusive Urban Regeneration », *City, Culture and Society*, n° 7, p. 95-100.

Fraser, Nancy (2011). *Qu'est-ce que la justice sociale ? Reconnaissance et redistribution*, Paris, La Découverte.

Freire, Paolo (1974). *Pédagogie des opprimés*, Paris, Maspero.

Gendron, Guy et coll. (2010). « Les expropriés du Vieux-Hull », *Tout le monde en parlait*, Radio-Canada.

Giauque, David (2003). « New Public Management and Organizational Regulation: The Liberal Bureaucracy », *International Review of Administrative Sciences*, vol. 69, p. 567-592.

Gidley, Jennifer, Gary Hampson et Leone Wheeler (2010). « Social Inclusion : Context, Theory and Practice », *The Australasian Journal of University Community Engagement*, vol. 5, n° 1, p. 6-36.

Graefe, Peter (2005). « Roll-out Neoliberalism and the Social Economy », Communication à la conférence annuelle de l'Association canadienne de science politique, University of Western Ontario, 2 juin.

Guay, Lorraine et Deena White (2009). « Une politique novatrice sous observation », *Revue Relations*, n° 731, p. 19-21.

HELD, David (1987). *Models of Democracy*, Stanford, Stanford University Press.

HÉLY, Matthieu (2008). « L'économie sociale et solidaire n'existe pas », *La vie des idées*, [En ligne], [https://laviedesidees.fr/L-economie-sociale-et-solidaire-n-existe-pas.html] (consulté le 28 août 2021).

HOULE, Gilles (1972). « L'animation sociale en milieu urbain : une idéologie pédagogique », *Recherches sociographiques*, vol. 13, n° 2, p. 231-253.

HOULE, Marc-André (2006). « Splendeurs et misères de l'autonomie. Les relations entre le communautaire et l'État », *À Babord !*, n° 15.

ILCAN, Suzan (2009). « Privatizing Responsibility: Public Sector Reform under Neoliberal Government », *Canadian Review of Sociology/Revue canadienne de sociologie*, vol. 46, n° 3, p. 207-234.

JENSON, Jane (2017). « Modernizing the European Social Paradigm: Social Investments and Social Entrepreneurs », *Journal of Social Policy*, vol. 46, n° 1, p. 31-47.

JOST, John T. et C. Aaron KAY (2005). « Exposure to Benevolent Sexism and Complementary Gender Stereotypes », *Journal of Personality and Social Psychology*, vol. 88, n° 3, p. 498-509.

LAMOUREUX, DIANE (1990). « Les services féministes : de l'autonomie à l'extension de l'État-Providence », *Nouvelles pratiques sociales*, vol. 3, n° 2, p. 33-43.

LAMOUREUX, Diane (2008). « Démocratiser radicalement la démocratie », *Nouvelles pratiques sociales*, vol. 21, n° 1, p. 121-138.

LAMOUREUX, Henri (1999). *Les dérives de la démocratie : questions à la société civile québécoise*, Montréal, VLB éditeur.

LAURIN, Nicole (1999). « Le démantèlement des institutions intermédiaires de la régulation sociale : vers une nouvelle forme de domination », *Sociologie et sociétés*, vol. 31, n° 2, p. 65-72.

LÉVESQUE, Benoît (2002). « Le modèle québécois : un horizon théorique pour la recherche, une porte d'entrée pour un projet de société ? », *Interventions économiques*, n° 29.

L'HEUREUX, André (1969). « L'animation sociale ou les nouveaux sorciers », *Socialisme 69*, n° 17, 1969, p. 120-122.

MACPHERSON, Crawford B. (1992). *The Real World of Democracy*, Toronto, Harper Collins.

MANNE, Kate (2017). *Down Girl: The Logic of Misogyny*, New York, Oxford University Press.

NINACS, William A. (2013). *L'animation sociale québécoise des années 1960 : enseignements pour l'intervention sociale de l'an 2000*, Projet individuel soumis à l'École de Service social de l'Université Laval, Chaire de recherche du Canada en organisation communautaire-UQO, Cahier n° H-01.

PATEMAN, Carol (1970). *Participation and Democratic Theory*, Cambridge, Cambridge University Press.

PIOTTE, Jean-Marc (2010). *L'État social et l'action communautaire autonome*, Comité Gouvernance de l'état du Réseau québécois de l'action communautaire autonome, Montréal, RQACA.

QUÉBEC, COMITÉ D'ORIENTATION ET DE CONCERTATION SUR L'ÉCONOMIE SOCIALE (1996). *Rapport du Comité d'orientation et de concertation sur l'économie sociale : entre l'espoir et le doute*, Québec.

QUÉBEC. Ministère de l'Emploi et de la Solidarité sociale (2007). *Synthèse de l'évaluation de la mise en œuvre de la politique gouvernementale. L'action communautaire : une contribution essentielle à l'exercice de la citoyenneté et au développement social du Québec*, Québec.

ROBERT, Lionel (1972). « La rénovation urbaine et la stratégie fiscale des municipalités », *Sociologie et sociétés*, vol. 4, n° 1, p. 55-82.

SHRAGGE, Eric (2003). *Activism and Social Change: Lessons for Community and Local Organizing Action*, Toronto, Broadview Press.

SINTOMER, Yves (2011). « Démocratie participative, démocratie délibérative : l'histoire contrastée de deux catégories émergentes », dans Marie-Hélène Bacqué et Yves Sintomer (dir.), *La démocratie participative*, Paris, La Découverte, p. 113-134.

TOUPIN, Louise (2001). Des indicateurs socio-communautaires pour estimer le travail des femmes dans les communautés, Ottawa, Condition féminine Canada.

VAILLANCOURT, Yves (2008). *L'économie sociale au Québec et au Canada : configurations historiques et enjeux actuels*, Montréal, Alliance de recherche universités-communautés en économie sociale.

CHAPITRE 7

Foi, logement et villes inclusives[1]

Sahada Alolo et Fran Klodawsky

E ntre autres réalisations, les recherches de Caroline Andrew (2014) offrent des avancées importantes sur la contribution des municipalités canadiennes à la lutte contre la discrimination et à la promotion de villes plus inclusives. Elles illustrent aussi tout l'éventail des possibilités qui s'offrent à elles à cet égard. Ce que notre collègue et amie a révélé sur les impacts des partenariats, du pragmatisme et de la consultation s'est avéré d'une très grande pertinence. Sans compter ses travaux sur les politiques préfiguratives, qui ont fait ressortir comment des groupes et des individus occupant des positions différentes ont su travailler ensemble « pour préfigurer les relations sociales, les structures politiques et les pratiques culturelles qu'ils souhaiteraient voir se généraliser à l'avenir » (notre traduction ; Jeffrey et Dyson, 2020, p. 1 ; voir aussi Klodawsky, Andrew et Siltanen, 2013 ; Siltanen, Klodawsky et Andrew, 2014). Sa quête inlassable de stratégies (telle la reconnaissance de l'infrastructure sociale comme un investissement plutôt que comme une dépense) par lesquelles les aspirations d'un « monde meilleur » (comme des sociétés plus inclusives) se concrétiseraient sur le terrain a fait d'elle une source d'inspiration pour de nombreux chercheurs en études urbaines au Canada et dans le monde (Andrew et Doloreux, 2012). Enfin, la recherche critique axée vers

---

1. Le texte a été rédigé en anglais. Hélène Jacques en a assuré la traduction, Anne Gilbert, la révision.

l'action qu'elle a mise de l'avant a guidé nombre de travaux, tant au plan théorique que méthodologique, quand il s'est agi d'identifier et de développer de telles stratégies (Klodawsky, Siltanen et Andrew, 2018 ; Siltanen et coll., 2018).

L'accès à des logements convenables et abordables au sein de communautés accueillantes constitue une voie relativement nouvelle parmi les actions visant à assurer aux villes un avenir meilleur. Un logement de qualité constitue un déterminant social de santé parmi les plus importants et un élément de base d'inclusion, mais le rythme croissant de la financiarisation de la propriété et du logement, sans parler de l'exacerbation de telles tendances pendant la pandémie mondiale de la COVID-19 en 2020-2022, ont considérablement freiné l'accès au logement (Aalbers, 2019 ; Macdonald, 2019). Parmi les groupes qui cherchent à renverser ces tendances particulièrement inquiétantes se trouvent les pourvoyeurs de logement sans but lucratif, dont certains œuvrent dans une perspective confessionnelle (Sutter, 2016).

L'établissement de refuges d'urgence figure parmi les initiatives confessionnelles dans le domaine de l'habitation les plus anciennes et les mieux connues. Ils sont aisément repérables sur le terrain, dans la plupart des grandes villes d'Amérique du Nord. En 2018, Statistique Canada a dénombré 392 refuges de ce type au pays, situés pour la plupart en région urbaine, pour un total de 15 859 lits. L'Ontario comptait 149 refuges (6 898 lits), dont 10 à Ottawa (965 lits) (Emploi et Développement social Canada, 2018).

Habitat pour l'humanité, réseau international d'acteurs locaux et régionaux qui relèvent souvent de groupes de croyants, constitue une initiative confessionnelle en habitation plus récente et bien connue. Elle met en lien des bénévoles locaux pouvant offrir un apport en main-d'œuvre et des familles qui, en échange d'un engagement à participer gratuitement à la construction de leur maison, pourront ultimement en devenir les propriétaires (Hackworth 2009 ; Hays 2002). Habitat pour l'humanité Canada a été fondé en 1985 et Habitat pour l'humanité de la région métropolitaine d'Ottawa, en 1994. Dans tout le pays, l'organisme a aidé près de 4 000 familles à acheter une maison. Habitat pour l'humanité de la région métropolitaine d'Ottawa, pour sa part, est venu en aide à 76 familles. Tant dans le cas des refuges d'urgence que d'Habitat pour l'humanité, les objectifs des projets sont indissociables de la mission chrétienne des organismes qui les chapeautent (Habitat pour l'humanité de la région métropolitaine d'Ottawa ; Habitat pour l'humanité Canada).

Une troisième catégorie d'activités confessionnelles en habitation relève des fournisseurs de logements locatifs permanents abordables à but non lucratif, qui se sont joints depuis peu aux autres organismes à vocation religieuse œuvrant dans le dossier. On n'attribue encore au groupe éclectique qu'elles forment qu'une poignée de projets au Canada, comme on le verra plus loin. À Ottawa, la Multifaith Housing Initiative/l'Initiative multiconfessionnelle sur l'habitation (IMH) figure parmi ces projets.

Cet article répondra à l'appel de Caroline Andrew d'accroître les recherches sur « la relation entre la vie quotidienne et le développement de mentalités et d'actions en matière de diversité » (2004, p. 9 ; notre traduction). Il fournira de l'information sur cette troisième catégorie d'initiatives confessionnelles de logement, puis étudiera l'IMH en tant qu'exemple de politique préfigurative rendu possible par un contexte municipal où l'accent est mis à la fois sur l'augmentation du nombre de logements abordables et sur le développement de communautés inclusives. Cela se fera en partie en mettant en valeur The Haven, le projet de développement le plus ambitieux réalisé par l'IMH à ce jour, et en tirant des leçons plus générales de cette étude de cas.

7.1. Approche

Notre étude s'inscrit dans une démarche de recherche critique engagée. Cette approche vise à apprendre et à tenir compte « de la critique scientifique et des interventions sur le terrain, et à tirer parti des méthodes de recherche qui jettent un regard critique sur les relations de pouvoir dans le développement et la valorisation des connaissances, et qui tentent de les rééquilibrer » (Klodawsky et coll., 2017 ; notre traduction). C'est ainsi que nous reviendrons dans un premier temps sur notre statut d'initié par rapport à l'IMH et la façon dont ce statut nous a permis d'avoir accès à des informations privilégiées sur l'organisme et a influencé le type de questions que nous avons soulevées dans notre analyse. Nous passerons ensuite à des considérations théoriques sur la manière dont l'IMH cadre plus généralement avec les initiatives multiconfessionnelles/interconfessionnelles, et nous nous appuierons pour ce faire sur la littérature scientifique qui s'intéresse à la question en Amérique du Nord et au Royaume-Uni.

7.1.1. Qui sont les auteures ?

Ce n'est pas du tout une coïncidence si les deux auteures ont pu se baser, pour la préparation de cet article, sur des connaissances d'initiés sur l'Initiative multiconfessionnelle sur l'habitation, notamment en ayant accès à l'éventail complet des principaux documents de l'IMH de même qu'à trois ans de données sur les programmes d'activités communautaires offertes au Haven. Bien qu'ayant des antécédents culturels, religieux et organisationnels différents, toutes les deux ont occupé des postes de bénévoles et d'employées au sein de l'IMH pendant la majeure partie de ses 17 années d'existence.

Fran Klodawsky est devenue membre du conseil d'administration de l'IMH peu après l'obtention par l'organisation de son statut d'organisme de bienfaisance en 2003. Elle a continué à s'impliquer activement dans divers postes, dont ceux de présidente et de vice-présidente, et ce, jusqu'en 2013, lorsqu'elle a dû quitter temporairement l'organisme pour des raisons de santé. En 2015, elle s'est une fois de plus engagée en répondant à une invitation à participer au comité d'adhésion et de sensibilisation de l'IMH.

Bien que Fran ait d'abord été attirée par l'organisme en raison de ses champs d'intérêt de recherche universitaire en matière de politique locale du logement abordable, la possibilité de travailler au sein d'un organisme où son identité juive était valorisée a également constitué un attrait important. Elle s'est vite trouvée engagée dans la mise sur pied de l'organisme lui-même, au détriment de ses activités de recherche. Ce n'est qu'au cours des dernières années (depuis 2017) qu'elle a entamé un examen scientifique de l'institution et, plus généralement, des initiatives de logement confessionnelles. En 2017-2018, elle s'est prévalue de certains fonds de recherche disponibles pour soutenir la collecte de données, de documents accessibles au public et de ressources en ligne sur les organismes de logement interconfessionnels au Canada, aux États-Unis et en Grande-Bretagne, réalisée par Lauren Morry, étudiante en études religieuses à l'Université Carleton. Fran est redevenue membre du conseil d'administration de l'IMH en 2018, a accepté l'invitation à présider le comité d'adhésion et de sensibilisation en 2019 et est également devenue, la même année, membre du comité de gouvernance nouvellement créé. Depuis janvier 2021, elle est également membre du comité exécutif du conseil d'administration.

Sahada Alolo a été initialement embauchée en 2013 pour un contrat de trois ans (grâce à une subvention Trillium) en tant que responsable à temps partiel du recrutement et du soutien des bénévoles. La reconnaissance des avantages supplémentaires de ce poste pour l'organisme et de ses compétences dans ce rôle, combinée à la croissance rapide de l'IMH entre 2014 et 2018, a permis à l'organisme de l'embaucher en tant que directrice de l'engagement communautaire, comme l'un des cinq principaux employés à temps plein de l'organisme. Animée par un désir profond de promouvoir la coopération interconfessionnelle et de bâtir des communautés différentes et inclusives à l'IMH, Sahada s'est investie dans son rôle de directrice de l'engagement communautaire en travaillant avec des bénévoles, y compris des locataires, pour réaliser son mandat. Grâce à son expérience, elle a su repérer les ressemblances entre les différentes confessions religieuses impliquées, ce qui lui a permis d'explorer et de créer des espaces permettant aux personnes croyantes d'exprimer et de vivre leur foi tout en célébrant et en respectant la diversité des croyances et des orientations (y compris celles des personnes non croyantes). En tant que femme noire musulmane portant le hijab, appartenant à une minorité religieuse au Canada et ayant fait l'expérience de l'islamophobie, Sahada s'est sentie à l'aise dans le travail de l'IMH, qui lui a donné la possibilité d'œuvrer dans le but d'améliorer les relations entre les différents groupes confessionnels.

7.2. Contexte

La question de la post-sécularité a suscité beaucoup d'intérêt parmi les chercheurs au cours des deux dernières décennies, de pair avec la reconnaissance du fait qu'il faille revoir certaines hypothèses un peu naïves quant à l'association étroite entre le séculier (défini au sens large du terme comme « distinct de, en dehors de, ou au-delà de la religion » et la modernité (Habermas, 2006 ; notre traduction). L'idée selon laquelle la religion devrait être considérée comme une affaire privée en dehors de la sphère publique a été vigoureusement remise en question, tant sur le plan théorique que lors de nombreux événements récents, plus ou moins dramatiques, à travers le monde (tels l'attaque du 11 septembre 2001 contre les tours jumelles de New York, les attentats meurtriers dans des églises, des mosquées et des synagogues au Canada, aux États-Unis et en Nouvelle-Zélande, entre autres). La post-sécularité se caractérise par une vision plus agnostique de la religion et de ses interactions avec les mondes quotidiens de l'économie politique et de la culture. Ainsi, elle tend à créer de nouveaux modes de pensée sur diverses questions et tendances sociétales importantes (Sigurdson, 2010 ; Young, 2009).

Parmi les courants de recherche les plus pertinents pour cet essai, il faut souligner d'abord le travail d'un groupe de géographes britanniques et européens qui ont utilisé un cadre de référence post-séculier pour l'étude des interactions en milieu urbain (Baker, 2013 ; Beaumont, 2010 ; Cloke and Beaumont, 2012). Pour Beaumont, l'avantage de cette approche est double :

> Premièrement, avec l'application de la post-sécularité à la pensée urbaine, nous disposons d'un moyen potentiellement solide pour transcender les particularités qui découlent des différences entre les diverses identités sociales dans les villes. Deuxièmement, cette transparticularité, si elle est bien comprise et appliquée avec diligence, peut être mobilisée pour une nouvelle politique de reconnexion urbaine afin de contrer les effets les plus diviseurs et les plus difficiles de la mondialisation. La fusion de ces préoccupations théoriques et politiques avec les enquêtes empiriques en cours sur les organismes confessionnels dans les villes nécessite une analyse sensible [...] (Beaumont, 2010, p. 3 ; notre traduction)

Dans sa revue des thématiques actuelles en matière de théologie urbaine, Baker relève un axe de recherche qui cadre particulièrement bien avec les écrits de Beaumont (2010). Cet axe s'intéresse au « rapprochement post-séculier des exclus urbains – une mission de type relationnel et pragmatique » (notre traduction), où l'accent est mis sur la cartographie empirique de « l'engagement complexe et multiple des groupes et des communautés religieuses dans les cadres politiques et spatiaux de la ville européenne et britannique » (notre traduction ; Baker, 2013, p. 6 ; voir aussi Cloke et Beaumont, 2012). On notera avec intérêt qu'on mène aussi des études scientifiques sur le dialogue interconfessionnel et que, dans ce domaine, les actions collectives au niveau local sont considérées comme une manifestation intéressante de ce dialogue (Orton, 2016).

Les chercheurs canadiens en études urbaines intéressés par la religion ont abordé leurs recherches de façon bien différente de leurs homologues européens et britanniques. Ils ont eu tendance à se concentrer sur les expériences spécifiques vécues par différents groupes à vocation confessionnelle dans les villes ainsi que sur la manière dont les propriétés des différentes églises sont perçues et traitées, par exemple, en lien avec l'embourgeoisement ou les interactions interculturelles (Hackworth et Gulikson, 2013 ; Isin et Siemiatyki, 2002 ; Lynch, 2016). Mais pour nous, ce sont plutôt les travaux de chercheurs sur la religion et le droit qui sont les plus utiles, notamment en ce qui concerne les interactions interconfessionnelles en milieu urbain (Beaman, 2017a et 2017b ; Juric, 2017). Une initiative de recherche ambitieuse menée par Lori G. Beaman, titulaire de la Chaire de recherche du Canada en diversité religieuse et changement social et directrice du projet Religion et diversité à l'Université d'Ottawa, mérite d'être soulignée plus spécialement. Le but de cette étude est de répondre à la question suivante : « Quels sont les contours de la diversité religieuse au Canada, et quelle est la meilleure façon de répondre aux possibilités et aux défis qu'elle présente de manière à promouvoir la paix et la justice sociale[2] ? » (Beaman, 2017b, p. 2)

Beaman (2017b) examine la façon dont la diversité religieuse se manifeste dans la sphère publique au Canada et ailleurs (Beaman, 2017a). Se basant sur une analyse de nombreuses études de cas, elle conclut qu'il semble y avoir un véritable engagement à revoir un statu quo qui privilégierait la religion majoritaire et qu'il existe des raisons d'espérer que c'est la voie de l'avenir » (Beaman, 2017b, p. 13).

Le dernier livre de Beaman, *Deep Equality in an Era of Religious Diversity* (2017a), présente l'argument clé selon lequel il existe un écart important entre les catégories trop rigides couramment utilisées pour décrire l'identité religieuse et pour y réfléchir, et les « non-événements du quotidien dans lesquels les personnes dites ordinaires peuvent avoir recours à des stratégies pour saisir avec succès les différences » (Beaman, 2017a, chapitre 2, page 1). Cette observation revêt une importance particulière dans l'histoire de l'IMH, où un effort continu et solidaire entre diverses traditions religieuses s'est avéré exceptionnellement efficace pour résoudre un problème social critique – l'insuffisance de logements abordables de bonne qualité et sécuritaires dans des communautés inclusives.

Beaman introduit deux concepts/perspectives qui sont particulièrement pertinents dans notre cas : l'égalité dite « profonde » par opposition à la tolérance et à la diversité « contaminée » en tant que manifestation de la façon dont les individus de différents milieux cherchent à s'entendre au quotidien. Dans les deux cas, son argumentation remet en question les notions de pureté de l'identité, religieuse ou autre, ainsi que l'accent

---

2.   Texte français tiré de http://religionanddiversity.ca/fr/le-projet/.

excessif sur le conflit et la compétition qui, selon elle, anime la plupart des discussions scientifiques. Comme elle l'explique :

> L'égalité profonde n'est pas une prescription juridique, politique ou sociale, pas plus qu'elle n'est réalisable par une formule magique pouvant être inscrite dans les codes des droits de la personne. Il s'agit plutôt d'un processus, mis en œuvre et détenu par des personnes dites ordinaires dans la vie quotidienne. L'égalité profonde est une vision de l'égalité qui transcende la loi, le politique et la politique sociale, et qui replace l'égalité comme un processus plutôt qu'une définition, et comme vécue plutôt que prescrite. Elle reconnaît l'égalité comme une réalisation de l'interaction quotidienne ; elle est traçable à travers le respect agonistique, la reconnaissance de la similitude et l'acceptation concomitante de la différence, la création d'une communauté et le voisinage. Elle circule à travers des microprocessus d'actions et d'inactions individuelles, et des témoignages collectifs de bienveillance. Il ne s'agit pas du langage ou du processus de tolérance ou d'accommodement qui constitue à l'heure actuelle le discours dominant sur la diversité religieuse et sa « gestion ». Paradoxalement, l'égalité profonde est fragile. Nous pourrions donc être tentés de dire qu'elle n'est pas « profonde », mais superficielle. Cependant, elle se répète, se répand, se modifie et se recadre, et devient ainsi un élément du fondement de la vie sociale. En racontant à plusieurs reprises et en analysant les histoires de négociation, il est possible de remodeler notre imaginaire social afin de mieux redéfinir ce qui fonctionne. Et ce qui fonctionne varie d'un lieu à un autre et d'un moment à un autre.
> (Introduction, p. 12-13 ; notre traduction)

L'accent placé sur les façons de bien s'entendre, dans le contexte de « démonstrations collectives de bienveillance », est en résonance avec le cas de l'IMH. Alors que la recherche de Beaman se concentre sur les interactions quotidiennes informelles, l'étude de cas de l'IMH précise comment un organisme animé par une mission telle que la sienne peut devenir un incubateur visant à favoriser et à institutionnaliser une égalité profonde dans le contexte de la vie et de la gestion des communautés résidentielles. L'IMH n'a pas débuté comme une entité complètement structurée avec une idée claire de la manière dont son orientation multiconfessionnelle coexisterait avec ses efforts visant à élargir l'accès au logement abordable. Elle s'est plutôt développée dans l'écoute et le dialogue, au gré de diverses expérimentations nourries par l'idée que chacun des groupes confessionnels impliqués est animé par la même volonté de contribuer au bien commun et qu'il y a plus à gagner en travaillant ensemble qu'en vase clos. Ainsi, l'IMH illustre un élément potentiellement important de la manière dont on peut et doit rendre les villes plus inclusives.

L'analyse qui suit est structurée de manière à situer d'abord l'IMH parmi d'autres efforts interconfessionnels nord-américains et britanniques visant à accroître le nombre de logements locatifs permanents abordables, avant de raconter l'histoire de l'IMH et de décrire le cas particulier de son projet de logement le plus ambitieux achevé à ce jour : The Haven. Les arguments de Beaman sur l'égalité profonde sont imbriqués dans cette étude puisqu'il semble y avoir un certain rapport entre ses principaux arguments et l'approche adoptée par l'IMH.

7.3. Logement interconfessionnel sans but lucratif : une enquête

Notre recherche en ligne en libre accès réalisée en 2018 a révélé un total de 20 fournisseurs de logement interconfessionnel sans but lucratif et de 7 organismes de défense du logement social interconfessionnel au Canada, au Royaume-Uni et aux États-Unis (tableaux 7.1 et 7.2). L'IMH d'Ottawa et 127 Society de Vancouver sont les plus grands organismes canadiens de ce type, avec des portefeuilles de location qui logent chacun de 300 à 400 résidents, leur taille se comparant à celle des organismes de niveau intermédiaire du Royaume-Uni et des États-Unis.

Tableau 7.1. Aperçu des initiatives interconfessionnelles sur l'habitation au Canada, au Royaume-Uni et aux États-Unis

Pays	Nombre de fournisseurs	Nombre d'organismes de défense	Total de logements fournis
Canada	4	2	334 personnes + 250 ménages
Royaume-Uni	1	2	120 + maisons
États-Unis	15	3	3061 unités + 909 ménages + 901 personnes + 19 d'urgence

Source : Données compilées par les auteures, Sahada Alolo et Fran Klodawsky.

Tableau 7.2. Aperçu des initiatives interconfessionnelles sur l'habitation au Canada

Nom	Ville (et date de fondation)	Nombre d'employés	Nombre de logements fournis
127 Society	Vancouver (1981)	11	334 personnes
Capital Region Interfaith	Edmonton (2010)	n.d.	Aucun
Kehilla	Toronto (1982)	6	85 ménages
Multifaith Alliance to End Homelessness	Toronto (2006)	0	Aucun
Initiative multiconfessionnelle sur l'habitation	Ottawa (2002)	5 + services de gestion	139 ménages
West End Commons	Winnipeg (2006)	n.d.	26 ménages

Source : Données compilées par les auteures, Sahada Alolo et Fran Klodawsky.

En examinant la genèse et l'évolution de ces initiatives, nous avons observé trois tendances. Premièrement, aucun modèle ou trajectoire ne domine. Les organismes sont diversifiés, tant dans leur genèse que dans leurs activités courantes. Alors que la plupart sont des fournisseurs de logement, dans deux cas, l'accent est mis uniquement sur la défense des droits. Dans certains cas, l'initiative a débuté au sein d'un organisme à confession unique qui a ensuite cherché à s'associer des partenaires d'autres confessions. Ailleurs, la démarche a impliqué dès le départ différentes communautés confessionnelles. Dans environ le tiers des cas, le rôle fondateur et le leadership d'une ou de plusieurs femmes est mentionné dans l'histoire officielle. Ce n'est que dans une minorité de cas que s'est poursuivi un engagement interconfessionnel actif et continu du type de ceux qui peuvent contribuer à une égalité profonde. Il existe un rapport entre de tels organismes et ceux qui ont vu le jour ou qui ont été inspirés par de plus grandes préoccupations de justice sociale (la campagne Jubilé 2000 pour l'annulation de la dette, etc.). Dans la plupart des cas, toutefois, la collaboration interconfessionnelle n'a guère continué au-delà du début du projet, les efforts interconfessionnels se limitant essentiellement à la collecte de fonds (tableau 7.3).

Dans l'ensemble, les énoncés de mission mettent l'accent sur l'objectif d'offrir à des personnes et à des familles des logements convenables et abordables afin de promouvoir la stabilité et l'autosuffisance. L'importance du développement communautaire n'est soulignée que dans quelques cas seulement (tableau 7.4).

Tableau 7.3. Profils de la collaboration interconfessionnelle

Collaboration continue et durable entre diverses confessions religieuses • Canada : Capital Region Interfaith Housing Initiative • Canada : Initiative multiconfessionnelle sur l'habitation • États-Unis : Philadelphia Interfaith Hospitality Networ
Collaboration interconfessionnelle à l'origine, mais qui ne fait plus partie des activités courantes de l'organisation (à l'exclusion de la collecte de fonds) • Canada : 127 Society • États-Unis : Interfaith Housing Alliance, Ville de Frederick, Maryland
Leadership féminin initial • Canada : 127 Society (Hilda Gregory) • Canada : Initiative multiconfessionnelle sur l'habitation (sœur Jean Goulet, Sue Evans, Gay Richardson) • Canada : West End Commons (legs de deux femmes) • États-Unis : Interfaith Housing Alliance, Ambler, Pennsylvanie (Lei Berry) • États-Unis : Interfaith Housing Services, Kansas (Helen Rosenblad) • États-Unis : Communautés ouvertes (groupe de jeunes mères)
Collaboration interconfessionnelle, depuis le 11 septembre • Canada : Capital Region Interfaith Housing Initiative • Canada : Multifaith Alliance to End Homelessness • Canada : Initiative multiconfessionnelle sur l'habitation • États-Unis : Beacon Interfaith Housing Collaborative (Minneapolis et Saint-Paul, Minnesota)

Source : Données compilées par les auteures, Sahada Alolo et Fran Klodawsky.

Tableau 7.4. Visions et mission

Accent sur l'offre de logements convenables et abordables à des personnes et à des familles afin de promouvoir la stabilité et l'autosuffisance • Canada : Kehilla • Royaume-Uni : Christian Action Housing (Londres) • États-Unis : San Diego Interfaith Housing Action
Accent sur le développement communautaire • Canada : Initiative multiconfessionnelle sur l'habitation • Canada : West End Commons • Royaume-Uni : Church Housing Trust (Londres) • États-Unis : Open Communities (Chicago)

Source : Données compilées par les auteures, Sahada Alolo et Fran Klodawsky.

7.4. Positionner l'Initiative multiconfessionnelle sur l'habitation

L' Initiative multiconfessionnelle sur l'habitation (IMH) constitue une initiative de développement communautaire initialement définie par un fort leadership féminin. Elle a réuni un nombre croissant de personnes de différentes confessions afin de construire des communautés inclusives en réaction à des événements internationaux et nationaux qui contribuent à rendre les sociétés plus polarisées et antagonistes.

L'IMH a vu le jour au début du nouveau siècle lorsque la Commission de justice sociale de l'Archidiocèse catholique romain d'Ottawa a déterminé que la question du logement abordable à Ottawa était un enjeu important pour la région. La représentante de l'archidiocèse, sœur Jean Goulet, a présidé un comité qui a entrepris de rencontrer des membres de la communauté qui œuvrent auprès de sans-abri, y compris des prestataires de refuges d'urgence. Après la revue d'autres initiatives similaires, un comité de logement interconfessionnel a été créé, composé initialement de représentants de diverses églises et de divers organismes chrétiens. À la fin de 2001, la communauté juive s'est jointe au projet, suivie par des membres de la communauté islamique au début de 2002. Dans la foulée de ces changements, la décision a été prise de créer l'Initiative multiconfessionnelle sur l'habitation en tant que nouvel organisme (MHI, 2003, p. 1). Selon l'un des premiers participants, l'idée de s'étendre au-delà des communautés chrétiennes a d'abord été suggérée par un employé juif de la Ville d'Ottawa.

L'IMH reçoit ses lettres patentes en tant qu'organisme sans but lucratif à charte fédérale en octobre 2002 et devient un organisme caritatif le 1ᵉʳ janvier 2003. Bien que le plan initial était d'encourager les communautés confessionnelles individuelles à construire des logements abordables, un changement s'est rapidement opéré, encouragé par les membres. « En octobre 2004, les lettres patentes ont été modifiées afin de permettre l'achat de logements destinés à être loués à des personnes à faible revenu et l'Agence du revenu du Canada a approuvé ce changement au début de 2005 » (MacKinnon et Alolo, 2015, p. 1). Peu de temps après, l'IMH a acheté un immeuble de cinq logements et a rapidement acquis deux autres propriétés en 2007 et en 2008, pour un total de 41 logements (Tableau 7.5). Kent House, Somerset Gardens et Blake House résultent chacun de la détermination de l'IMH à acquérir des logements supplémentaires pour aider à lutter contre la crise du logement abordable à Ottawa, ainsi que pour aider l'organisme à se pérenniser. Les achats ont été effectués lorsque se sont présentées des occasions intéressantes et que l'on disposait des ressources nécessaires à de tels investissements. Dans chaque cas, des leçons importantes ont été tirées quant aux défis que représente le fait d'être un organisme de logement sans but lucratif animé d'une mission particulière.

Après des débuts modestes en 2003, avec 29 membres de communautés confessionnelles et 8 mécènes, l'IMH compte aujourd'hui près de 80 organismes confessionnels et 30 mécènes issus d'horizons très divers, comme le montrent les tableaux 7.6 et 7.7.

Tableau 7.5. Parc immobilier de l'IMH, 2020

Nom	Date d'achat	Nombre de logements
Kent House	2005	5
Somerset Gardens	2007	10
Blake House	2008	26
The Haven	2017	98

Source : Données compilées par les auteures, Sahada Alolo et Fran Klodawsky.

L'allocution prononcée par sœur Jean Goulet, membre fondatrice, lors de la Journée nationale du logement 2018, témoigne élégamment de la réflexion qui a donné le ton à ce que l'IMH deviendrait :

> Plusieurs d'entre nous étaient déjà, à l'époque, impliqués dans divers dialogues – musulmans/chrétiens, juifs/chrétiens, Religions for Peace, Women for Peace –, mais dans un type de dialogue bien différent – nous ne discutions pas de doctrine ou de croyances, mais d'un appel commun à prendre soin de nos sœurs et de nos frères dans le besoin […]
>
> [P]our créer une société basée sur la compassion, il me semble que nous devons faire plus que « tolérer » l'autre – celui qui est différent, qui prie différemment, qui s'habille différemment – nous devons apprendre à accepter l'autre, à accueillir l'autre, à embrasser l'autre ! (Goulet, 2018 ; notre traduction)

Sœur Jean résume bien la volonté qui régnait d'adopter une orientation conforme à la notion de diversité « contaminée » de Beaman plutôt que de viser une simple « tolérance ». Dès les premiers jours, les participants ont travaillé dur pour contrer toute velléité de domination chrétienne sur les autres croyances. Un exemple de grande importance pour les membres et les bénévoles juifs a été la décision prise très tôt de ne pas organiser d'événements de l'IMH les vendredis soirs ou les samedis, lorsque les juifs religieux observent un jour de repos (du coucher du soleil au coucher du soleil), ce qui les aurait empêchés d'y participer. Dans le même sens, la date d'une AGA en plein air adaptée à la COVID-19 a récemment été modifiée à la dernière minute lorsqu'il a été signalé que la date initialement prévue coïncidait avec une fête juive importante. Fait intéressant, cette décision a offert des avantages qui dépassent largement l'accueil favorable des membres de la communauté juive, dans la mesure où les nouvelles mesures de confinement auraient empêché la réunion d'avoir lieu à la date prévue à l'origine !

Tableau 7.6. Organismes membres de l'IMH (octobre 2020)

Communauté bahá'íe du Canada La communauté bahá'íe d'Ottawa	*Communauté de l'Église unie* Barrhaven United Church
	Bells Corners United Church
Communautés chrétiennes	Emmanuel United Church
Christian Council of the Capital Area	First United Church
Centretown Churches Social Action	Glebe St. James United Church
Committee	Kanata United Church
Sequoia Community Church	Knox United Church
The King's Daughters and Sons	MacKay United Church
	Manotick United Church
Communautés anglicanes	Orleans United Church
All Saints Westboro with St. Matthias	Parkdale United Church
Diocèse anglican d'Ottawa	Queenswood United Church
Le pilier logements pour femmes	Rideau Park United Church
Christ Church Bells Corners	Riverside United Church
La cathédrale Christ Church	Southminster United Church
Julian of Norwich Anglican Church	St. Paul's Eastern United Church
St. Aidan's Anglican Church	Trinity United Church
St. Barnabas Anglican Church	Woodroffe United Church
St. Columba Anglican Church	
St. James the Apostle Church à Manotick	**Communauté interconfessionnelle**
St. John the Evangelist Anglican Church	Dialogue chrétiens-musulmans
St. Peter and St. Paul's Anglican Church	
St. Stephen's Anglican Church	**Communauté juive**
St. Thomas the Apostle	Adath Shalom Congregation
	Jewish Federation of Ottawa
Communauté anglicane et luthérienne	Kehillat Beth Israel Congregation
Good Shepherd – Barrhaven	Or Haneshamah Ottawa's
	Reconstructionist Community
Communauté orthodoxe antiochienne	Temple Israel
St. Elias Antiochian Orthodox Cathedral	
	Communauté hindoue
Communauté baptiste	Vishva Shakti Durga Mandir Association
First Baptist Church	
Fourth Avenue Baptist Church	**Communauté quaker** Ottawa Monthly Meeting Religious
	Society of Friends Quakers
Communauté luthérienne	
St. Peter's	**Communautés universalistes** **unitariennes**
	First Unitarian Congregation of Ottawa
Communautés catholiques romaines	Rassemblement unitarien universaliste
Archidiocèse d'Ottawa	d'Ottawa
Canadian Martyrs Catholic Church	
Immaculate Heart of Mary Church	**Organismes et communautés** **islamiques**
Our Lady of Fatima Parish	
Sœurs de la Sainte-Croix	Ottawa Muslim Association
St. Basil's Catholic Church	Ottawa Muslim Women's Organization
St. George's Parish	

Source : Multifaith Housing Initiative, https://www.multifaithhousing.ca/members.html.

Tableau 7.7. Mécènes religieux et civiques de l'IMH[1]

Mécènes religieux de l'IMH
• Révérend Docteur Anthony Bailey ǀ chrétien (Église unie), Parkdale United Church
• Rabbin Menachem Mendel Blum ǀ juif, Ottawa Torah Centre
• Donna Boisvert ǀ chrétienne (baptiste), Sequoia Community Church
• Rabbin Reuven Bulka ǀ juif, Congregation Machzikei Hadas
• Révérende Dianne Cardin ǀ chrétienne (Église unie), membre de la communauté de la Barrhaven United Church
• Iman Ziad Delić ǀ musulman, South Nepean Muslim Community
• Révérend Fred Demaray ǀ chrétien (baptiste), membre de la communauté de la First Baptist Church
• Révérend Docteur Karen Dimock ǀ chrétienne (presbytérienne), St. Andrew's Presbyterian Church, Ottawa
• Rabbin Steven Garten ǀ juif, émérite, Temple Israel
• Sœur Jean Goulet ǀ catholique, Sœurs de la Sainte-Croix
• Iman Sikander Hashmi ǀ musulman, Kanata Muslim Association
• Révérende Patricia Guthmann Haresch ǀ unitarienne, First Unitarian Congregation
• Aumônier Barbara Helms ǀ musulmane, Cordova Spiritual Education Center
• Iman Sheikh Haitham Hujaij ǀ musulman, Ahlul Bayt Center
• Wendy James ǀ bahá'í, La communauté bahá'íe d'Ottawa
• Rabbin Eytan Kenter ǀ juif, Kehillat Beth Israel
• Révérend Martin Malina ǀ chrétien (luthérien), Faith Evangelical Lutheran Church
• Iman Samy Metwally ǀ musulman, Islamic Society of Gloucester
• Rabbin Daniel Mikelberg ǀ juif, Temple Israel Ottawa
• Très révérend Terrence Prendergast ǀ chrétien (catholique romain), Archevêque du Diocèse catholique romain d'Ottawa
• Pandit Ravindra Narayan Pandey ǀ hindou, Vishva Shakti Durga Mandir Association
• Très révérend Shane Parker ǀ chrétien (anglican), évêque, Diocèse anglican d'Ottawa (par intérim)
• Révérend David Sherwin ǀ chrétien (Église unie), Christian Council of the Capital Area
• Nityanand Varma ǀ hindou
• Révérend Canon John Wilker-Blakley ǀ chrétien (anglican), St. John's Anglican Church, South March
Mécènes civiques de l'IMH
• David Kilgour
• Nazira Tareen
• David Zackrias

1 Les mécènes sont des leaders religieux ou civiques qui ont accepté de prêter leur nom pour promouvoir la mission de l'IMH.

Source : Multifaith Housing Initiative, https://www.multifaithhousing.ca/members.html.

Parmi les autres exemples importants de la manière dont l'IMH valorise le concept de diversité contaminée, mentionnons la décision prise en 2012 d'adopter et de publier chaque année la *Charte de compassion*, dont l'argument central est tout à fait conforme aux arguments de Beaman sur l'égalité profonde :

Le principe de la compassion est au cœur de toutes les traditions religieuses, éthiques et spirituelles, nous appelant à toujours traiter tous les autres comme nous souhaitons être traités nous-mêmes. La compassion nous pousse à travailler sans relâche pour alléger la souffrance de nos semblables, à nous détrôner du centre de notre monde et en mettre un autre là-bas, et à honorer l'inviolable sainteté de chaque être humain, en traitant tout le monde, sans exception, avec une justice absolue, équité et respect. Il est également nécessaire dans la vie publique et privée de s'abstenir de manière cohérente et empathique d'infliger de la douleur. Agir ou parler violemment par dépit, chauvinisme ou intérêt personnel, appauvrir, exploiter ou nier les droits fondamentaux de quiconque et inciter à la haine en dénigrant les autres – même nos ennemis – est un déni de notre humanité commune. Nous reconnaissons que nous n'avons pas réussi à vivre avec compassion et que certains ont même augmenté la somme de la misère humaine au nom de la religion.

Nous appelons donc tous les hommes et toutes les femmes à restaurer la compassion au centre de la moralité et de la religion – de revenir au principe ancien selon lequel toute interprétation des Écritures qui engendre la violence, la haine ou le dédain est illégitime – pour garantir que les jeunes reçoivent des informations exactes et respectueuses sur les autres traditions, religions et cultures – pour encourager une appréciation positive de la diversité culturelle et religieuse – pour cultiver une empathie éclairée avec la souffrance de tous les êtres humains – même ceux considérés comme des ennemis.

Nous devons d'urgence faire de la compassion une force claire, lumineuse et dynamique dans notre monde polarisé. Enracinée dans une détermination de principe de transcender l'égoïsme, la compassion peut briser les frontières politiques, dogmatiques, idéologiques et religieuses. Née de notre profonde interdépendance, la compassion est essentielle aux relations humaines et à une humanité épanouie. C'est le chemin de l'illumination, indispensable à la création d'une économie juste et d'une communauté mondiale pacifique[3].

3.   La *Charte de compassion* se retrouve sur le site Web de l'organisme du même nom. Elle est publiée dans les deux langues. [https://charterforcompassion.org/charter/affirm]. Site consulté le 1er septembre 2021.

De même, et dès son approche initiale, l'IMH a cherché à animer et à maintenir vivant le sens d'agir de manière multiconfessionnelle. Deux exemples sont pertinents : tout d'abord, la recherche de mécènes, dans le cadre de laquelle l'IMH a fait appel à des leaders de diverses communautés confessionnelles afin qu'ils déclarent officiellement et publiquement leur soutien à la mission de l'IMH. Deuxièmement, les réunions de l'IMH commencent toujours par des réflexions que les participants échangent à tour de rôle afin de favoriser des discussions éclairées sur les sujets abordés. Ces réflexions peuvent prendre différentes formes ; il peut s'agir de lectures ou de prières issues d'une tradition confessionnelle en particulier, ou d'un commentaire personnel inspiré par des individus ou des événements actuels ou historiques.

On trouve dans l'histoire de l'IMH les différentes stratégies susceptibles, selon Caroline Andrew, d'influencer le degré de réussite d'une municipalité dans sa lutte contre la discrimination, à savoir : « 1) établir des partenariats, 2) être pragmatique et 3) planifier des consultations inclusives » (Andrew, 2014). Dès les premiers jours, les bénévoles de l'IMH ont démontré leur vif intérêt pour « la recherche de solutions concrètes à des problèmes pratiques » (ibid.) et ils ont volontiers demandé conseil, recherché des partenaires et des ressources pour les aider à atteindre cet objectif. Lorsqu'il est devenu évident que l'IMH devait assumer un rôle de leader en devenant un propriétaire sans but lucratif, les statuts ont été amendés en ce sens. Dans le cas de chacune de ses trois premières acquisitions, on a relevé de nouveaux défis et tenté diverses expériences avant de retenir ce qui semblait être les meilleures solutions. Par exemple, lors de l'acquisition de Blake House en 2007, un achat motivé par la crainte que cet ensemble de 26 logements soit autrement perdu au détriment du logement abordable, l'IMH a fait face à des circonstances exponentiellement plus complexes que lors de ses expériences précédentes en tant que propriétaire sans but lucratif. En plus de voir son parc immobilier passer soudainement de 15 à 41 logements et sa population de locataires, d'une majorité de célibataires à des ménages avec enfants, elle a également été confrontée à de multiples imprévus : vices du bâtiment, problèmes liés au site, etc. Après de nombreuses expériences qui ont combiné les efforts parfois héroïques du personnel et des bénévoles, l'externalisation vers une société de gestion dont la clientèle de base était constituée d'organismes de logement coopératif et sans but lucratif et dont l'objectif était « axé sur les personnes » s'est révélée une étape importante dans la capacité de l'organisme à envisager d'autres acquisitions.

L'IMH a toujours fonctionné avec une forte composante bénévole (dont les antécédents comprennent diverses affiliations confessionnelles et non confessionnelles). Au début, l'organisme n'avait
aucun personnel salarié et, même lorsqu'il a été possible d'embaucher
quelqu'un, il a continué à reconnaître et à soutenir le rôle clé de son
conseil d'administration et de ses comités bénévoles (voir l'Annexe 1 :
Structure décisionnelle de l'IMH). Une enquête menée en 2013 sur le
rendement social du capital investi de l'IMH a permis de conclure
que « pour chaque dollar investi en 2013 dans le programme de logement de l'IMH, 1,4 dollar a été généré en valeur sociale. En outre,
pour chaque dollar investi dans les bénéfices additionnels pour les
locataires de l'IMH interrogés, deux dollars de bénéfices sociaux ont
été générés sur une période de trois ans [2013-2016] » (MacKinnon et
Alolo, 2015, p. 1).

De plus, l'IMH a toujours été ouverte à ce qu'elle pouvait
apprendre des autres organismes de logement social et de leurs partenaires municipaux de la région. Toutes ces personnes ont travaillé
en étroite collaboration et il n'était pas rare que des employés municipaux participent à l'écosystème du logement sans but lucratif, et vice
versa.

Après qu'un processus de planification stratégique réalisé en
2014 par l'IMH a confirmé l'engagement de l'organisme à croître
de manière importante afin de devenir un organisme de logement
social durable, le comité de développement a commencé à étudier
activement les occasions d'en élargir le parc immobilier. La décision
de réunir des fonds avant l'achat de tout immeuble, en privilégiant
le potentiel de croissance plutôt que des projets en particulier, s'est
avérée un autre moment clé dans l'histoire de l'IMH (Girvan, 2020).
L'accent a d'abord été mis sur l'acquisition d'immeubles existants,
mais des écueils sont survenus. Cette situation a préparé le terrain,
faisant en sorte que l'IMH a pu faire un saut spectaculaire en 2014 et
répondre à la demande de propositions de la Ville d'Ottawa concernant l'investissement dans le logement abordable, sur un site de 3,43
acres près d'un centre de transit du transport en commun à Barrhaven,
en banlieue d'Ottawa.

Le financement du projet immobilier de 19,3 millions de dollars
devait provenir de sources multiples, notamment : 1) d'un terrain
fourni par la Ville d'Ottawa ; 2) de 10 millions de dollars de subventions des gouvernements fédéral, provincial et municipal ; 3) d'une
collecte de fonds de l'IMH de 1,2 million de dollars ; et 4) d'un prêt

hypothécaire à long terme financé par l'IMH pour le reste. La décision de l'IMH de lancer une collecte de fonds de 500 000 $ (qui est finalement devenu un objectif de 1,2 million de dollars) était certainement courageuse et particulièrement audacieuse pour un organisme qui, jusqu'alors, n'avait jamais recueilli plus de 30 000 $ par année ! Grâce à cette démarche ambitieuse, l'IMH a pu, pour la première fois, surpasser l'objectif de l'acquisition de logements pour se consacrer à la construction d'une communauté ; en d'autres termes, mettre en pratique son objectif de promouvoir l'inclusion par « la foi en action » (Gyapong, 2018).

Lorsque les progrès réalisés par l'IMH au cours des 17 dernières années sont comparés à ceux des autres organismes confessionnels de logement d'Ottawa, une trajectoire impressionnante ressort clairement, notamment en ce qui concerne la croissance accélérée qui s'est produite lorsque l'IMH a été choisie par la Ville d'Ottawa pour construire ce qui est désormais connu sous le nom de The Haven. Les réalisations impressionnantes du Haven ont été reconnues en 2018 lorsque The Greater Ottawa Home Builders' Association a récompensé l'IMH dans la catégorie « nouvelle communauté bâtie » (notre traduction) ; c'était la première fois qu'un projet de logement sans but lucratif recevait une telle reconnaissance à Ottawa. Il convient également de souligner les éloges de la consultante en développement LoriAnn Girvan à propos de l'initiative The Haven (et d'un autre projet) :

> Les défis importants surmontés par l'IMH et Salus ont créé de nouvelles communautés et de nouveaux logements qui enrichissent des vies au quotidien. Ces initiatives audacieuses ont également renforcé leur capacité organisationnelle et les ont mises sous les feux des projecteurs en tant que leaders capables d'agir, augmentant ainsi la visibilité et la confiance dans leur capacité à continuer de relever de nouveaux défis. (Girvan, 2020, p. 45 ; notre traduction)

Le grand pas en avant qu'a constitué The Haven a été possible grâce à un mélange d'ambition, de vision et de collaboration, comme l'affirme le président de l'IMH dans le rapport annuel 2015 :

> À la fin de l'été, le comité de développement [...] a participé à la seule demande de propositions de la Ville d'Ottawa dans le cadre

de son programme Action Ottawa 2014. La Ville a fait don d'un terrain et de 5 millions de dollars pour la construction d'environ 98 logements dans le secteur de Barrhaven. L'IMH a fait équipe avec la Centretown Affordable Housing Development Corporation [CAHDCO] et Barry J. Hobin Architects pour remporter ce prestigieux concours. Cela nous a permis d'aller de l'avant dans la réalisation des objectifs de notre plan stratégique et, d'ici 2017, nous posséderons et exploiterons près de 140 logements abordables. Notre ambition est que l'installation soit certifiée LEED 1,0 Platine, probablement la première dans la région en matière de logements abordables. (MHI, 2015, p. 5 ; notre traduction)

En complément de sa description des aspects pragmatiques du partenariat, la directrice générale a indiqué, dans le même document, comment la vision de l'IMH serait actualisée dans le cadre de ce développement :

Longfields (ultérieurement nommé The Haven) mettra en pratique les valeurs que nous vivons chaque jour à l'IMH, celles de l'égalité, de l'harmonie, d'une communauté de la diversité et du respect mutuel, qui prendront vie dans la structure. Un lieu réel où les personnes peuvent aller et être accueillies. L'IMH a une vision pour cette communauté – votre vision. Une vision où les personnes de toutes confessions peuvent vivre ensemble, non pas dans un état de tolérance, mais dans un lieu de mutualité, une véritable communauté interculturelle et interconfessionnelle. Ces valeurs, qui font grandement partie de nos bâtiments actuels et qui seront ancrées dans notre nouvelle communauté, sont ce qui fait de l'IMH ce que nous sommes. C'est ce qui rend l'IMH spécial. (MHI, 2015, p. 7 ; notre traduction)

La Ville d'Ottawa a joué un rôle clé dans le succès de l'initiative, et ce, de multiples façons, comme le souligne Girvan (2020, p. 26) :

[La Ville d'Ottawa] a fourni les bases essentielles pour [...] The Haven. Ces mesures de soutien étaient *habilitantes* – grâce à des politiques rigoureuses et à des ressources ciblées, et *facilitatrices* – cherchant à utiliser ses capacités administratives et de communications pour briser les cloisonnements, résoudre les problèmes et rendre les fonds accessibles. (notre traduction)

Dans l'analyse qui suit, nous brosserons d'abord un très bref portrait du projet The Haven tel qu'il existe aujourd'hui, trois ans après son ouverture officielle en 2017. Nous présenterons ensuite des détails sur la façon dont l'intention de départ, à savoir que l'inclusion devait faire partie de la conception même du projet, s'est transposée dans les activités offertes au sein de l'établissement et ce que cela signifie pour ses résidents et les autres membres de la communauté qui y prennent part.

7.5. The Haven

La figure 7.1 présente une vue à vol d'oiseau du projet The Haven, situé dans la banlieue de Barrhaven, à distance de marche d'une future station du TLR (train léger sur rail) à Longfields. Il compte 98 logements, répartis dans 2 immeubles résidentiels à logements multiples de faible hauteur, et 48 maisons en rangée de 1 à 4 chambres à coucher. Le projet comprend 30 logements de 1 chambre, 38 logements de 2 chambres, 26 logements de 3 chambres et 4 logements de 4 chambres. Dix logements sont adaptés aux fauteuils roulants.

Le site a été conçu de façon à promouvoir l'appartenance à la communauté. L'aire de stationnement pour les visiteurs a été aménagée en périphérie, tandis qu'une allée piétonnière clé – la « Grande

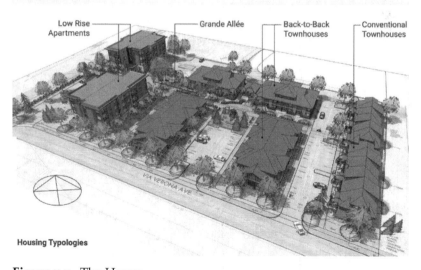

Figure 7.1. The Haven.
Source : www.hobinarc.com/projects/the-haven-affordable-housing.

Allée » – tient lieu de « place centrale ». L'aménagement d'un jardin communautaire, d'une aire de jeux et d'un espace de rangement intérieur pour les vélos le long de cette allée a contribué à en faire le point de rencontre attendu.

The Haven se distingue aussi par le fait qu'on trouve au rez-de-chaussée une cuisine communautaire et une salle polyvalente bien éclairées et accueillantes. La décision de renoncer à deux logements (et ainsi aux revenus qu'ils généreraient) pour les remplacer par de tels équipements, de même que l'allocation de fonds par l'IMH pour compter un intervenant communautaire à temps plein parmi son modeste effectif de cinq personnes sont des preuves supplémentaires de l'engagement de l'organisme à créer un milieu de vie inclusif, où l'offre de logements convenables et abordables pour les ménages individuels ne constitue qu'une partie de l'objectif.

La majorité des résidents du projet sont venus y habiter par le biais du Centre d'enregistrement pour les logements sociaux d'Ottawa. Le Centre d'enregistrement est « un organisme sans but lucratif qui assure la gestion de la liste d'attente centrale pour les gens ayant besoin d'un logement à loyer indexé sur le revenu » (notre traduction)[4]. Il aide à jumeler les ménages admissibles à des logements disponibles et convenables grâce à une approche coordonnée qui facilite le processus de demande. D'après nos estimations, l'attente moyenne pour accéder à un tel logement est de 5 à 7 ans. La longue liste d'attente (environ 10 000 ménages) explique certainement, pour une bonne part, le grand intérêt porté aux logements qui sont offerts au Haven, sans oublier la qualité du projet.

> À la mi-janvier [le personnel de l'IMH] a visité le Centre d'enregistrement pour les logements sociaux d'Ottawa, le jour où il a ouvert ses portes à ceux qui souhaitaient faire une demande officielle pour vivre au Haven. Ce jour-là, le Centre d'enregistrement a connu la journée la plus occupée de ses 19 années d'existence. Par une matinée très froide, les gens ont commencé à faire la file à 4 heures du matin, dans l'espoir de réaliser leur rêve d'avoir un bel endroit où vivre, avec de bonnes écoles, entouré d'un espace extérieur pour que leurs enfants puissent jouer. Lorsque nous sommes arrivés, à 10 h 30, le hall d'entrée de l'immeuble était

---

4.   Le Centre d'enregistrement vise généralement à limiter les dépenses de logement des ménages à faible revenu à 30 % de leur revenu.

rempli de familles qui n'étaient pas susceptibles de recevoir une offre de logement de notre part, car le Centre d'enregistrement avait déjà accepté bien plus de 100 demandes. Nous avons vu les visages anxieux des parents, tandis que les enfants jouaient dans le hall. Tout à coup, je me suis sentie submergée par le fait que 98 logements ne représentaient pas grand-chose. En fait, il s'agit de moins d'un pour cent des ménages inscrits sur la liste d'attente du Centre d'enregistrement. (MHI, 2017a, p. 7 ; notre traduction)

On réserve environ 20 % des logements à des locataires qui sont en mesure d'en payer la pleine valeur marchande. Dans ce cas, l'IMH tient sa propre liste d'attente. Actuellement, aucun de ces logements n'est disponible et la liste d'attente comprend plus de 200 demandes. La liste a été fermée lorsque le nombre de demandes a dépassé le seuil des 200.

The Haven bénéficie également d'un partenariat formel avec LiveWorkPlay, un organisme caritatif qui fournit des services aux personnes ayant une déficience intellectuelle. Des logements sont réservés aux personnes associées à LiveWorkPlay et tous les locataires bénéficient des services offerts par l'organisme, conformément à sa mission d'inclusivité. Par exemple, l'organisme de bienfaisance fournit des fonds pour les programmes communautaires tels que le jardin, le barbecue estival et les ateliers d'écriture créative, qui sont offerts à tous les résidents du projet The Haven. En outre, le partenariat entre l'IMH et le Centre catholique pour immigrants offre un soutien précieux aux nombreux résidents qui sont de nouveaux arrivants ou des réfugiés et à tout autre locataire ou bénévole qui a besoin de ses services.

Parmi les objectifs ciblés dans le plan stratégique 2017 de l'IMH, la promotion de pratiques destinées à offrir un soutien et un appui aux locataires et à favoriser leur participation et leur engagement figure parmi les priorités (MHI, 2017b). Un ensemble d'activités a été mis en place dans cette perspective, comme le démontrent les données internes de l'IMH que nous avons consultées sur l'utilisation de la salle communautaire de l'établissement (tableau 7.8)[5]. Nous avons

---

5. Plus précisément, nous avons consulté le classeur réservé aux « Ententes sur la salle communautaire » du projet The Haven, qui sert à consigner de l'information sur l'utilisation de la salle communautaire et qui contient le calendrier de réservation de la salle ainsi que les formulaires d'inscription des présences aux événements. Les données provenant de ces sources ont été recueillies par le personnel de gestion des logements et de l'IMH sur une période de trois ans, de l'ouverture de l'établissement en juin 2017 jusqu'en mars 2020.

cherché à y repérer des indices que les activités offertes répondaient aux besoins du large éventail de groupes de locataires réunis dans le projet. Des preuves de la présence de résidents des quartiers environnants ont également été relevées.

Tableau 7.8. Aperçu des activités de la salle multifonctionnelle, 2017-2020

Nom du programme	Fréquence	Nombre de participants résidents du projet	Nombre de participants de la communauté de Barrhaven	Organisateurs, commanditaires et clientèle visée
BBQ estival	Annuelle	56	–	Commanditée par l'IMH
Célébration de l'Aïd	Annuelle	37	12	Par des résidents et des bénévoles ; commanditée par des groupes religieux
Célébration de la Pâque juive	Annuelle	15	9	Par des résidents et des bénévoles ; commanditée par des groupes religieux
Célébration de Noël	Annuelle	37	15	Par des résidents et des bénévoles ; commanditée par des groupes religieux
Club d'aide aux devoirs	Hebdomadaire	12	–	Par les élèves du secondaire
Club d'aide aux devoirs – francophone	Hebdomadaire	5	–	Par les élèves de l'École secondaire catholique Pierre-Savard ; pour les enfants francophones et leurs parents
Cours de danse Zumba	Hebdomadaire	13	5	Par un organisme membre de l'IMH
Création littéraire	Hebdomadaire	13	7	Par le personnel ; commanditée par l'Armée du Salut et la Ville

Nom du programme	Fréquence	Nombre de participants résidents du projet	Nombre de participants de la communauté de Barrhaven	Organisateurs, commanditaires et clientèle visée
Film dans le parc	Annuelle	47	–	Commanditée par un partenaire communautaire confessionnel
Fun FitKidz	Hebdomadaire	7	–	Par les élèves de la John McCrae Secondary School ; pour les enfants du préscolaire âgés de 2 à 6 ans et leurs parents
Groupe de jeunes	Hebdomadaire	11	–	Par les résidents avec le soutien de l'IMH ; pour les jeunes de 13 à 17 ans
Groupe de jeux	Hebdomadaire	17	9	Par le City View Centre ; pour les bébés et les enfants du préscolaire, résidents et de la communauté
Information et dépistage du diabète	Occasionnelle	25	9	Par le personnel ; commanditée par Diabète-Ottawa
La femme et la santé cardiovasculaire	Occasionnelle	17	8	Par le Centre canadien de santé cardiaque pour les femmes
Magic Maths (Magie des maths)	Hebdomadaire	7	4	Par des résidents ; pour les résidents et la communauté
Milk and Eggs (Lait-Œufs)	Hebdomadaire	7	5	Par le Centre de ressources communautaires de Nepean, Rideau et Osgoode ; pour les femmes enceintes et jeunes mères, résidentes et de la communauté

Nom du programme	Fréquence	Nombre de participants résidents du projet	Nombre de participants de la communauté de Barrhaven	Organisateurs, commanditaires et clientèle visée
Pause-café	Hebdomadaire	15	3	Par les résidents ; pour les résidents, la communauté et les amis (personnes âgées, membres du programme VivreTravaillerJouer, parents à la maison)
Programme d'aquarelle	Hebdomadaire	12	1	Par La société d'aquarelle d'Ottawa
Rencontre de réflexion sur le projet Séquoia	Hebdomadaire	7	–	Par un organisme membre de l'IMH

Source : Données compilées par les auteures, Sahada Alolo et Fran Klodawsky.

Les données révèlent que certaines activités communautaires, comme les cours d'art, les barbecues estivaux, les clubs d'aide aux devoirs et les activités des groupes de jeunes, sont destinées uniquement aux résidents du projet. L'objectif ici est de favoriser les relations au sein de la communauté qu'ils forment, dans un esprit de collégialité et de poursuite du bien commun basé sur le respect de la diversité. D'autres activités, telles que les cours de danse Zumba, les groupes de jeux et les célébrations religieuses (célébration de la Pâque juive, de Noël et de l'Aïd islamique) tendent à mobiliser la communauté de Barrhaven dans son ensemble afin d'étendre le réseau social des résidents du projet The Haven et d'encourager l'intégration des résidents dans une communauté plus vaste. L'objectif est aussi de contrer le syndrome « pas dans ma cour » (NIMBY – acronyme de *Not in my backyard!*), perceptible au début du projet.

Notre analyse démontre aussi que les célébrations religieuses attirent beaucoup de monde – tant des résidents du Haven que de la communauté de Barrhaven en général. Par exemple, une célébration islamique de l'Aïd a rassemblé 49 participants, une célébration de Noël, 52 participants et une célébration de la Pâque juive, 24 participants – dans chaque cas, autant des résidents du projet que du voisinage. La mission et les valeurs de l'IMH, qui font la promotion d'une communauté où des personnes de toutes confessions peuvent vivre dans le respect mutuel, se manifestent encore une fois lors de ces

événements, où des personnes se joignent à des célébrations d'autres
confessions que la leur, pour socialiser et s'investir dans un apprentissage interconfessionnel. Ces événements contribuent à faire tomber
les barrières tendant à séparer les individus et les groupes les uns des
autres ; ils mettent au contraire l'accent sur ce qui les unit. Les propos
de certains participants illustrent bien ce qu'ils ont ressenti à l'égard
des célébrations interconfessionnelles[6] :

> C'était amusant de voir les enfants musulmans participer à un
> spectacle de Noël avec leur hijab. Cela montre que nous formons
> tous un seul peuple, mais que nous pratiquons différemment la
> religion. Je suis si heureuse de vivre dans cette communauté.
> (Maigan, résidente du Haven ; notre traduction)

> La Pâque est tellement similaire aux histoires islamiques du prophète Moïse. Nous avons tellement de choses en commun à travers Moïse. (Yousha, résident de Barrhaven ; notre traduction)

> Avant The Haven, je n'avais pas une image positive des musulmans. The Haven m'a permis de rencontrer des musulmans
> extraordinaires et ils sont devenus mes personnes préférées ici.
> J'adore leur gentillesse et leur générosité. (June, résidente du
> Haven ; notre traduction)

Ces données montrent comment l'IMH a réussi, par un programme
d'activités qui vise l'engagement des résidents, à promouvoir une
communauté diverse et inclusive. L'approche qui a été préconisée
montre toute la pertinence des propositions de Beaman (2017) selon
lesquelles l'égalité profonde est un processus qui peut être obtenu
efficacement par des interactions quotidiennes de gens ordinaires
qui reposent sur la compréhension mutuelle, le respect, l'acceptation
des différences, le souci de l'autre et la reconnaissance de ce qui unit
les individus et les groupes les uns aux autres. Les faits colligés et
les témoignages des locataires montrent que le fait d'habiter dans le
projet a des impacts qui vont bien au-delà de l'accès au logement lui-
même pour les familles à faible revenu. En effet, celles-ci participent à
la création de communautés multiculturelles et à l'instauration d'un
bon voisinage (Beaman, 2017). L'évaluation des programmes par les

---

6.   Tous les noms ont été modifiés pour assurer l'anonymat.

locataires (ateliers de création littéraire, cours d'art, club d'aide aux devoirs, activités pour les jeunes) révèle que les résidents apprécient les efforts que déploie l'IMH pour soutenir ses locataires par le biais de ces diverses possibilités d'apprentissage et de renforcement des compétences. La gratuité des programmes a fait l'objet de nombreux éloges, les locataires témoignant qu'en tant que parents à faible revenu, ils ne pourraient pas autrement payer des activités parascolaires pour leurs enfants. Les programmes offerts au Haven ont, disent-ils, rapproché les familles et permis aux enfants de développer des amitiés. L'idée de favoriser des communautés diverses et inclusives plaît bien aux résidents qui ne se gênent pas pour l'exprimer. Ce commentaire d'une locataire à propos de l'atelier de création littéraire est très évocateur des impacts du projet :

> Chacun de nous venait de milieux différents. The Haven, sûr et bienveillant, nous a tous encouragés à écrire en paix et nous a aidés à comprendre le véritable sens de la diversité. Nous écrivons et partageons ; j'ai pu voir clairement un homme universel, un homme au cœur tendre et capable de comprendre ce que l'autre essaie de dire. Ce cours n'est pas seulement un cours de création littéraire, mais un moyen d'accepter l'autre qui est à la fois si différent et si identique à nous. (Mary, résidente du Haven ; notre traduction)

7.6. Réflexions et conclusion

Il existe de nombreux points communs entre la recherche de Caroline Andrew et l'objet du présent chapitre. Plus généralement, l'histoire de l'IMH soutient les arguments suivants : 1) la diversité est une ressource pouvant contribuer à bâtir des communautés inclusives ; 2) travailler dans le cadre de partenariats respectueux et inclusifs, au-delà des différences, peut être un outil puissant pour réaliser cet objectif ; 3) les expériences locales impliquant à la fois les gouvernements et la société civile peuvent fournir des enseignements généraux sur la diversité et l'inclusion ; et 4) si la vision est nécessaire, elle n'est pas suffisante ; l'infrastructure physique et sociale pour nourrir une égalité profonde en tant qu'expérience quotidienne est une composante nécessaire.

Le projet offre un contre-exemple remarquable pour les urbanistes canadiens qui dénoncent, à juste titre, à quel point les communautés vulnérables sont généralement laissées pour compte et encore plus désavantagées par un manque d'infrastructures sociales, en particulier dans les banlieues (Lo et coll., 2015). Il y a d'importantes leçons politiques et stratégiques à tirer du projet. Fruit de la collaboration entre une municipalité qui a réservé, pour le logement social, un site de choix situé en banlieue, à proximité d'une station du train léger, et un organisme sans but lucratif doté d'une mission dont le mandat est de créer des conditions propices à une égalité profonde, The Haven représente un défi important pour les politiciens et les bureaucrates qui refusent actuellement de financer des équipements sociaux et communautaires à même les enveloppes de financement du logement abordable. Compte tenu de sa mission, l'IMH a décidé, à juste titre, qu'une salle communautaire devait être un élément essentiel du projet, même si elle a dû sacrifier les fonds qui lui auraient été versés si l'espace avait été alloué à des unités résidentielles.

De plus, cette étude de cas permet de mieux comprendre le rôle important joué par la foi pour de nombreux individus et la manière dont elle peut contribuer à une sphère publique plus inclusive. La formation, la croissance et les réalisations de l'IMH reposaient sur la préfiguration de la façon dont des personnes de diverses communautés confessionnelles et non confessionnelles, malgré leurs idéologies religieuses apparemment différentes, peuvent se réunir, non seulement pour construire des logements abordables pour les familles à faible revenu, mais aussi pour s'assurer que ces logements soient situés dans des communautés inclusives et capables de favoriser une meilleure connaissance de la diversité comme ressource.

Ce chapitre s'inscrit dans la perspective d'une vision de l'inclusion qui s'inspire d'arguments tels ceux du juriste Tanja Juric (2017). Ses affirmations sur la sécularité sont pertinentes pour l'IMH et plus importantes encore pour de plus grands débats de société :

> Plutôt que de perpétuer le clivage laïc-religieux qui a été longtemps le fondement des démocraties libérales […] il serait beaucoup plus fructueux de reconnaître que les normes, les valeurs et les pratiques au fait des cultures et des religions contribuent à l'identité des personnes et des groupes. Cela permettrait d'élaborer des lois concernant la diversité religieuse et culturelle d'une manière plus substantielle et plus éclairée, afin qu'elles reflètent plus précisément les identités et régissent les besoins d'une population diversifiée. (Juric, 2017, p. 13 ; notre traduction)

Post-scriptum

Conformément au thème général du recueil – les villes inclusives – inspiré par le travail de Caroline Andrew, nous avons vu dans ce chapitre comment The Haven témoigne de « la foi en action » et comment il a promu les idéaux de « l'égalité profonde ». Cette focalisation a toutefois eu pour effet de négliger les ambitions de l'IMH de contribuer de manière significative à la disponibilité de logements sociaux durables sur le plan environnemental et de bonne qualité dans des communautés inclusives à Ottawa et ailleurs, tout en maintenant son orientation et sa mission de base. Nous ajoutons ce post-scriptum pour informer les lecteurs intéressés à ces questions importantes, particulièrement significatives étant donné l'escalade des coûts de construction, la multiplication des demandes de financement public pour l'habitation et la crise croissante de l'accès au logement.

En même temps que la construction du Haven, un projet tout aussi ambitieux – Veterans' House: The Andy Carswell Building – était en cours. Conçu en 2013, cet ensemble de logements supervisés destinés aux anciens combattants qui risquent de devenir sans-abri ou qui le sont déjà a accueilli ses premiers résidents en janvier 2021. Construit selon les normes de l'habitat passif, le bâtiment comprend 40 logements autonomes et entièrement meublés d'environ 400 pieds carrés chacun, ainsi que des espaces communs connexes. S'appuyant sur les connaissances et la mission de nombreux partenaires gouvernementaux et non gouvernementaux, notamment Soldats dans la rue, Anciens Combattants Canada et le Régiment au Bâtiment parmi tant d'autres[7], on a pris soin de s'assurer que les services seraient immédiatement disponibles, que la résidence serait sécuritaire et que les résidents pourraient y habiter aussi longtemps qu'ils le souhaiteraient.

L'IMH a pu réunir 5 millions de dollars auprès du gouvernement, d'entreprises et de généreux donateurs individuels pour assurer la réalisation de cette initiative. Les leçons apprises au cours de la création de Veterans' House : the Andy Carswell Building sont maintenant appliquées à un nouvel « organisme de bienfaisance à fonctionnement parallèle » établi par l'IMH – Veterans' House Canada – dont la mission sera de superviser et de promouvoir les efforts visant à construire des ensembles similaires dans cinq villes du pays où les

---

7.   Pour plus d'information, voir [https://www.multifaithhousing.ca/veterans-house-partners.html]. Site consulté le 15 janvier 2022.

logements pour les anciens combattants sans abri sont particulièrement en demande. Il est à noter qu'au Andy Carswell Building, environ le tiers des résidents s'identifient comme Autochtones et que des
proportions similaires sont attendues ailleurs.

L'IMH poursuit actuellement divers autres projets s'inspirant
des leçons tirées des deux projets susmentionnés. L'un d'entre eux,
The Anchor, est une collaboration entre l'Église anglicane du Canada,
la congrégation Julian of Norwich et l'IMH qui vise à transformer
une propriété de l'église située sur une artère importante d'Ottawa
afin d'améliorer la qualité de vie des résidents, des paroissiens de
l'église et de l'ensemble du quartier grâce à un mélange diversifié de
logements (abordables et sous la valeur marchande), à des espaces
communautaires, publics et de culte, et à un engagement envers un
aménagement paysager et des normes de construction durables sur
le plan environnemental. L'IMH et ses partenaires souhaitent que
ce projet s'aligne sur le nouveau Plan officiel de la Ville d'Ottawa et
contribue ainsi à rendre la ville plus « habitable », tout en démontrant
les avantages d'une utilisation accrue des transports publics, coopératifs et autres (correspondance personnelle avec le président du Comité
de développement de l'IMH).

Ailleurs, des conversations sont en cours avec des promoteurs
privés sur la possibilité d'incorporer une approche de développement
communautaire semblable à celle du Haven, mais à une échelle beaucoup plus grande, dans des projets de logements locatifs qui comprennent une gamme d'options : logements à la valeur marchande,
sous la valeur marchande, et sociaux. La ville d'Ottawa a également
reconnu l'IMH comme un acteur clé dans ses propres efforts pour
élargir le portefeuille de logements abordables offerts dans la ville.

On reconnaît volontiers que les ressources nécessaires pour
résoudre de façon substantielle la crise du logement abordable à
Ottawa et au Canada sont bien au-delà de la portée d'une seule entreprise communautaire. Cependant, selon Girvan (2020), des organismes comme l'IMH ont un rôle clé à jouer dans la gestion de cette
crise. Comme elle le fait remarquer :

> La réalisation de la vision 2030 [pour la Stratégie nationale sur le
> logement du Canada] – un gros pari en soi – nécessite des orga-
> nismes sans but lucratif qui sont capables et désireux de faire des
> bonds en avant. Il pourrait s'agir de prendre de l'ampleur et de
> mettre à l'essai de nouvelles technologies comme l'a fait l'IMH.

Ces avancées peuvent aussi comprendre l'utilisation de nouveaux types de financement, la reconceptualisation de terrains et de bâtiments existants et même la fusion ou le partage de services pour rationaliser les opérations et renforcer la capacité. L'IMH a intentionnellement entrepris de documenter et de diffuser les enseignements tirés du projet The Haven. Ceux-ci pourraient profiter à d'autres organismes sans but lucratif qui veulent faire du Canada un pays qui offre plus de logements, plus de choix en matière de logement et des logements de meilleure qualité, fournissant à chacun un foyer où il pourra s'épanouir pleinement. La mise en évidence des bonnes pratiques et leur diffusion auprès d'autres acteurs de la communauté du logement à but non lucratif, de même que l'invitation lancée à des personnes de l'extérieur pour examiner nos forces et nos faiblesses constituent une des façons dont l'IMH cherche à renforcer la position du secteur dans son ensemble. (p. 6 ; notre traduction)

Références

AALBERS, Manuel B. (2019). « Financial Geography II: Financial Geographies of Housing and Real Estate », *Progress in Human Geography*, vol. 43, n° 2, p. 376-387.

ANDREW, Caroline (2007). « City States and Cityscapes in Canada: The Politics and Culture of Canadian Urban Diversity », dans Nicholas Brown et Linda Cardinal (dir.), *Managing Diversity: Practices of Citizenship*, Ottawa, Les Presses de l'Université d'Ottawa, p. 115-136.

ANDREW, Caroline (2014). « Why Are (Some) Municipalities Such Active Sites of Anti-discrimination? », *Canadian Diversity/Diversité canadienne*, vol. 11, n° 4, hiver, p. 33-37.

ANDREW, Caroline et David DOLOREUX (2012). « Economic Development, Social Inclusion and Urban Governance: The Case of the City-Region of Ottawa in Canada », *International Journal of Urban and Regional Research*, vol. 36, n° 6, novembre, p. 1288-1305.

BAKER, Chris (2013). « Current Themes and Challenges in Urban Theology », *The Expository Times*, vol. 125, n° 1, p. 3-12.

BEAMAN, Lori G. (2017a). *Deep Equality in an Era of Religious Diversity*, Oxford, Oxford University Press.

BEAMAN, Lori G. (2017b). « Religious Diversity in the Public Sphere: The Canadian Case », *Religions*, vol. 8, n° 259.

BEAUMONT, Justin (2010). « Transcending the Particular in Postsecular Cities », dans Arie L. Molendijk, Justin Beaumont et Christoph Jedan (dir.),

Exploring the Postsecular: The Religious, the Political and the Urban, Leiden, Pays-Bas, Koninklijke Brill NV, p. 115-136.

CHARTER FOR COMPASSION (2021). « The Charter », [https://charterforcompassion.org /charter/affirm] (1ᵉʳ septembre).

CLOKE, Paul et Justin BEAUMONT (2012). « Geographies of Postsecular Rapprochement in the City », *Progress in Human Geography*, vol. 37, n° 1, p. 27-51.

EMPLOYMENT AND SOCIAL DEVELOPMENT CANADA (2018). *Shelter Capacity Report 2018: Homelessness Partnering Strategy*, cat. n° SSD-044-03-19E.

GYAPONG, Deborah (2018). « Multi-faith housing vision becomes reality », *Canadian Catholic News*, 9 mars.

GIRVAN, LoriAnn (2020). *Grow Big AND Grow Homes: Lessons Learned Report on the Haven and Karen's Place Housing Projects*, Ottawa, Canada. Rapport commandé par l'Initiative multiconfessionnelle sur l'habitation. Subventionné par la Fondation communautaire d'Ottawa. En partenariat avec Salus, 19 août.

GOULET, Sœur Jean (2018). *Presentation at MHI's National Housing Day*, 18 novembre 2018, Ottawa.

GREATER OTTAWA HABITAT FOR HUMANITY/HABITAT POUR L'HUMANITÉ – LA GRANDE RÉGION D'OTTAWA (2019). *Annual Report 2019*, [https://habitatgo.com/wp-content/uploads/2020/05/Habitat-for-Humanity-Annual-Report_2019_lr.pdf].

HABERMAS, Jürgen (2006). « Religion in the Public Sphere », *European Journal of Philosophy*, vol. 14, n° 1, p. 1-25.

HACKWORTH, Jason (2009). « Normalizing "Solutions" to "Government Failure": Media Representations for Habitat for Humanity », *Environment & Planning A*, vol. 41, n° 11, p. 2686-2705.

HACKWORTH, Jason et Erin GULLIKSON (2013). « Giving New Meaning to Religious Conversion: Churches, Redevelopment and Secularization in Toronto », *The Canadian Geographer/Le Géographe canadien*, vol. 57, n° 1, p. 72-89.

Hays, R. A. (2002). « Habitat for Humanity : Building Social Capital Through Faith Based Service », *Journal of Urban Affairs*, vol. 24, n° 3, p. 247-269.

ISIN, E. et M. SIEMIATYCKI (2002). « Making Space for Mosques: Struggles for Urban Citizenship in Diasporic Toronto », dans S. Razack (dir.), *Race, Space and the Law: Unmapping a White Settler Society*, Toronto, Between the Lines Press, p. 185-209.

JEFFREY, Craig et Jane DYSON (2020). « Geographies of the Future: Prefigurative Politics », *Progress in Human Geography*, article soumis, p. 1-18.

JURIC, Tanja (2017). « Assessing the Promise of Secularism for a Diverse Canada », *International Journal of Canadian Studies/Revue internationale d'études canadiennes*, vol. 56, p. 1-15.

KLODAWSKY, Fran, Caroline ANDREW et Janet SILTANEN (2013). « Urban Contestation in a Feminist Register », *Urban Geography*, vol. 34, n° 4, p. 541-559.

KLODAWSKY, Fran, Caroline ANDREW et Janet SILTANEN (2016). « The City Will Be Ours: We Have So Decided: Circulating Knowledges in a Feminist Register », *ACME: An International Journal for Critical Geographies*, vol. 15, n° 2, p. 309-329.

KLODAWSKY, Fran, Janet SILTANEN et Caroline ANDREW (dir.) (2018). *Toward Equity and Inclusion in Canadian Cities: Lessons from Critical Praxis-Oriented Research*, Montréal et Kingston, McGill-Queen's University Press.

LO, Lucia et coll. (2015). *Social Infrastructure and Vulnerability in the Suburbs*, Toronto, University of Toronto Press.

LYNCH, Nicholas (2016). « Domesticating the Church: The Reuse of Urban Churches as Loft Living in the Post-Secular City », *Social & Cultural Geography*, vol. 17, n° 7, p. 849-870.

MACDONALD, David (2019). *Unaccommodating: Rental Housing Wage in Canada*, Ottawa, Canadian Centre for Policy Alternatives.

MACKINNON, Lesley et Sahada ALOLO (2015). *The Social Return on Investment of Multifaith Housing Initiative's Housing Program: Demonstrating Social Value in Affordable Housing*, Ottawa, Carleton Centre for Community Innovation.

MULTIFAITH HOUSING INITIATIVE (MHI) (2003). *Annual Report, 2003*.

MULTIFAITH HOUSING INITIATIVE (MHI) (2015). *Annual Report, 2015*.

MULTIFAITH HOUSING INITIATIVE (MHI) (2016). *The Haven: A Symbol of Solidarity and Determination: Case for Support, 2016*.

MULTIFAITH HOUSING INITIATIVE (MHI) (2017a). *Annual Report, 2017*.

MULTIFAITH HOUSING INITIATIVE (MHI) (2017b). *Strategic Plan, 2017*.

ORTON, Andrew (2016). « Interfaith Dialogue: Seven Key Questions for Theory, Policy and Practice », *Religion, State and Society*, vol. 44, n° 4, p. 349-365.

SIGURDSON, Ola (2010). « Beyond Secularism? Towards a Post-Secular Political Theology », *Modern Theology*, vol. 26, n° 2 (avril), p. 177-196.

SILTANEN, Janet, Fran KLODAWSKY et Caroline ANDREW (2015). « This is how I want to live my life: An Experiment in Prefigurative Feminist Organizing for a More Equitable and Inclusive City », *Antipode*, vol. 47, n° 1, p. 260-279.

SILTANEN, Janet et coll. (2018). « The Challenge of Complexity: Reflections on Researching an Organizational Change Initiative Promoting Equity and Inclusion in the City of Ottawa », dans Fran Klodawsky, Janet Siltanen et Caroline Andrew (dir.), *Toward Equity and Inclusion in Canadian Cities: Lessons from Critical Praxis-Oriented Research*, Montréal et Kingston, McGill-Queen's University Press, p. 60-83.

SUTTER, Greg (2016). *Still Renovating: A History of Canadian Social Housing Policy*, Montréal et Kingston, McGill-Queen's University Press.

YOUNG, John F. (2009). « Introduction: Faith and Politics in Canada », dans John Young et Boris DeWiel (dir.), *Faith in Democracy? Religion and Politics in Canada*, Newcastle upon Tyne, Cambridge Scholars, p. 1-12.

ANNEXE 1
Structure décisionnelle de l'IMH

L'IMH emploie actuellement cinq personnes à temps plein : une directrice générale, une administratrice de bureau, une directrice des communications, un directeur du développement du Fonds et une directrice de l'engagement communautaire. Elle fait également appel à LSM Services pour la gestion de ses propriétés et à Dynapro pour la comptabilité. Son bureau est situé au 206-404, avenue McArthur et ses heures d'ouverture sont de 9 h à 13 h, cinq jours par semaine ou sur rendez-vous.

La directrice générale est membre d'office de chaque comité. En plus de la coordination générale, elle joue un rôle consultatif auprès des présidents de comité et supervise le travail de l'IMH au nom du conseil d'administration afin de s'assurer que les comités mettent en œuvre le plan stratégique. Elle travaille également avec les membres du conseil d'administration pour développer les capacités des comités afin qu'ils puissent s'acquitter de leurs responsabilités respectives. Le conseil sélectionne, évalue et soutient la directrice générale. Dans la mesure du possible, l'IMH emploie également des locataires pour effectuer des travaux de conciergerie et de surveillance.

L'IMH compte actuellement 10 comités permanents : le comité exécutif, le comité de gouvernance, le comité des finances, le comité de collecte de fonds, le comité des communications, le comité des relations avec les résidents, le comité de développement, le comité des ressources humaines, le comité de gestion des logements et le comité des membres et de mobilisation. On peut consulter le mandat de chacun des comités. Les décisions à l'intérieur d'un comité sont prises par consensus – c'est-à-dire que la majorité des membres sont d'accord et que les autres peuvent « faire avec » la décision – et consignées au procès-verbal.

Source : MHI Briefing Booklet, novembre 2019

Les expériences des familles immigrantes dans des quartiers « hyper-divers » d'Ottawa-Gatineau : nouvelles dynamiques et tensions sociospatiales entre inclusion et exclusion

Luisa Veronis, Rachel Walker et Anyck Dauphin

Caroline Andrew est reconnue pour ses éminents travaux entourant les questions de diversité, d'inclusion et d'équité, notamment en ce qui a trait aux expériences des groupes issus de l'immigration (Andrew, 2007 ; Andrew et coll., 2012 ; Klodawský, Siltanen et Andrew, 2017 ; Whitzman, Legacy, Andrew, Klodawsky, Shaw et Viswanath, 2013). En particulier, elle s'est employée à penser la ville inclusive, tant du point de vue de la gouvernance urbaine que des politiques publiques, de l'offre de services et de la participation de populations vulnérables dans les prises de décision. Ce faisant, elle a prôné l'adoption d'approches méthodologiques collaboratives, dont la recherche-action et le développement de partenariats entre les mondes universitaire et communautaire (Klodawsky, Siltanen et Andrew, 2017 ; Runnels et Andrew, 2013), dans le but non seulement de mener des recherches plus riches et pertinentes, mais aussi de donner voix aux groupes marginalisés et ainsi permettre la mise en place d'initiatives qui ont des retombées concrètes.

Dans ce chapitre, nous nous inspirons des travaux de Caroline Andrew pour examiner dans quelle mesure la région métropolitaine d'Ottawa-Gatineau, connue aussi comme la région de la capitale nationale (RCN) du Canada, est devenue au cours des dernières décennies une ville plus diverse, inclusive et équitable. Plus spécifiquement, nous utilisons la notion de « ville habitable » (*livable city* en anglais, traduit aussi par « ville où il fait bon vivre ») proposée par Franovic et Andrew (2018), et qui repose sur quatre principes fondamentaux : la communauté, la durabilité, la marchabilité et l'interconnectivité. Alors que Franovic et Andrew effectuent une analyse de la gouvernance urbaine de la RCN en s'attardant aux politiques d'aménagement de la Ville d'Ottawa par l'examen de divers plans stratégiques, nous réalisons un diagnostic de son habitabilité, pour ainsi dire, du point de vue des personnes immigrantes elles-mêmes. Pour ce faire, nous analysons les résultats d'une étude collaborative portant sur le rôle des quartiers dans les expériences d'établissement et d'intégration de familles immigrantes récemment arrivées à Ottawa-Gatineau.

La population d'Ottawa-Gatineau s'est diversifiée de manière significative depuis les années 2000 avec l'arrivée croissante d'immigrants provenant de nombreuses régions du monde et entrant au Canada sous divers statuts migratoires (immigration économique, regroupement familial, immigration humanitaire, permis temporaires d'études et de travail). En 2016, le pourcentage de la population née à l'étranger s'élevait à 21 % pour la Région métropolitaine de recensement (RMR) d'Ottawa-Gatineau, soit bien en deçà de celui des grandes métropoles telles que Montréal (25,1 %) et Toronto (48,4 %) (Statistique Canada, 2017). Néanmoins, certains quartiers, dont les trois sélectionnés pour cette étude, peuvent être qualifiés de « hyperdivers » (Vertovec, 2007) dans la mesure où ils présentent une diversité complexe à la fois du point de vue des origines et ethnicités et de la classe sociale, des revenus, des religions et des trajectoires de vie – présentant ainsi de nouvelles hiérarchies ou stratifications sociales.

Nos résultats indiquent que malgré la diversité croissante d'Ottawa-Gatineau et les progrès significatifs en matière d'inclusion sociale des immigrants, des processus d'exclusion socioéconomique persistent et se sont même accentués au cours des dernières années. Les familles immigrantes, surtout celles dont le revenu est faible ou qui arrivent en tant que réfugiées, font face à des défis importants pour accéder à des ressources essentielles telles que des logements à coût abordable et de bonne qualité, à des infrastructures urbaines publiques (transports en commun, parcs, centres récréatifs), ainsi qu'à divers services et programmes sociaux. En effet, en même temps que plusieurs quartiers d'Ottawa-Gatineau deviennent hyperdivers, la qualité de leurs espaces construits et sociaux se détériore, ce qui entrave l'établissement et l'intégration des familles nouvellement arrivées. Ce déclin découle en partie de politiques publiques et de pratiques de gouvernance urbaine qui renforcent les inégalités, telles que les fusions municipales, les politiques de désinvestisse-ment urbain et les diminutions de budget (Andrew, 2001 ; Andrew, Graham et Phillips, 2002 ; Andrew et Doloreux, 2012), jumelées à une couverture médiatique négative et stigmatisante touchant certains quartiers. Outre un examen empirique détaillé de ces nouvelles dyna-miques sociospatiales entre inclusion et exclusion telles qu'elles sont vécues par les familles immigrantes, notre étude vise à fournir des recommandations concrètes pour améliorer les politiques publiques urbaines et les pratiques de gouvernance communautaire susceptibles d'intéresser nos partenaires de recherche et les praticiens de divers secteurs, ainsi que les décideurs politiques.

8.1. Méthodologie

Cette recherche est issue d'un partenariat de recherche intitulé Immigration et résilience en milieu urbain (IRMU)[1]. À la phase de démarrage de l'IRMU, nous avons entrepris des consultations (en décembre 2016 et en juillet 2017) auprès de divers organismes com-munautaires à Ottawa-Gatineau, dont des agences d'établissement et le Partenariat local pour l'immigration à Ottawa (PLIO)[2], dans le but d'identifier ensemble les enjeux et les thématiques à étudier. C'est alors que les partenaires ont exprimé leur intérêt pour une « étude de quartier » visant à mieux comprendre, d'une part, les facteurs qui concourent à amener les nouveaux arrivants à s'installer dans un sec-teur plutôt qu'un autre et, d'autre part, le rôle des caractéristiques des lieux dans leur processus d'établissement et d'intégration.

L'étude s'est déroulée en quatre étapes principales : (1) sélection des quartiers en collaboration avec les partenaires communautaires et revue de la littérature (mai-août 2018) ; (2) étude ethnographique comprenant des observations sur place, la préparation de profils de quartier à partir des données du recensement et une analyse de la couverture médiatique des secteurs (juin 2018-juin 2019) ; (3) entretiens personnels de type semi-dirigé avec photovoice (octobre 2018-juillet 2019) ; et (4) analyse des données suivie par des rencontres commu-nautaires dans chaque quartier (été-automne 2019).

---

1.   Pour plus d'informations sur le partenariat, voir http://bmrc-irmu.info.yorku.ca/.
2.   Nous souhaitons souligner ici notre reconnaissance à Caroline Andrew pour nous avoir aidés à prendre contact avec le PLIO en 2011, ce qui nous a permis d'établir des liens de collaboration solides depuis lors et de mener à bien de nombreuses études, dont celle-ci.

8.1.1 Sélection et description des quartiers

Au printemps 2018, nous avons entrepris des consultations avec des partenaires locaux à Ottawa et à Gatineau[3] respectivement pour sélectionner les quartiers et décider des stratégies de recrutement pour les entretiens. Sur la base de l'expérience de terrain des partenaires et après consultation des données du recensement, trois secteurs ont été retenus : Mont-Bleu à Gatineau et Ledbury-Heron Gate et Overbrook-Cummings à Ottawa. Comparativement à l'ensemble de la population de Gatineau et d'Ottawa, ces zones présentent une part plus élevée de résidents nés à l'étranger, de nouveaux arrivants et de personnes appartenant à une minorité visible. Il faut souligner également que les pays d'origine varient d'un lieu à l'autre et que beaucoup de nouveaux arrivants francophones s'installent à Overbrook-Cummings. De plus, chaque quartier offre plus d'un type de logements (propriétés, logements locatifs privés, logements locatifs publics, etc.), ce qui permet de comparer leur rôle dans l'établissement des nouveaux arrivants. Enfin, il faut noter que chaque secteur est récemment passé par une épreuve difficile : évictions de résidents à Ledbury-Heron Gate (2016-2018), installation de nombreux réfugiés à Overbrook-Cummings (surtout à partir de 2015) et tornade frappant Mont-Bleu en septembre 2018 (au moment où nous entamions le recrutement de participants) et y dévastant de nombreux logements.

Les données du recensement de 2016 (Statistique Canada, 2017) ont permis d'élaborer un profil démographique détaillé des quartiers. L'objectif était, d'une part, de souligner l'hyper-diversité de leur population et, d'autre part, de nous aider à contextualiser les résultats au moment de l'analyse. Tel que l'indique le tableau 8.1, le pourcentage de résidents issus de l'immigration est plus élevé dans ces secteurs qu'à l'échelle de la ville – plus du double dans le cas de Ledbury-Heron Gate (47,2 % contre 23,6 % pour Ottawa). Il est aussi important de noter que la proportion des résidents s'identifiant comme une minorité visible est significativement plus élevée dans ces zones, et ce, particulièrement à Ledbury-Heron Gate (63,4 % contre 26,3 % pour Ottawa). La fraction des locataires parmi les résidents des trois

3.   Les partenaires communautaires à Ottawa étaient : la Ville d'Ottawa, le PLIO, le Conseil économique et social d'Ottawa-Carleton et des représentants de divers centres de ressources communautaires et d'autres organismes (par ex., Alliance to End Homelessness Ottawa). À Gatineau, les partenaires comprenaient : la Ville de Gatineau, l'Accueil-Parrainage Outaouais et le Service Intégration Travail Outaouais.

quartiers est passablement plus élevée que pour l'ensemble de la ville, ce qui peut en partie s'expliquer par des taux importants de ménages à faible revenu. Enfin, les trois secteurs sont habités par une proportion significative de personnes dont la langue maternelle n'est ni le français ni l'anglais, surtout à Ottawa. Les pourcentages moins élevés du côté de Gatineau sont probablement dus au fait que la province de Québec encourage l'immigration de personnes d'expression française.

Tableau 8.1. Composition démographique des trois quartiers, d'Ottawa et de Gatineau – Données du recensement de 2016

	Ottawa (SDR) %	Ledbury-Heron Gate %	Overbrook-Cummings %	Gatineau (SDR) %	Mont-Bleu %
Immigrants	23,6	47,2	32,3	12,5	22,5
Minorités visibles	26,3	63,4	43,2	13,5	25,3
Locataires	34,3	72	66,9	37,5	64,8
Sous le seuil de faible revenu (SFR) après impôt	10,6	33	28,2	10	22,3
Allophones	21,7	44,8	31,3	10,7	18,7

Source : Données compilées par les auteures, Sahada Alolo et Fran Klodawsky, à partir du Recensement de 2016 (Statistique Canada, 2017).

8.1.2. Méthodes de collecte de données

La collecte de données s'est faite principalement par entretien photovoice, une méthode de recherche visuelle dont la prise de photographies par les participants est une composante intégrante. Cette méthode a été développée par Wang et Burris (1997) dans le but de favoriser la participation active de personnes vulnérables lors de la collecte de données, notamment dans le cadre d'études visant un changement social. Elle permet aux participants de mieux exprimer leurs pensées et sentiments au sujet de leur vie quotidienne et de leurs expériences dans les espaces alentour (Wang, 1999), atténuant ainsi la barrière linguistique dans certains cas. De plus, l'inclusion de photos ajoute un aspect visuel qui peut révéler des émotions et des pensées difficiles à exprimer verbalement.

Nous visions le recrutement d'un nombre égal de femmes et d'hommes de 18 ans et plus qui s'identifiaient comme immigrants ou réfugiés (quel que soit le statut au moment de l'arrivée au Canada), étaient installés au Canada depuis cinq ans ou moins, pouvaient communiquer en anglais ou en français et avaient des personnes à charge (enfants, conjoints, frères et sœurs plus jeunes, parents âgés, etc.). Notre raisonnement était que les résidents ayant des personnes à charge passent plus de temps dans les espaces du quartier et dépendent probablement davantage de divers services locaux, et auraient consé-quemment des expériences plus riches à nous faire connaître.

Les entretiens se sont déroulés en deux étapes. Nous avons ren-contré les participants pour une première entrevue plus courte abor-dant leur histoire d'immigration, les raisons de leur venue au Canada, leurs expériences d'établissement et les facteurs ayant guidé leur choix de secteur. Nous leur avons expliqué les objectifs du projet et demandé de prendre des photos des espaces de leur quartier qui sont significatifs pour eux, en leur fournissant quelques directives pratiques pour la prise de photos. Le deuxième entretien s'est tenu environ une semaine plus tard, cet écart variant de trois jours à trois mois selon l'emploi du temps de chacun, et était axé sur leurs expériences en matière de vie dans la zone (logement, espaces publics, services, transport), les diverses formes de soutien auxquelles ils avaient accès (réseaux sociaux, enga-gement communautaire), ainsi que les obstacles ou les défis auxquels ils étaient confrontés (sentiment d'appartenance, etc.). Pour compléter et enrichir les entretiens, nous leur avons demandé d'expliquer leur choix photographique et ce que les photos représentaient pour eux. Dans de nombreux cas, ces dernières ont servi de point de départ utile pour parler de ce que nos interlocuteurs considéraient comme des espaces importants du quartier. Nous avons obtenu un consentement éclairé écrit pour les deux entretiens et pour l'utilisation des photos.

8.1.3. Profil des participants de recherche

Nous avons effectué 37 entrevues photovoice avec des personnes immigrantes dans les trois quartiers : 13 à Ledbury-Heron Gate, 12 à Overbrook-Cummings et 12 à Mont-Bleu. Le tableau 8.2 présente des données sur la composition sociodémographique de notre échan-tillon. Le recrutement s'étant révélé plus difficile que prévu[4], les

---

4.   Nous avons assoupli le critère relatif au nombre d'années passées au Canada à des fins de recrutement. De plus, nous avons mené cinq des entretiens (deux à Overbrook-Cummings et trois à Ledbury-Heron Gate) avec l'aide d'un assistant de recherche qui parlait arabe et interprétait les propos des participants.

Tableau 8.2. Caractéristiques sociodémographiques choisies
des participants

		Ledbury-Heron Gate	Overbrook-Cummings	Mont-Bleu	Total	Total en %
Genre	Femmes	9	8	10	27	73
	Hommes	4	4	2	10	27
Âge	18-24	1	2	–	3	8,1
	25-34	6	1	4	11	29,7
	35-54	5	8	6	19	51,3
	55-64	1	–	2	3	8,1
	65+	–	1	–	1	2,7
Statut migratoire à l'arrivée	Économique	1	1	6	8	21,6
	Réfugié	9	8	1	18	46,6
	Famille	2	2	4	8	21,6
	Autre	1	1	1	3	8,1
Région d'origine	Asie : Népal, Philippines	1	–	2	3	8,1
	Afrique : Afrique du Sud, Cameroun, Côte d'Ivoire, Égypte, Gabon, Niger, République centrafricaine, République démocratique du Congo, Tchad, Somalie, Soudan	5	9	6	20	54,1
	Amériques : Haïti	–	1	1	2	5,4
	Europe : Bulgarie, Moldavie	–	–	3	3	38,1
	Asie de l'Ouest : Afghanistan, Irak, Iran, Koweït, Liban, Syrie	6	2	–	8	21,6
	N/A	1	–	–	1	2,7
Années au Canada	< 2 ans	1	6	1	8	21,6
	2-5 ans	3	2	10	15	40,5
	6-10 ans	2	2	1	5	13,5
	> 11 ans	7	2	–	9	24,3

		Ledbury-Heron Gate	Overbrook-Cummings	Mont-Bleu	Total	Total en %
Revenu du ménage	< 10 000 $	4	3	–	7	18,9
	10 000-19 999 $	2	2	5	9	24,3
	20 000-29 999 $	1	5	1	7	18,9
	30 000-39 999 $	5	–	2	7	18,9
	40 000-49 999 $	–	1	1	2	5,4
	50 000-59 999 $	–	–	–	0	–
	60 000-69 999 $	–	–	–	0	–
	70 000-79 999 $	–	–	1	1	2,7
	> 80 000 $	–	–	–	0	–
	N/A	1	1	2	4	10,8

Source : Données compilées par les auteures, Sahada Alolo et Fran Klodawsky.

femmes sont surreprésentées. Pour ce qui est du statut d'immigration, les participants arrivés comme réfugiés sont majoritaires, suivis par ceux issus de l'immigration économique et du regroupement familial. Ceux vivant à Ledbury-Heron Gate et à Overbrook-Cummings étaient principalement des réfugiés au moment de leur arrivée, alors que ceux établis au Mont-Bleu étaient plus nombreux à appartenir à la catégorie économique.

Les répondants d'Overbrook-Cummings sont arrivés au Canada plus récemment (la moitié depuis moins de 2 ans) que ceux de Ledbury-Heron Gate (environ la moitié était installée depuis plus de 11 ans). La majorité des participants est originaire d'Afrique ; toutefois Ledbury-Heron Gate compte également un pourcentage important de personnes originaires du Moyen-Orient/Asie de l'Ouest. Pour l'essentiel, ils sont des locataires. Il y a seulement un propriétaire à Ledbury-Heron Gate, deux à Overbrook-Cummings et un à Mont-Bleu. Une large part appartient à un ménage dont le revenu annuel est inférieur à 40 000 $.

La plupart de nos interlocuteurs ont mentionné que l'abordabilité et la taille supérieure des logements étaient les principales raisons pour lesquelles ils s'étaient installés dans leur quartier respectif. Un bon nombre d'entre eux ont noté que les propriétaires dans ces secteurs sont moins enclins à demander des antécédents de location ou une cote de crédit, ce qui facilite l'accès au logement pour les nouveaux arrivants. Un certain nombre de participants, en particulier ceux arrivés récemment ou en tant que réfugiés, ont obtenu un logement par l'entremise d'organismes d'établissement. Parmi ceux vivant à Ottawa depuis un certain nombre d'années, plusieurs ont fait appel à la Société de logement communautaire d'Ottawa (SLCO) (logements subventionnés). Dans ce dernier cas, un logement leur a été attribué sans qu'ils puissent choisir ou participer à la prise de décision.

8.1.4. Analyse des données et rencontres communautaires

Les entretiens ont été enregistrés (format audio) et retranscrits textuellement. L'analyse thématique de leur contenu s'est faite en trois étapes. Nous avons d'abord lu les retranscriptions dans leur ensemble pour prendre connaissance du contenu et cerner les thématiques principales. Ensuite, nous avons procédé à un codage plus approfondi suivant les thématiques de la grille d'entrevue. Enfin, nous avons comparé les résultats entre les trois quartiers afin de faire ressortir les similitudes et les différences. Aux fins du présent chapitre, nous avons mené une analyse complémentaire portant sur les quatre principes de la ville habitable proposés par Franovic et Andrew (2018) : la marchabilité, la communauté, la durabilité et l'interconnectivité.

Nous avons clôturé le projet en tenant des rencontres communautaires dans chaque quartier afin de diffuser et de valider l'analyse des données auprès des participants des entretiens photovoice ainsi que d'autres résidents intéressés. Le but était autant de faire un retour auprès de nos interlocuteurs que de leur donner l'occasion de participer à l'analyse des résultats. Ces rencontres se sont avérées utiles pour affiner notre interprétation des données et obtenir des informations complémentaires [5].

8.2. Résultats

8.2.1. Marchabilité

Lors de l'analyse des entretiens photovoice, nous avons examiné les passages décrivant les attributs des quartiers, tant sur le plan

---

5.   Les résultats ont également été présentés aux divers partenaires d'Ottawa-Gatineau lors d'une rencontre communautaire tenue dans le cadre de l'IRMU en décembre 2019, ainsi qu'à la Ville d'Ottawa en janvier 2020 (avec les services sociaux) et en mars 2020 (avec urbanisme et aménagement). L'équipe de recherche a aussi communiqué les résultats à des représentants de la Ville de Gatineau en mai 2019 et en janvier 2020.

des espaces construits que des espaces sociaux. Dans cette première section, nous présentons les données concernant la centralité de l'emplacement, la proximité et la disponibilité de divers services et infrastructures, ainsi que le transport, que nous avons regroupées sous la thématique de « marchabilité ». Ce concept, qui est une traduction de *walkability* en anglais, concerne les caractéristiques des aménagements urbains facilitant les déplacements à pied ou en transport en commun, ou la combinaison des deux, ainsi que l'accessibilité et la proximité des infrastructures urbaines et services (Gaubert, 2019). La marchabilité comprend de nombreux avantages, notamment pour la santé, l'économie et l'environnement, en plus d'encourager les interactions et de promouvoir l'équité sociale (Raulin, Lord et Negron-Poblete, 2016). Autrement dit, le concept met l'emphase sur les qualités d'accessibilité, de proximité et de connectivité (et interconnectivité) communément associées à la densité urbaine. Dans le cadre de notre étude, l'emplacement central des quartiers, la proximité de divers services et infrastructures, les possibilités de déplacement à pied et en transport en commun ont été soulignés comme étant des facteurs importants qui facilitent la vie quotidienne des personnes et familles nouvellement arrivées, permettent de réduire certains coûts, et soutiennent ainsi leur intégration. Plusieurs aspects négatifs ont toutefois aussi été notés.

8.2.1.1. Centralité, proximité et accessibilité des services et infrastructures

De nombreux participants ont expliqué qu'ils trouvaient leur quartier très pratique tant du point de vue de son emplacement central dans leur ville que des multiples infrastructures et services offerts. Pour beaucoup d'entre eux, la proximité des services était un facteur influant dans leur décision de continuer à résider dans le secteur. En général, ils ont dit apprécier l'accès aisé à des écoles pour leurs enfants, à des centres communautaires, au transport en commun, à des parcs, aux commerces (dont des épiceries et magasins d'aliments ethniques), à des bibliothèques, à des lieux de culte, ainsi qu'à des services destinés aux nouveaux arrivants (par ex., des cours de langue, des services d'emplois, etc.). Comme le soulignait un résident d'Overbrook-Cummings : « J'aime beaucoup le quartier […] l'autoroute [donne accès] facilement, centre-ville un peu à l'est ou l'ouest, la garderie, l'école des enfants c'est pas loin, ma fille prend le bus juste devant le building, et

[en] trois minutes elle est à l'école. » (OC.1, arrivé par regroupement familial de la République démocratique du Congo en 2002)

En effet, les personnes habitant à Overbrook-Cummings et à Mont-Bleu ont mentionné l'existence d'un éventail d'écoles dans le quartier ou à proximité, allant du niveau élémentaire au niveau collégial et universitaire ; elles ont également noté l'accessibilité des garderies. Les francophones d'Overbrook-Cummings apprécient la présence de services en français dans la zone, notamment les écoles francophones, La Cité (collège d'enseignement postsecondaire qui offre également des programmes pour les nouveaux arrivants) et l'Hôpital Montfort. À l'inverse, les habitants de Ledbury-Heron Gate ont signalé un manque d'établissements scolaires alentour, ce qui force leurs enfants à fréquenter des écoles plus éloignées et à recourir au transport scolaire.

Le rôle joué par les parcs et les centres communautaires comme lieux de socialisation et permettant de répondre à divers besoins familiaux a aussi été souligné. En effet, les trois quartiers disposent de plusieurs parcs et espaces verts, ainsi que de centres communautaires et récréatifs offrant une palette d'activités et de programmes essentiels aux yeux de nombreux participants. Aux dires de ces derniers, le Complexe St-Laurent à Overbrook-Cummings est particulièrement attrayant, car il comprend à la fois une bibliothèque, une piscine, un gymnase et une patinoire. Les familles immigrantes le fréquentent régulièrement, surtout pour ses divers programmes de soutien (cours de conversation, cours d'informatique) et ses activités récréatives. Ledbury-Heron Gate comporte deux centres communautaires distincts. Ses résidents ont dit préférer et fréquenter plus souvent le centre communautaire Albion-Heatherington. Ils s'y sentent à l'aise du fait que son personnel vit dans le quartier et planifie donc des activités qui répondent aux besoins de la communauté. De plus, ses installations sont commodes et comportent une cuisine s'ouvrant sur une aire de jeux, ce qui facilite la surveillance des enfants. Les habitants du secteur et les centres religieux avoisinants louent régulièrement la cuisine et le gymnase pour organiser divers événements et activités, dont des cours de cuisine, des repas communautaires et des séances de forme physique. En ce qui concerne le centre communautaire Heron Road, il offre principalement des programmes sportifs qui ont toutefois été passablement réduits récemment. Comparé aux autres secteurs, Mont-Bleu semble un peu moins bien pourvu. Bien que la Maison communautaire Daniel Johnson y offre une diversité de programmes et d'activités ainsi que des événements saisonniers (une vente de fournitures scolaires et d'habits de neige à prix réduit, des groupes de devoirs et des fêtes), nos répondants la fréquentaient peu.

Selon nos résultats, le fait d'accéder à certains éléments de leur culture, en particulier à des aliments de leur pays d'origine dans des épiceries et des restaurants ethniques, contribue à renforcer le sentiment d'appartenance des participants envers leur quartier. Une mère de famille s'exprimait ainsi :

> Bon, une opportunité que nous offre notre quartier, c'est par exemple [de] se sentir à l'aise, chez-soi en tant qu'Africain parce que nous venons de loin, on [n'] a pas les mêmes cultures, pas les mêmes mœurs, mais ce quartier nous permet quand même de nous sentir comme chez nous en nous proposant [...] des magasins [...] qui nous approvisionnent dans notre nourriture et tout. (OC.12, immigrante du Cameroun arrivée en 2017)

Dans le cas d'Overbrook-Cummings, le centre commercial St-Laurent offre une variété de magasins, une aire de restauration et un espace pour socialiser. De plus, la plateforme de transport en commun rattachée au centre commercial permet un accès pratique et rapide au centre-ville et vers d'autres zones.

Malgré l'accessibilité à divers services, les répondants ont souligné des manques en ce qui a trait à certaines infrastructures et types de programmes. À Mont-Bleu, comme les services pour les nouveaux arrivants ne sont pas offerts directement dans le quartier, il faut prendre l'autobus pour y accéder. Certains ont également noté que peu de possibilités d'emploi existent sur place. Pour ce qui est de Ledbury-Heron Gate, les bibliothèques sont relativement éloignées et il n'est pas possible de s'y rendre à pied. D'autre part, la démolition partielle du centre commercial Herongate en 2012-2013 (CBC, 2010 ; CBC, 2012) a éliminé un espace intérieur très fréquenté où les résidents du voisinage pouvaient se rencontrer et socialiser.

Enfin, les participants jugent que le centre-ville d'Ottawa est accessible depuis les deux quartiers ottaviens, ce qui leur permet d'accéder à de nombreux services et infrastructures. C'est également le cas pour ceux résidant à Mont-Bleu qui peuvent facilement se rendre à Ottawa pour le travail, pour fréquenter des lieux de culte en anglais et acheter des aliments ethniques non disponibles à Gatineau comme le mentionnaient deux personnes originaires des Philippines.

8.2.1.2. Transports publics, accessibilité piétonne et sécurité routière

Bien que le transport en commun, dont beaucoup de répondants dépendent, est relativement accessible dans chaque secteur, plusieurs ont parlé d'itinéraires d'autobus trop compliqués et trop longs, d'autobus bondés et en retard, et de la nécessité de prendre plus d'un autobus pour se rendre à destination, ce qui complique les déplacements. De plus, dans chacun des quartiers, des personnes ont relevé la hausse des tarifs du transport en commun ; le coût étant trop élevé pour certains, ils ont dit devoir marcher afin d'éviter les frais – y compris pour faire l'épicerie et pour assister à des activités communautaires, et ce, pour des trajets allant jusqu'à 30 minutes de marche :

> [L]e prix des autobus était comme à 84 $ le mois [...] et maintenant, c'est presque à 100 $. Ça augmente à chaque année [...] Quand ton budget ne suffit pas [ce n'] est vraiment pas facile aussi. Donc, des fois [...] je peux marcher. [...] si je veux aller au Maxi et il fait beau, je sais que c'est un peu loin, mais [je n'] ai pas le choix. (MB.11, arrivée comme réfugiée de la République centrafricaine en 2015)

Cela étant dit, les participants ont reconnu que la plupart des services et commerces essentiels sont accessibles à pied dans le quartier, ce qui est plus rapide et moins coûteux que de prendre l'autobus, surtout pour les personnes sans véhicule, comme les nouveaux arrivants qui n'ont pas de permis de conduire ou les moyens financiers pour s'acheter une voiture. Enfin, dans les trois zones, quelques répondants ont indiqué que certaines routes sont dangereuses, car elles sont très fréquentées. Parfois, les automobilistes ne ralentissent pas ou ne respectent pas les panneaux d'arrêt et certains parents sont inquiets pour les enfants qui courent souvent dans la rue.

Comparativement aux autres quartiers, Overbrook-Cummings semble satisfaire une grande partie des besoins des familles nouvellement arrivées de par son emplacement central, la proximité et l'accessibilité d'une vaste gamme de services, d'infrastructures, de commerces et même d'emplois « de survie », ainsi que l'accès au transport en commun et la facilité avec laquelle les résidents peuvent se déplacer à pied.

8.2.2. *Communauté*

Nous présentons ici les données relatives à la question communautaire, notamment celles ayant trait aux liens et réseaux sociaux, à l'entraide parmi les résidents des quartiers, à la diversité culturelle et ethnoraciale de la population, au sentiment d'appartenance, ainsi qu'aux représentations et stéréotypes associés aux secteurs, à la criminalité et à la présence policière. Cette thématique est particulièrement importante, étant donné l'hyper-diversité des quartiers sélectionnés. Notre étude permet de mettre en relief les avantages de vivre dans une zone où une proportion importante de la population est issue de l'immigration, où les pays et cultures d'origine sont très variés et les statuts socioéconomiques, hétérogènes. Un tel contexte est propice au développement de liens sociaux, ce qui favorise la circulation des informations dont les nouveaux arrivants ont besoin pour leur installation. Toutefois, les participants ont aussi parlé de représentations négatives et de stéréotypes qui sont associés à leur secteur et des enjeux en lien avec la criminalité.

8.2.2.1. Entraide et soutien mutuel

De nombreux individus ont expliqué qu'une des raisons pour lesquelles ils s'étaient installés dans leur quartier était que des membres de leur famille ou des amis y vivaient déjà, ou encore parce qu'il y avait d'autres immigrants de leur pays d'origine. En effet, plusieurs ont affirmé que la famille, les amis et les voisins sont des sources importantes de soutien pour leur installation dans la société canadienne, entre autres parce qu'ils peuvent les renseigner sur les services offerts. De plus, ils fournissent une aide considérable au quotidien, par exemple pour la garde des enfants, la préparation et le partage des repas, les travaux domestiques, l'épicerie et les déplacements pour assister à des rendez-vous.

Divers répondants de chaque quartier ont dit avoir directement bénéficié de l'aide et du soutien de leurs voisins, parfois même de la part d'inconnus. À Overbrook-Cummings, une personne originaire de la République démocratique du Congo nous a dit avoir reçu des articles ménagers d'un étranger rencontré lors d'un trajet en autobus avec qui elle avait entamé la conversation. Similairement, une famille de cinq personnes (une mère et ses enfants qui étaient de jeunes adultes) récemment arrivée d'Afrique a obtenu des meubles de la congrégation de son église. Les résidents de Ledbury-Heron Gate ont expliqué que les voisins gardent souvent les enfants des autres, les emmènent à l'arrêt d'autobus ou les reconduisent à l'école. À Mont-Bleu, deux participantes originaires des Philippines (qui étaient d'expression anglaise et faisaient donc face à des barrières linguistiques à Gatineau) ont parlé de la présence d'une communauté philippine élargie dans le secteur qui organise la garde des enfants, des repas en commun et des excursions. D'autre part, une personne de la République centrafricaine a raconté qu'elle aidait ses voisins, un couple âgé de Québécois, en faisant des tâches ménagères et la cuisine, et qu'ils prenaient parfois leurs repas ensemble. Selon la plupart des individus rencontrés, déménager dans une autre zone n'était pas une option attrayante, car ils perdraient les liens sociaux qu'ils ont tissés et, conséquemment, le soutien qu'ils leur procurent.

Par ailleurs, la tornade qui a frappé le Mont-Bleu en septembre 2018 a provoqué un resserrement du tissu social. La mobilisation communautaire et les gestes de solidarité entre résidents qui s'en sont suivis ont en effet amené plusieurs de nos répondants à faire la connaissance de leurs voisins pour la première fois et à se créer ainsi de nouveaux réseaux. L'urgence de la situation les a également conduits à découvrir l'existence de nombreux services et infrastructures dans leur quartier dont ils ne connaissaient pas l'existence auparavant. Une personne arrivée au Canada à peine un mois avant la tornade et dont l'appartement a subi des dégâts importants a par conséquent pu se familiariser avec la Maison communautaire Daniel Johnson et rencontrer ses voisins. Elle et sa famille ont dû passer quelques nuits au gymnase d'un cégep, où ils ont reçu du soutien de la Croix Rouge (de la nourriture et des vêtements chauds). Ils ont appris qu'une mosquée avait pignon sur rue à Gatineau lorsqu'une dame du Centre islamique de l'Outaouais (CIO) rendait visite aux sinistrés. Une autre participante qui vivait dans le secteur depuis 2014 a découvert l'existence de la Maison communautaire Daniel Johnson grâce à des affiches d'information et la distribution de nourriture aux résidents sinistrés. Enfin, un couple d'origine bulgare et une personne des Philippines qui vivaient à Mont-Bleu depuis deux ans ont affirmé que la forte entraide communautaire, sans égard aux différences sociales, suscitée par la trombe, avait contribué à augmenter leur sentiment d'appartenance envers le quartier. La participante philippine a déclaré :

> Dans la situation dans laquelle nous nous sommes retrouvés
> [après] la tornade, ils ne nous font pas vraiment sentir que nous
> sommes différentes d'eux. Ils nous aident, ils nous donnent les
> services dont nous avons besoin et ils demandent s'ils peuvent
> faire autre chose pour nous. (MB.3, immigrante économique arri-
> vée en 2017 ; traduit de l'anglais)

8.2.2.2. Diversité et sentiment d'appartenance

Une deuxième caractéristique notable que la grande majorité des individus rencontrés a soulignée est le fait que leur quartier respectif compte
un grand nombre d'immigrants et de minorités visibles. Ils étaient nombreux à se dire (plus) à l'aise dans leur secteur parce que la population y
est très diversifiée et socialement inclusive, ce qui a pour effet de réduire
le sentiment d'être différent et les expériences d'exclusion. Une immigrante a tenu ces propos : « La chaleur humaine, parce qu'ici, comme
c'est un quartier de résidents, on se sent vraiment chez soi. On voit
beaucoup d'Africains, de gens qui parlent notre langue, par exemple,
qui sont comme nous. » (OC.12, arrivée du Cameroun en 2017)

La diversité culturelle, ethnoraciale et de statut socioéconomique renforce le sentiment d'appartenance ainsi que le processus
d'intégration des nouveaux arrivants, comme l'a expliqué un résident
de Ledbury-Heron Gate arrivé comme réfugié du Népal en 2011 :

> Et je voyais des gens qui pouvaient s'identifier à mon expérience.
> Beaucoup de gens de couleur, beaucoup d'immigrants et de
> familles à faible revenu vivaient là et de cette façon, je ne me sen-
> tais pas différent des autres. Donc, c'était comme, tout le monde
> est pareil, je suis pareil. […] vivre dans cette communauté m'a
> aidé à m'intégrer rapidement. (LH.8 ; traduit de l'anglais)

Dans certains cas, les répondants ont dit se sentir « invisibles » d'une
manière réconfortante dans la mesure où ils passent relativement ina-
perçus grâce à la présence d'autres personnes ayant la même apparence
qu'eux. De plus, plusieurs ressentent qu'ils partagent des expériences
communes étant donné que les immigrants font généralement face à des
défis semblables lors de leur établissement dans une nouvelle société et
de leur adaptation à sa culture et à ses normes sociales distinctes (par
ex., les barrières linguistiques, les difficultés à trouver un emploi, la
socialisation, etc.) comme l'illustre ce témoignage : « Peut-être que si je

fais quelque chose de mal ou pas dans leurs normes, ils comprendront parce qu'ils sont passés par les mêmes expériences. » (MB.3 ; immigrante des Philippines arrivée en 2017 ; traduit de l'anglais) Une autre personne affirmait : « Oui et vraiment à cause des familles immigrantes qui sont installées ici. On a réussi à communiquer, on a réussi de partager peut-être des mêmes problèmes ou peut-être de discuter des questions […]. *Overall*, je peux dire oui, ça m'a aidée. » (MB.7 ; immigrante de Moldavie arrivée en 2014)

Enfin, de multiples participants ont indiqué qu'il leur était plus facile de nouer des liens sociaux et de former des réseaux avec d'autres immigrants puisqu'ils ont ces expériences en commun. Ils ressentaient donc un sentiment d'appartenance envers leur quartier parce qu'ils partagent avec les autres résidents des caractéristiques telles que le fait d'être des immigrants, d'avoir un accent, d'appartenir à des minorités visibles ou d'être racisés.

8.2.2.3. Représentations et stéréotypes négatifs associés aux quartiers

Dans les trois quartiers, de nombreux participants ont avancé que des représentations et perceptions négatives ainsi que des stéréotypes circulent au sujet de leur secteur, tant dans les médias et les discours publics que parmi leurs connaissances, et que ceux-ci ont des répercussions négatives sur leur sentiment d'appartenance. Ils ont expliqué que leurs quartiers respectifs ont la réputation d'être des secteurs à plus faible revenu avec des taux de criminalité plus élevés et une présence policière accrue. Si certains répondants ont admis qu'il y avait des enjeux de criminalité (dont il sera question ci-dessous), d'autres pensaient que la réputation de leur zone ne reflétait pas adéquatement la réalité ou, du moins, leur vécu. Quelques-uns ont fait remarquer que la criminalité existe un peu partout dans la ville, mais que les médias ont tendance à cibler leur quartier lorsqu'ils en parlent, ce qui provoque parfois une « surcouverture » des incidents criminels (par ex., le même incident est couvert six ou sept fois par des journalistes et médias différents sur une période de deux ou trois jours ; voir Xia, 2020). Des habitants de Ledbury-Heron Gate nous ont parlé des stéréotypes à caractère ethnique et racial ; l'un d'entre eux a indiqué que beaucoup de gens associent la réputation de criminalité d'un lieu au nombre d'immigrants et de réfugiés qui y résident et, en particulier, à ceux d'origines somalienne, arabe et musulmane :

[La couverture médiatique de Ledbury-Heron Gate] est une propagande parce que j'ai l'impression qu'ils ciblent une communauté. Et à Heatherington, la plupart des gens [...] je dirais que 70 % sont des Somaliens. Et je ne dis pas que [...] il y a un lien avec un gang, et un gang ça peut être [de] n'importe quelle nationalité. [...] Mais oui, Ledbury et Heatherington, la plupart des communautés étaient somaliennes. Et c'était [...] une cible. Donc [...] quand vous leur dites, « Oh je vis à Heatherington », ils vous regardent et disent « Wow, qu'est-ce que vous faites là ? » (LH.4, arrivée de Somalie par regroupement familial en 1995 ; traduit de l'anglais)

Une personne de Mont-Bleu et un couple d'Overbrook-Cummings nous ont dit que leur famille et leurs amis étaient surpris d'apprendre qu'ils avaient acheté une maison dans la zone et qu'ils comptaient y rester longtemps. La participante de Mont-Bleu vivait dans le quartier depuis trois ans et avait décidé d'y acheter une maison parce qu'elle aime la proximité des infrastructures ; toutefois, elle a constaté que « tout le monde a déménagé et tout le monde était un peu étonné pourquoi en tant que propriétaire on a choisi de rester [...] parce qu'il y a des gens qui a déménagé à Aylmer, au Plateau, à Gatineau » (MB.7 ; immigrante de Moldavie arrivée en 2014) – des zones où les immigrants s'installent à long terme après un court passage à Mont-Bleu. Le couple de Overbrook-Cummings vivait dans le secteur depuis huit ans et la femme mentionnait au sujet de son conjoint : « Même ses amis lui ont dit : "Pourquoi vis-tu encore dans ce quartier ? Ce n'est pas un endroit sûr." » (OC.5, arrivée comme réfugiée de l'Irak, par l'intermédiaire d'un interprète ; traduit de l'anglais)

En effet, de nombreux résidents de Ledbury-Heron Gate et de Mont-Bleu ont évoqué le fait que de nombreuses personnes quittaient leur quartier en raison de sa mauvaise réputation. Un participant de Mont-Bleu a dit vouloir s'acheter une maison ailleurs, car même s'il est bien situé :

C'est un quartier qui est habité, en général, par des gens à faible revenu. Et donc, la perception fait que [...] dès qu'on dit qu'on habite à Mont-Bleu, on est automatiquement catégorisé, même si individuellement, on présenterait des éléments qui feraient qu'on serait dans une autre catégorie, mais pris collectivement, on est automatiquement catégorisé. (MB.1, immigrant économique arrivé d'Haïti en 2015).

Donc, même si les répondants se sentent généralement bien dans leur quartier, ces représentations négatives abaissent leur sentiment de bien-être et d'appartenance, ce qui en amène beaucoup à quitter le secteur, mais ce ne sont pas là les seules raisons.

8.2.2.4. Criminalité et présence de la police

Dans les trois quartiers, les participants ont noté que la criminalité et la présence policière ont tendance à se concentrer dans certaines zones. Un bon nombre de participants de chaque quartier avaient eu vent d'incidents (principalement des crimes liés à la drogue) ou avaient entendu des coups de feu, mais la plupart n'avait pas été témoin de crimes. Des répondants ont déclaré s'inquiéter pour leurs enfants, soit pour des motifs de sécurité, soit en raison des mauvaises influences qu'ils pourraient subir. C'était notamment le cas à Ledbury-Heron Gate ; or certains ont attribué la violence dans le secteur à des personnes venant de l'extérieur plutôt qu'à des résidents du coin.

Certaines personnes ont déclaré se sentir moins en sécurité lorsqu'il y a beaucoup de policiers dans le quartier et préféreraient que des approches communautaires soient privilégiées. D'autres estimaient qu'une présence policière accrue pourrait contribuer à atténuer la criminalité. À Ledbury-Heron Gate plus particulièrement, quelques individus se méfiaient de la police et s'inquiétaient du profilage racial. Plusieurs ont noté une diminution des programmes de rapprochement communautaire de la police au cours des dernières années, ce qui a contribué à alimenter des tensions ; lors de la rencontre communautaire, ils ont demandé que de tels programmes soient relancés afin d'améliorer les relations entre la police et les résidents. Des efforts en ce sens étaient apparents lors des derniers mois de notre collecte de données, comme en a témoigné l'organisation d'un tournoi de basketball suivi par un barbecue en mai 2019.

8.2.3. Durabilité

Nous abordons maintenant une série d'enjeux en lien avec la durabilité des espaces bâtis et de la qualité de vie dans les quartiers – soit la capacité de ces derniers à pérenniser le bien-être de leurs résidents, voire à l'améliorer, notamment par la qualité des logements, l'accès aux espaces publics, l'offre de services et de programmes et l'engagement communautaire. En effet, la majorité de nos participants se trouvaient dans une situation socioéconomique précaire, entre autres parce qu'ils étaient arrivés relativement récemment et étaient encore en période de transition vis-à-vis de la société canadienne (certains suivaient des cours de français ou d'anglais ou étaient à la recherche d'un emploi). Il est important de rappeler que nombre de nos répondants sont arrivés en tant que réfugiés et faisaient donc face à des difficultés supplémentaires lors de leur installation, dont des barrières linguistiques, des soucis de santé ou la charge de la monoparentalité. Par conséquent, l'accès à un logement abordable, notamment pour des familles nombreuses, pouvait représenter un enjeu de taille pour stabiliser leur situation. De plus, ils avaient besoin d'une gamme de services pour assurer leur bien-être et les soutenir dans leur intégration. Toutefois, les participants ont soulevé divers enjeux qui témoignent d'une certaine fragilité des espaces construits et sociaux de leur quartier.

8.2.3.1. Abordabilité des logements

Le manque généralisé de logements abordables convenant aux familles nombreuses et à faible revenu a été signalé partout, mais avec plus d'acuité à Ottawa. Le fait d'y avoir déniché un logement abordable a été le motif principal d'installation dans le quartier pour une majorité de participants. Les résidents de Mont-Bleu et d'Overbrook-Cummings ont décrit leur secteur comme un « quartier tremplin » où les nouveaux arrivants s'installent le temps de s'établir et de parvenir à une situation financière stable leur permettant de déménager dans un secteur où ils pourront s'acheter une maison. Toutefois, la modicité des loyers est un facteur déterminant la durée de leur séjour dans la zone. D'autres individus, surtout ceux arrivés comme réfugiés, envisagent d'y demeurer plus longtemps, car ils n'entrevoient pas obtenir un logement similaire en termes de coût et de taille ailleurs. C'était d'ailleurs le cas de nombre de nos répondants à Ledbury-Heron Gate qui y vivaient depuis 10 ans ou plus.

La situation est d'autant plus difficile pour ceux qui ont obtenu leur logement par l'entremise d'un conseiller en établissement ou la SLCO. Bien que peu satisfaits du logement attribué ou du secteur dans lequel il est situé, ils ont peu d'options, vu le coût prohibitif des loyers. Un résident de Ledbury-Heron Gate arrivé de Syrie comme réfugié trois ans avant l'entrevue affirmait ne pas avoir développé un sentiment d'appartenance au quartier dû au fait qu'il n'avait pas pu choisir son logement et qu'il lui était impossible de le quitter : « Je n'ai pas choisi ce quartier, c'est eux qui l'ont choisi. Si je pouvais obtenir un autre logement, *je partirais tout de suite* […] Je n'aime pas cet immeuble. Je veux partir. » (LH.13, *emphase* ajoutée ; traduit de l'anglais) Ces propos montrent à quel point la pénurie de logements abordables peut avoir des effets étendus.

8.2.3.2. Enjeux relatifs à l'entretien des immeubles et des logements

Les participants ont également souligné que le cadre bâti existant est vieillissant dans ces quartiers et surtout mal entretenu, ce qui pourrait expliquer le coût moins élevé des logements. Selon eux, chaque secteur compte un certain nombre de problèmes liés à l'entretien de l'environnement bâti, y compris les bâtiments résidentiels et les espaces publics. Ils étaient nombreux à nous parler de la piètre qualité des logements et de divers problèmes de salubrité (ampoules cassées, peinture détériorée, déchets jonchant le sol et odeurs nauséabondes, etc.). Le cadre bâti étant assez vieux, les logements locatifs présentent des problèmes tels que des fuites et des moisissures. Certains des immeubles locatifs de Ledbury-Heron Gate et de Mont-Bleu disposaient d'un gymnase ou d'une piscine pour les locataires, mais en raison du manque d'entretien, ces aires communes étaient devenues inutilisables et avaient dû être fermées (par ex., équipement endommagé, insalubrité), parfois plusieurs années auparavant, et ce, malgré des promesses de réparation. À Overbrook-Cummings, deux piscines situées près de deux bâtiments de la rue Donald qui accueillaient de nombreuses familles arrivées comme réfugiées avaient été fermées au cours des deux années précédant les entrevues, encore une fois malgré des engagements de réparation et de réouverture. Les répondants ont déclaré que les gestionnaires des immeubles prenaient généralement beaucoup de temps pour répondre aux plaintes des locataires, surtout pour les travaux de réparation peu urgents. En outre, certains résidents de Ledbury-Heron Gate et d'Overbrook-Cummings avaient parfois le sentiment d'être mal traités par le personnel d'entretien ou administratif parce qu'ils vivaient dans des logements subventionnés (en raison de leur statut d'immigrant et de leur origine) ou encore qu'ils ne parlaient pas l'anglais couramment :

> Lorsque je vais voir [le personnel de Timbercreek] pour me plaindre de quelque chose et [que] je fais de mon mieux pour

l'expliquer en anglais, et s'ils ne me comprennent pas, je demande pour un interprète [...] Ils disent « Nous n'avons personne pour traduire [...] Venez un autre jour » [...] Parfois c'est une urgence [ce sont] des choses qu'on doit régler tout de suite. Et même quand ils amènent quelqu'un qui sait parler arabe, ils viennent, ils ne sont pas contents de traduire. Et je peux dire qu'ils ne traduisent pas littéralement ce que je dis [...] Donc, c'est un mauvais traitement [...] Nous payons le loyer, nous ne sommes pas là gratuitement, nous devrions avoir un bon service. Tout ce qui les intéresse, c'est le loyer mensuel. (LH.12, réfugié syrien arrivé en 2016 ; traduit de l'anglais)

Une personne ayant grandi à Ledbury-Heron Gate a déclaré que l'état délabré des logements est l'une des raisons pour lesquelles beaucoup de gens sont partis depuis son enfance. Pour leur part, les participants d'Overbrook-Cummings et de Mont-Bleu ont affirmé qu'ils quitteraient le quartier au moment où ils voudraient acheter une maison, car elles y sont trop vieilles.

Notre étude suggère que la détérioration du cadre bâti dans ces quartiers fait partie des stratégies de « rénovictions », voire d'embourgeoisement, qui sont maintenant pratique courante chez certains promoteurs immobiliers et de plus en plus acceptées par les gouvernements municipaux. Ceci semble être plus directement visible dans le cas des évictions de la société immobilière Timbercreek à Ledbury-Heron Gate, qui a forcé les locataires de 150 logements (environ 500 résidents) à déménager en 2016-2018 au motif que ceux-ci étaient insalubres et devaient être démolis (voir Mensah et Tucker-Simmons, 2021 ; Xia, 2020). Un plan avait été proposé pour construire un nouvel ensemble d'habitations mixtes, mais plus luxueuses, comprenant des logements plus petits. Deux répondants ont mentionné que des membres de leur famille élargie avaient été concernés par ces évictions. Si la plupart ne connaissaient pas personnellement quelqu'un qui ait été touché, beaucoup avaient entendu parler de cette histoire et étaient passablement préoccupés par la situation. En effet, nombre des personnes affectées par les évictions ont dû déménager ailleurs parce qu'elles n'ont pas pu trouver un autre logement abordable dans le secteur.

Le Mont-Bleu ne semble pas à l'abri d'un tel embourgeoisement. Lors de la rencontre communautaire tenue en octobre 2019, nous avons appris que, dans le secteur ayant le plus souffert de la tornade et où des logements avaient été détruits, de nouveaux bâtiments étaient en construction qui, aux dires des résidents, comportaient de plus petits logements plus coûteux qui ne seraient pas accessibles aux habitants du quartier ni adaptés à leurs besoins. Cela a été confirmé par les médias récemment (Radio-Canada, 2021) et n'est guère surprenant vu l'emplacement central de Mont-Bleu.

8.2.3.3. Problèmes d'entretien et d'(in)accessibilité des espaces publics

De plus, de nombreux problèmes en lien avec les espaces publics, tant extérieurs qu'intérieurs, ont été soulevés. Les participants de Ledbury-Heron Gate et de Mont-Bleu ont signalé un manque d'entretien des parcs et des aires de jeux, ce qui les oblige parfois à fréquenter des parcs à l'extérieur du quartier. À Ledbury-Heron Gate, il y a souvent beaucoup de déchets, alors qu'à Mont-Bleu les parcs sont sales et les équipements des terrains de jeux endommagés. Ils ont également indiqué qu'ils souhaitaient davantage d'éclairage dans les espaces publics, notamment dans les parcs, afin de s'y sentir plus en sécurité et de pouvoir utiliser les terrains de sport après la tombée de la nuit.

Un manque d'accessibilité à des espaces publics, principalement à Ledbury-Heron Gate, a aussi été évoqué. Un bon nombre de répondants ont expliqué qu'ils faisaient face à des barrières pour utiliser les terrains de sport, car ils sont loués à des équipes qui viennent de l'extérieur, si bien que les jeunes du quartier doivent attendre que les terrains soient libérés tard en fin de journée pour les utiliser puisqu'ils n'ont pas les moyens de les louer eux-mêmes. En effet, il est apparu un double problème : l'(in)accessibilité dû au coût d'une part, et la sous-utilisation des espaces publics (notamment intérieurs) d'autre part. Selon les personnes rencontrées, des salles polyvalentes dans les centres communautaires et les écoles pourraient être utilisées pour offrir divers programmes, mais elles demeurent souvent vides, soit parce que le coût de location est trop élevé au vu du faible revenu de la population, soit parce qu'elles ne sont pas offertes en location, de sorte que les résidents se voient très limités en termes d'accès à des espaces de rassemblement et pour organiser des activités communautaires.

Dû à ces divers enjeux, surtout à Mont-Bleu et à Ledbury-Heron Gate, les participants ont dit se sentir abandonnés par la Ville et attribuaient le manque d'entretien des parcs, des bâtiments et des rues aux représentations négatives de leur quartier. Une résidente de

Mont-Bleu installée depuis trois ans disait à ce sujet : « Mais je le sens un peu oublié le parc, et un petit peu la région Mont-Bleu, un peu oubliée par la Ville. On parle toujours du parc Mont-Bleu, de la qualité du sable [sale] et du terrain aménagé pour les enfants qu'il n'est pas rénové […] » (MB.7) Certains résidents de Ledbury-Heron Gate nous ont dit : « Peut-être que pour eux [la Ville] on n'existe pas. » (LH.14 ; traduit de l'anglais) et « En général, c'est un bon quartier, mais il a besoin de quelqu'un qui s'occupe de l'endroit, qui nettoie et qui fait des choses. Et la Ville n'est pas là. » (LH.13 ; traduit de l'anglais)

8.2.3.4. Programmation communautaire

De nombreux aspects ayant trait à la durabilité de la qualité de vie dans les quartiers, dont l'existence de nombreux services et programmes sur place ou à proximité, tels que des services d'établissement (cours de langue et de citoyenneté, conseils en emploi) et des programmes communautaires (cliniques d'impôts, banques alimentaires, vente de vêtements à prix réduits, cours de nutrition, etc.) ont fait l'objet de commentaires. Cette caractéristique contribue à en faire de bons quartiers pour les nouveaux arrivants et constitue un facteur de rétention important. En effet, les participants fréquentaient souvent les centres communautaires, les centres religieux et les organismes d'aide aux immigrants pour accéder à une gamme de programmes, allant des activités sportives aux groupes de devoirs, aux camps, aux fêtes et aux repas communautaires, ainsi qu'aux aides fiscales auxquelles ils avaient régulièrement recours.

Néanmoins, dans les trois secteurs, les répondants ont soulevé des lacunes concernant la nature et la qualité des programmes communautaires, des services sociaux et des installations disponibles. D'une part, ils ont signalé un manque de programmation sociale et, en particulier, de programmes gratuits et adaptés à la démographie de la zone, y compris aux jeunes. D'autre part, ils ont relevé le fait que certains programmes sont inaccessibles en raison de leur coût, surtout pour les familles nombreuses (et ce, malgré l'existence de subventions municipales).

De plus, les participants n'étaient pas toujours satisfaits des types de programmes offerts. À Ledbury-Heron Gate et à Overbrook-Cummings, ils souhaitaient davantage de clubs sportifs et une programmation pour les jeunes allant au-delà des jeux, afin de leur offrir un soutien académique et des possibilités de formation (par ex. des programmes de leadership et de mentorat et des services d'emplois). Les résidents de Ledbury-Heron Gate ont aussi évoqué des besoins en matière de soutien en santé mentale, un enjeu qui est tabou dans certaines cultures. Par contre, les participants de Mont-Bleu ont expliqué qu'ils voulaient plus de programmes récréatifs et de loisirs (par ex. des cours de danse) dans les centres communautaires, et certains ont dit que les programmes actuellement offerts (tels que les barbecues ou fêtes communautaires) ne les intéressaient pas.

8.2.3.5. Engagement communautaire

En plus des programmes offerts dans le secteur, les résidents prennent l'initiative de mettre sur pied des événements et des activités, parfois de manière informelle. Les participants de Ledbury-Heron Gate s'impliquent dans leur quartier, notamment en organisant des équipes sportives informelles et des tournois de basketball, en faisant du bénévolat, en donnant des cours de cuisine, en organisant des groupes de « thé et jasette » et des cercles de locataires, en planifiant des événements comme un carnaval d'hiver, etc. Certains résidents de Ledbury-Heron Gate et d'Overbrook-Cummings ont planté de petits jardins communautaires sur des terrains fournis par leur immeuble, et dans les deux cas, les résidents prennent sur eux de nettoyer les parcs.

De nombreuses personnes ont mentionné néanmoins que le manque d'engagement communautaire était un problème, en particulier à Mont-Bleu. Elles ont fait valoir qu'il est difficile pour les nouveaux arrivants d'accéder à l'information sur les programmes existants. D'autres ont dit qu'ils aimeraient s'impliquer davantage dans leur quartier, mais qu'ils étaient trop occupés par leur travail ou la recherche d'emploi, ou encore qu'ils ne parviennent pas à trouver des services de garde pour pouvoir participer. Les participants ont noté qu'il est particulièrement difficile d'encourager la participation des résidents en hiver. Bien qu'à Ledbury-Heron Gate les niveaux de participation étaient plus significatifs que dans les autres secteurs, il s'agissait généralement du même noyau de personnes qui étaient d'ailleurs établies depuis plus longtemps.

8.2.4. Interconnectivité

Franovic et Andrew (2018) utilisent la notion d'interconnectivité pour parler principalement des liens de connexion qui existent sur le plan des infrastructures – transports publics, services divers, espaces verts et autres. Dans le cadre de notre étude, nous élargissons la définition pour y inclure l'interconnectivité sociale et communautaire en intégrant des données sur les possibilités de créer des réseaux sociaux, l'accès à des informations, la coordination entre fournisseurs de services, ainsi que sur les enjeux liés aux barrières linguistiques et les interactions avec les personnes nées au Canada.

8.2.4.1. Des espaces pour développer des réseaux

Comme nous l'avons vu, de par la diversité de la population des quartiers et la présence d'immigrants, de nombreux liens se forment par le biais de connaissances mutuelles et du bouche-à-oreille pour le partage d'informations sur l'intégration au Canada, l'existence de programmes de soutien, le marché de l'emploi et des activités communautaires qui se propagent ensuite au sein de ces réseaux. Nos résultats mettent en évidence le rôle important que jouent pour les nouveaux arrivants les espaces publics tels que les parcs et les centres communautaires, les organismes qui offrent des services et les lieux de culte, dans la mesure où ils offrent des possibilités de rencontres et d'interactions avec des voisins et d'autres résidents, dont des immigrants.

Les parcs constituent le principal espace de quartier pour ce réseautage, car ce sont des lieux très fréquentés où les familles peuvent jouer ensemble, parler et échanger des informations ainsi que partager de la nourriture. Les participants ont expliqué que grâce aux connaissances qu'ils ont faites au parc et à travers des organismes ainsi que de leur communauté, ils ont pu trouver un emploi, des écoles, des médecins et d'autres sources de soutien. À Ledbury-Heron Gate, plusieurs répondants ont parlé de la Queen of Angels Adult High School comme d'un lieu important où les nouveaux arrivants suivent des cours pour acquérir des compétences linguistiques et informatiques qui leur sont utiles pour trouver du travail, tout en ayant l'opportunité de rencontrer des gens et de se créer un réseau – ce qui, dans certains cas, a abouti à un premier emploi.

8.2.4.2. Enjeux pour rejoindre les communautés

Encore une fois, de nombreux participants ont parlé de certains problèmes liés à la prestation des informations et des services aux communautés dans leurs quartiers, ainsi qu'à la communication et à la coordination entre fournisseurs de services. Ces problèmes touchaient principalement Ledbury-Heron Gate, et dans une moindre mesure les deux autres secteurs.

Dans un premier temps, les répondants ont fait état de faiblesses dans l'acheminement des services aux communautés en faisant valoir que les informations ne se rendent pas jusqu'à eux, notamment celles ayant trait aux possibilités qu'il y aurait de s'engager dans le quartier. D'ailleurs, beaucoup ont indiqué qu'il leur arrivait fréquemment de ne découvrir l'existence d'activités ou de programmes qu'une fois qu'ils étaient terminés ou passés. Ils ont expliqué que les personnes nouvellement installées sont rarement mises au courant de l'existence des services et programmes offerts dans le secteur (notamment ceux qui sont gratuits) et qu'elles doivent donc chercher l'information par elles-mêmes sur Internet ou en se promenant sur les lieux.

Selon certains, un manque de communication entre les organismes communautaires entraîne à la fois des chevauchements et des lacunes en matière de prestation de services. Le manque de coordination et de centralisation est une source d'inconvénients pour les familles avec enfants et les personnes qui n'ont pas de voiture, car elles se voient obligées de se déplacer entre de nombreux centres et organismes différents afin d'accéder à divers programmes.

En ce qui concerne les difficultés à rejoindre les communautés, de nombreux participants estimaient également qu'ils n'étaient pas consultés sur leurs besoins en matière de programmation, notamment dans le cas des jeunes comme nous l'avons expliqué précédemment. Lors des rencontres communautaires à Ledbury-Heron Gate et à Overbrook-Cummings, plusieurs mères de famille ont dit souhaiter voir davantage de programmes axés sur l'acquisition de compétences professionnelles et scolaires pour les enfants, plutôt que sur les sports, et ce, également durant les congés d'été qui sont plus longs. Aux dires d'une participante :

> [O]n ne voit pas beaucoup de programmes pour les jeunes […], et on ne voit pas de gens qui parlent aux jeunes. Ils nous demandent : « Qu'est-ce qu'on devrait faire ? » Et vous savez, vous vous dites, « Ok, nous avons besoin de programmes pour les jeunes ». Mais est-ce qu'ils parlent aux jeunes et leur demandent ce qu'ils veulent ? Personne ne [leur] demande […] (LH.6, arrivée comme réfugiée de Somalie en 2001 ; traduit de l'anglais)

8.2.4.3. Barrières linguistiques

Dans les trois secteurs, les participants ont discuté de nombreuses barrières linguistiques découlant du fait qu'une part importante de la population est constituée de nouveaux arrivants et de personnes arrivées en tant que réfugiés, qui ont tendance à avoir peu de compétences dans les langues officielles du Canada. Ils souhaiteraient que les programmes et les services soient offerts dans plusieurs langues afin de les rendre accessibles à tous. Certains ont affirmé avoir eu de la difficulté à communiquer leurs besoins dans les commerces et épiceries, les bureaux administratifs des immeubles locatifs ou encore les organismes communautaires parce que le personnel ne parlait pas leur langue ; ceci était particulièrement le cas à Overbrook-Cummings, où habite une importante population francophone, mais où les services (dans les organismes et les magasins) sont principalement offerts par des travailleurs anglophones. À Ledbury-Heron Gate, les répondants ont dit que certains résidents sont parfois obligés d'agir comme interprètes non officiels pour des événements ou activités. Or ceci constitue un fardeau pour eux, car ils ne sont généralement pas rétribués, sans compter qu'ils doivent parfois s'absenter de leur travail rémunéré pour s'acquitter de ce rôle.

Une connaissance limitée de l'anglais ou du français crée également des obstacles en termes d'accès à l'information. Par exemple, des personnes d'Ottawa et de Gatineau ont dit qu'elles n'étaient pas en mesure de comprendre les bulletins de leurs enfants et autres communications de l'école en raison de leur maîtrise limitée des langues officielles. À Ledbury-Heron Gate et à Overbrook-Cummings, les supports informatifs destinés à la communauté, tels que les affiches informant les résidents des événements organisés dans les centres communautaires et les bulletins distribués par les propriétaires d'immeubles, ne sont généralement disponibles qu'en anglais, et lorsqu'une traduction est fournie, celle-ci est souvent mauvaise, voire incompréhensible.

Enfin, certains participants ont indiqué que les barrières linguistiques ont exacerbé les tensions dans la communauté lors des évictions de Timbercreek (Xia, 2020). Un bon nombre de résidents ne comprenaient pas bien les informations transmises au sujet des expulsions, ce qui en a découragé certains à participer aux séances d'information et aux consultations municipales les concernant. En dernier lieu, certains étaient d'avis que les difficultés à communiquer entre les divers groupes ethnoculturels, à cause des barrières linguistiques, ont nui à la mobilisation communautaire dans le quartier.

8.2.4.4. Peu d'interactions avec les résidents canadiens

Aux trois endroits, un certain nombre de participants ont noté qu'il était difficile pour les immigrants d'établir des liens avec leurs voisins canadiens ou québécois en raison des différences culturelles. Selon eux, les Canadiens ont tendance à être plus individualistes et réservés comparativement aux normes culturelles de socialisation en place dans leur pays d'origine. De multiples répondants ont dit tout de même faire un effort conscient pour saluer leurs voisins canadiens et parler avec eux dans le but d'établir des liens. Une participante de Mont-Bleu a expliqué qu'elle n'avait pas de liens solides avec ses voisins québécois à cause des différences culturelles : « Des fois [...] je vois des gens qui marchent dans la rue [...] qui montent dans leur voiture, mais y'a pas de salutations [...] tu sais, tu connais la culture québécoise [...] Des fois tu dis bonjour, personne te répond. Ça c'est leur culture [...]. » (MB.11, réfugiée de la République centrafricaine arrivée en 2015) À Overbrook-Cummings et à Mont-Bleu, les participants souhaitaient voir davantage d'activités et d'événements communautaires qui facilitent les rapprochements entre voisins et visent à combler le fossé entre les résidents immigrants et les Canadiens de plusieurs générations.

8.3. Conclusion

Les propos des familles immigrantes ayant participé à notre étude fournissent des données probantes pour évaluer l'habitabilité des quartiers dans lesquels elles se sont installées et, dans une certaine mesure, de la région d'Ottawa-Gatineau dans son ensemble. Ils contiennent des informations détaillées pour déterminer dans quelle mesure les quatre principes sont réalisés. En ce qui a trait à la marchabilité, il ressort de notre analyse que la situation centrale des quartiers, la présence et la proximité d'une variété de services et d'infrastructures, ainsi que l'accès au transport en commun sont des attributs positifs qui facilitent et soutiennent l'établissement et l'intégration des familles nouvellement arrivées. Bien que les trois quartiers soient relativement similaires, il semble qu'Overbrook-Cummings offre globalement une meilleure marchabilité et que Mont-Bleu soit moins bien pourvu en termes d'infrastructures et de services. Par contre, de nombreux répondants ont décrié la hausse du coût du transport en commun, qui entrave leurs déplacements et, par le fait même, leur intégration.

Sur le plan communautaire, l'hyper-diversité des secteurs, notamment due à la présence d'une importante population immigrante, représente une source majeure de soutien et de réconfort dans la vie quotidienne des résidents, car elle contribue à créer un environnement inclusif et à intensifier le sentiment d'appartenance. Toutefois, ces attributs positifs se voient affaiblis par l'existence de représentations négatives et de stéréotypes associés aux quartiers, la criminalité et la présence policière. Quant à la durabilité, il émerge des résultats que la disponibilité de logements abordables est le principal motif d'installation des personnes nouvellement arrivées dans ces secteurs, et ce, contre leur volonté dans certains cas. En effet, la rareté grandissante des logements financièrement accessibles et de qualité dans la région limite les options des ménages à faible revenu et les force parfois à demeurer dans ces quartiers. La disponibilité d'un éventail d'espaces publics et de services est une autre caractéristique positive soutenant l'établissement et l'intégration de groupes vulnérables tels que les réfugiés. Néanmoins, la mauvaise qualité des logements et le manque d'entretien des immeubles et des espaces publics, combinés à des lacunes dans la programmation communautaire, constituent des problèmes de taille ayant des effets néfastes sur la qualité de vie des résidents. Plus encore, le laisser-aller des espaces construits semble faire partie des stratégies utilisées par les propriétaires immobiliers, avec la complicité des acteurs municipaux, pour embourgeoiser ces lieux qui, par leur situation relativement centrale, sont devenus la « nouvelle frontière urbaine », pour reprendre l'expression du géographe Neil Smith (1996). Ce faisant, les propriétaires cherchent délibérément à évincer et à exclure des populations déjà marginalisées, pour lesquelles l'accès à des logements abordables et à des quartiers décents a diminué à tel point que la ville d'Ottawa a déclaré un état d'urgence en matière de logement et d'itinérance en janvier 2020 (Roy, 2020). Une pénurie de logements à prix économique sévit également à Gatineau et plus largement dans la région de l'Outaouais. Enfin, les quartiers offrent des possibilités d'interconnectivité, notamment sociale et communautaire. Nous notons en particulier les possibilités de créer des réseaux et d'accéder ainsi à des informations utiles. De nombreux problèmes associés à la prestation des informations, à un manque de consultation des résidents et à des barrières linguistiques font toutefois obstacle à la participation de la communauté dans les prises de décision touchant son secteur.

Cela étant dit, nos résultats font clairement ressortir les aspects positifs de la diversité croissante d'Ottawa-Gatineau et, surtout, les avantages de l'hyper-diversité des quartiers qui accueillent de nouveaux arrivants aux origines de plus en plus variées et qui sont parfois plus vulnérables (par ex. les réfugiés, les personnes à faible revenu). En effet, ce creuset contribue à renforcer l'inclusion sociale en facilitant l'accès aux informations (par ex. sur les services offerts ou sur l'adaptation à la vie au Canada), la création de réseaux sociaux (qui mènent parfois à des emplois), l'entraide et le soutien mutuel, entre autres. Plus particulièrement, nous notons la force du sentiment d'appartenance au quartier qui s'est développé parmi la majorité de nos participants, et ce, malgré les divers défis évoqués.

Pour conclure, nous souhaitons revenir sur les enjeux de durabilité des quartiers qui, selon notre analyse, émergent comme ayant les plus grandes répercussions sur l'intégration et le bien-être des familles immigrantes. Les enjeux du logement abordable et de l'investissement dans les infrastructures publiques et les services sociaux ne sont pas uniques à Ottawa-Gatineau ; ils sont d'envergure nationale et requièrent donc une intervention concertée des instances gouvernementales aux trois paliers. Néanmoins, nous recommandons la mise en place d'initiatives locales pour encourager la participation de tous les résidents dans la gouvernance urbaine d'Ottawa-Gatineau et ainsi donner la parole aux groupes plus vulnérables dans le but de trouver des solutions inclusives, équitables et durables pour améliorer l'habitabilité de la région. Par exemple, nous pourrions imaginer la mise en place de tables de concertation à l'échelle des quartiers auxquelles participeraient des résidents, des campagnes pour améliorer l'image des quartiers qui impliqueraient les habitants (comme un concours de photographie pour les jeunes), ou encore des programmes de microfinancement pour soutenir les activités communautaires, qui seraient organisées par des groupes locaux. Pour ce faire, les travaux de Caroline Andrew offrent de nombreuses pistes de réflexion prometteuses (Andrew et coll., 2012 ; Franovic et Andrew, 2018 ; Klodawsky, Siltanen et Andrew, 2017 ; Whitzman, Legacy, Andrew, Klodawsky, Shaw et Viswanath, 2013).

Remerciements

Cette étude a été financée par le Conseil de recherches en sciences humaines (CRSH) du Canada dans le cadre du Partenariat de recherche « Immigration et résilience en milieu urbain » (projet n° 896-2016-1004, pour la période 2016-2022). Nous remercions tous les participants qui ont accepté de prendre part à notre étude, contribuant généreusement de leur temps et témoignages. Nous soulignons également l'apport significatif de nos partenaires communautaires et de notre collègue Brian Ray, ainsi que l'aide précieuse de nos assistantes et de notre assistant de recherche : Lily Xia, Lina El Bakir et Idris Alghazi.

Références

ANDREW, Caroline (2000). « The Shame of (Ignoring) the Cities », *Journal of Canadian Studies/Revue d'études canadiennes*, vol. 35, n° 4, p. 100-111.

ANDREW, Caroline (2007). « La gestion de la complexité urbaine : le rôle et l'influence des groupes en quête d'équité dans les grandes villes canadiennes », *Télescope*, vol. 13, n° 3, printemps, p. 60-67.

ANDREW, Caroline et coll. (dir.) (2012). *Immigration, Integration, and Inclusion in Ontario Cities*, Montréal et Kingston, McGill-Queen's University Press.

ANDREW, Caroline et David DOLOREUX (2012). « Economic Development, Social Inclusion and Urban Governance: The Case of the City-Region of Ottawa in Canada », *International Journal of Urban and Regional Research*, vol. 36, n° 6, p. 1288-1305.

ANDREW, Caroline, Katherine A. H. GRAHAM et Susan D. PHILLIPS (dir.) (2002). *Urban Affairs: Back on the Policy Agenda*, Montréal et Kingston, McGill-Queen's University Press, 2002.

CBC NEWS (2010). « Struggling Herongate Mall In Limbo », CBC, 12 avril, [En ligne], [https://www.cbc.ca/news/canada/ottawa/struggling-herongate-mall-in-limbo-1.901072] (consulté le 29 juin 2021).

CBC NEWS (2012). « Herongate Mall Set for Redevelopment », CBC, 20 avril, [En ligne], [https://www.cbc.ca/news/canada/ottawa/herongate-mall-set-for-redevelopment-1.1247512] (consulté le 29 juin 2021).

FRANOVIC, Angela et Caroline ANDREW (2018). « Place-Making and Livability in Ottawa and the National Capital Region », dans Roger W. Caves et Fritz Wagner (dir.), *Livable Cities from a Global Perspective*, New York, Routledge, p. 45-57.

GAUBERT, Jérémy (2019). « Les mots et les choses – Marchabilité ». *Topophile*, 13 novembre, [En ligne], [https://topophile.net/savoir/marchabilite/] (consulté le 30 juin 2021).

KLODAWSKY, Fran, Janet SILTANEN et Caroline ANDREW (dir.) (2017). *Toward Equity and Inclusion in Canadian Cities: Lessons from Critical Praxis-Oriented Research*, Montréal et Kingston, McGill-Queen's University Press.

MENSAH, Joseph et Daniel TUCKER-SIMMONS (2021). « Social (In)justice and Rental Housing Discrimination in Urban Canada: The Case of Ethnoracial Minorities in the Herongate Community in Ottawa », *Studies in Social Justice*, vol. 15, n° 1, p. 81-101.

RADIO-CANADA (2021). « Un embourgeoisement du quartier Mont-Bleu dénoncé », *ICI Ottawa-Gatineau*, 12 juin, [En ligne], [https://ici.radio-canada.ca/nouvelle/1801108/logements-abordables-gatineau-mont-bleu-tornade-reconstruction] (consulté le 28 juin 2021).

RAULIN, François, Sébastien LORD et Paula NEGRON-POBLETE (2016). « Évaluation de la marchabilité de trois environnements urbains de la région métropolitaine montréalaise à partir de l'outil MAPPA », *VertigO – la revue électronique en sciences de l'environnement*, vol. 16, n° 2, [En ligne], [https://journals.openedition.org/vertigo/17774] (consulté le 30 juin 2021).

ROY, Audrey (2020). « Ottawa déclare qu'il y a un état d'urgence en matière de logements et d'itinérance », *ICI Ottawa-Gatineau*, [En ligne], [https://ici.radio-canada.ca/nouvelle/1496552/logement-abordable-conseil-municipal-ottawa-watson-2020-motion-crise] (consulté le 5 août 2021).

RUNNELS, Vivien et Caroline ANDREW (2013). « Community-Based Research Decision-Making: Experiences and Factors Affecting Participation », *Gateways: International Journal of Community Research and Engagement*, vol. 6, p. 22-37.

SMITH, Neil (1996). *The New Urban Frontier: Gentrification and the Revanchist City*, Londres, Routledge.

STATISTIQUE CANADA (2017). « Profil du recensement – Recensement de 2016 », produit n° 98-316-X2016001 au catalogue de Statistique Canada, [En ligne], [https://www12.statcan.gc.ca/census-recensement/2016/dp-pd/prof/index.cfm?Lang=F] (consulté le 25 mai 2020).

VERTOVEC, Stephen (2007). « Super-Diversity and its Implications ». *Ethnic and Racial Studies*, vol. 30, n° 6, p. 1024-1054.

WANG, Caroline C. (1999). « Photovoice: A Participatory Action Research Strategy Applied to Women's Health », *Journal of Women's Health*, vol. 8, n° 2, p. 185-192.

WANG, Caroline et Mary Ann BURRIS (1997). « Photovoice: Concept, Methodology, and Use for Participatory Needs Assessment », *Health Education & Behaviour*, vol. 24, n° 2, juin, p. 369-387.

WHITZMAN, Carolyn, Crystal LEGACY, Caroline ANDREW, Fran KLODAWSKY, Margaret SHAW et Kalpana VISWANATH (dir.) (2013). *Building Inclusive Super-Diversity and its Implications*, Londres et New York, Routledge.

XIA, Lily (2020). *Immigrants' Sense of Belonging in Diverse Neighbourhoods and Everyday Spaces*, thèse de maîtrise, Ottawa, Université d'Ottawa.

PARTIE III

PARCOURS

CHAPITRE 9

Caroline Andrew et la génération des deux nations

Joseph Yvon Thériault

9.1. Caroline et moi

J'ai rencontré Caroline Andrew lors de mon arrivée à l'Université d'Ottawa à l'automne 1971. J'arrivais d'Acadie et je débutais une maîtrise en science politique. J'étais inscrit à l'un de ses cours sur la politique municipale canadienne, qui était son domaine de spécialisation. C'était aussi pour Caroline, qui est de quelques années mon aînée, son premier cours à l'Université d'Ottawa. Elle était encore à rédiger sa thèse de doctorat.

Je suis devenu, dès mon arrivée à Ottawa, son assistant de recherche. Le travail consistait, si je me souviens bien, à la lecture de textes de journaux portant sur les expropriations par le gouvernement fédéral au centre-ville de Hull (Andrew, Blais et DesRosiers, 1976). Je dis, « si je me souviens bien », car je ne fus pas très assidu dans ce travail. Mon intérêt portait à cette époque sur les enjeux du développement et la politique comparée. En fait, j'avais eu ce travail en raison d'un quiproquo qui sera l'objet principal des propos que je veux développer dans le présent texte. En raison de mon origine néo-brunswickoise, le département m'avait octroyé un assistanat à l'enseignement dans un cours en anglais. J'ai dû avouer alors que mon anglais était pitoyable et me rendait inapte à effectuer un tel travail. La jeune professeure Andrew sauva la mise en m'intégrant dans son équipe de recherche.

Ainsi est né, puis-je dire, un long compagnonnage qui s'échelon-nera sur plus de trente ans. Je devins moi aussi quelques années plus tard (en 1978) professeur à l'Université d'Ottawa, au département de sociologie, mais à la même faculté. J'y retrouvai Caroline, qui était devenue une formidable organisatrice de collaborations de recherche. Je ne pense pas avoir connu une universitaire qui croyait autant à la recherche collaborative. J'allais ainsi me trouver, sous son leadership, dans de multiples regroupements de recherche, de l'ACFAS local aux enjeux des nouvelles technologies, en passant par la dualité cana-dienne, etc. Mais aussi, et surtout, j'ai été son compagnon comme collègue dans la vie institutionnelle de notre université, où nous par-tagions une même vision humaniste et francophone de l'Université d'Ottawa.

C'est précisément de cet enjeu de la francophonie canadienne dans son rapport avec le Canada anglais dont je voudrais traiter ici. À ma connaissance, Caroline n'a pas explicitement écrit sur sa concep-tion de la francophonie. On pourrait dire qu'elle était sur cette ques-tion moins idéologue que pratiquante. Dans sa vie personnelle, sa vie familiale se déroulait en français dans la Basse-Ville d'Ottawa, ses enfants fréquentaient les écoles publiques de l'Ontario français. Elle me dit un jour que ce n'est qu'à l'adolescence que ses filles saisirent, ou « entendirent », que leur mère avait un accent anglais lorsqu'elle parlait.

À l'Université, on la classait dans le camp des francophones. Je me souviens que, lors d'une rencontre d'un conseil de faculté, le Doyen de l'époque nous distribua individuellement des documents. S'apercevant que j'avais des documents en français et elle, en anglais, elle parut insultée et demanda au Doyen de lui fournir la version française. Sa vie à l'Université d'Ottawa se réalisait en français, ses collaborations de recherche se sont faites principalement avec des francophones. Elle s'intéressera beaucoup à la vie politique en milieu francophone : la politique municipale dans l'Outaouais québécois, la vie syndicale dans l'Est ontarien (la grève à Hawkesbury), les femmes et la francophonie, la santé en français, le développement régional au Québec. Non pas que ces travaux n'ont pas été connus ou reconnus au Canada anglais, mais elle avait en quelque sorte choisi de les effectuer à partir d'un enracinement dans la francophonie minoritaire.

Elle était pourtant originaire de la Colombie-Britannique et d'une grande famille intellectuelle du Canada anglais. J'ai été surpris d'ap-prendre très tardivement que le philosophe canadien Georges Grant était son oncle et que Michael Ignatieff, l'intellectuel cosmopolite qui devint le chef malheureux du Parti libéral canadien, son cousin. La famille Grant, depuis le milieu du xixᵉ siècle, avait façonné le nationalisme « *canadian* ». Sans compter que son père, Geoffrey Andrew, avait été un professeur et un administrateur universitaire fort connu. Non pas qu'elle cachait ses origines anglophones, mais elle pratiquait une sorte de modestie au regard de cette noblesse d'origine[1].

J'aimerais ici aller plus loin que le parcours individuel de Caroline, ou plutôt inscrire celui-ci dans un phénomène plus générationnel, soit celui du rapport des intellectuels canadiens-anglais avec le Québec, voire la francophonie canadienne. Cependant, je ne voudrais pas faire de Caroline Andrew le prototype du comportement d'une génération ; au contraire j'aimerais plutôt montrer que son comportement était assez atypique par rapport au parcours de cette génération. Je le ferai en deux temps : d'abord, je rappellerai l'évolution de la coexistence linguistique à l'Université d'Ottawa depuis le début des années 1970 jusqu'aujourd'hui, période où Caroline Andrew, tout comme moi d'ailleurs, avons été professeurs à l'Université d'Ottawa ; ensuite, j'essaierai d'étendre ces réflexions au rapport des intellectuels canadiens anglais à l'évolution de la dualité nationale au Canada.

9.2. L'Université d'Ottawa : université bilingue ?

Au début des années 1970, au moment où j'y faisais mes études et où Caroline Andrew y commençait sa carrière de professeure, le Département de science politique, comme toute la Faculté des sciences sociales de l'Université d'Ottawa, était en croissance. La Faculté était relativement jeune. Elle avait été fondée à la suite de la création de l'Université Carleton, qui s'était donné comme mission notamment de former en sciences sociales, en anglais, de jeunes diplômés susceptibles de répondre aux besoins d'une fonction publique toute proche et en développement rapide. La vieille université bilingue fit de même, mais en français. C'est pourquoi les départements de science politique, de sociologie et d'économie se constituèrent au sein de l'université comme des départements prioritairement francophones. L'enseignement en anglais y était résiduel, figurant comme une sorte de services aux programmes plus anglophones du reste

---

1.   On trouvera dans l'ouvrage de Michael Ignatieff (2009), *Terre de nos aïeux*, l'histoire de la famille Grant qui est ce qu'il y a de plus près d'une noblesse intellectuelle canadienne-anglaise.

de l'université. Bien que bilingue dans l'offre de ses programmes (et quasi unilingue anglaise dans les programmes de sciences pures), l'université dans son ensemble regroupait à cette époque une population étudiante majoritairement francophone, qui comptait pour environ 70 % du total des étudiants.

Plusieurs jeunes universitaires bilingues anglophones se sont joints à l'Université d'Ottawa à cette époque. Particulièrement à la Faculté des sciences sociales, où ils s'intégraient volontairement à la prédominance d'une vie universitaire francophone. C'était d'ailleurs la raison pour laquelle ils avaient choisi notre Université – ou avaient été choisis par elle. Ils avaient habituellement fait une partie de leurs études universitaires en français, soit au Québec, soit en France (les programmes d'immersion n'existaient pas à l'époque). C'était le cas de Caroline, qui avait fait une maîtrise en science politique à l'Université Laval, à Québec.

Ces jeunes universitaires avaient conservé de leur séjour en francophonie un vif attachement à la culture française. Ils étaient issus du vent du bilinguisme qui soufflait alors sur le pays. La *Loi sur les langues officielles* venait d'être votée à la Chambre des communes (1969). J'ai d'ailleurs pensé un moment intituler ce texte « la génération Trudeau ». Mais, ce ne serait pas leur faire justice, car la plupart d'entre eux étaient plutôt néo-démocrates. Et, plus que le bilinguisme, c'était la dualité nationale qui les intéressait. Ils avaient fait leurs études au moment où se déroulaient les travaux de la Commission royale sur le bilinguisme et le biculturalisme (la Commission Laurendeau-Dunton ou Commission BB). Les étudiants en sciences sociales de l'époque étaient tous imprégnés des enjeux de cette commission, à laquelle plusieurs de leurs professeurs avaient travaillé. Ces jeunes intellectuels anglophones caressaient davantage le rêve d'André Laurendeau de deux nations en coexistence que celui de Pierre Elliot Trudeau d'une société d'individus bilingues, ou encore celui de Jean-Luc Pépin (coprésident de la commission Pépin-Robarts, qui avait été professeur au Département de science politique de l'Université d'Ottawa), d'une fédération canadienne décentralisée soucieuse de ses distinctions régionales[2]. Ils se sentaient donc à l'aise dans cette université qui, à l'époque, était plus biculturelle, à prédominance francophone, que bilingue.

---

2.   Dans *Trudeau et la fin du rêve canadien*, Guy Laforest (1992) réunit de nombreux textes qui rendent bien compte de ces conceptions différentes du pays.

Mais le vent a tourné à l'Université d'Ottawa. Pendant les trente
années qui ont suivi notre arrivée (à Caroline et à moi), le poids démographique des étudiants francophones a décliné de 1 % en moyenne
par année pour s'inverser complètement (aux environs de 30 % de
francophones et de 70 % anglophones aujourd'hui). En 1993, l'Université a aboli sa clause de bilinguisme pour l'obtention d'un diplôme
de premier cycle, clause qui obligeait les anglophones du campus à
apprendre le français, les francophones étant pour la plupart déjà
bilingues lors de leur entrée à l'université[3]. Paradoxalement, la fin du
bilinguisme de diplomation ouvrait la porte à une véritable bilinguisa-
tion de l'Université : des programmes entièrement anglais pour les étudiants anglophones et presque entièrement français pour les étudiants
francophones. Les vieux bastions francophones (dont le Département
de science politique) durent bilinguiser leurs programmes.

Dès lors, la démographie étudiante se modifia considérablement. L'Université accueillit une population étudiante qui, en plus
d'être majoritairement anglophone, correspondait davantage à la
« nouvelle » réalité multiculturelle canadienne qu'à la vieille dichoto-
mie Canada anglais, Canada français. La diversité de la dualité nationale céda graduellement la place à la diversité ethnoculturelle.

Plusieurs de nos collègues anglophones ont suivi idéologi-
quement le cheminement que laissait entrevoir cette transformation
linguistique et démographique de l'Université (de l'université biculturelle à l'université de la diversité) qui, comme je l'expliquerai plus
loin, m'apparaît largement être celui de l'univers intellectuel anglo-
canadien envers la dualité nationale. Je ne pense pas que Caroline ait
suivi ce cheminement. Non pas qu'elle ne soit pas sensible à cette nouvelle mouvance diversitaire, mais son activité à l'Université d'Ottawa
demeurera à prédominance francophone. Le français demeurera sa
langue publique et la francophonie universitaire, le lieu principal de
son engagement.

Pendant que l'université se bilinguisait et se pluralisait, son rôle
a été central, par exemple dans la création d'un programme de travail

---

3. J'ai fait part de ces préoccupations dans une série d'articles parus dans le jour-
    nal *Le Droit* en 1998 : Joseph Yvon Thériault (1998), « L'Université d'Ottawa
    et la francophonie : revenir à sa vocation première » ; « L'Université d'Ottawa
    et la francophonie : l'université francophone entre le rêve et la réalité » ;
    « L'Université d'Ottawa et la francophonie : le bilinguisme qui soustrait ». On
    trouvera une autre version de cette évolution dans le livre du recteur qui y a pré-
    sidé à l'époque : Roger Guindon (1998), *Coexistence équitable : la dualité linguistique
    à l'Université d'Ottawa. Volume 4 : depiuis 1965.*

social offert uniquement en français. Elle s'est investie aussi beaucoup dans la création de programmes en santé publique qui visaient parti- culièrement à répondre aux besoins de services en français. En tant que doyenne, elle s'inscrivait toujours dans la logique de la nature bicul- turelle de l'université, sensible au développement d'espaces prioritai- rement francophones. Je rappelle pour preuve la création du Centre interdisciplinaire de recherche en études minoritaires (CIRCEM), qui a vu le jour sous son décanat et dont j'ai été le premier directeur. Ce centre avait comme objectif premier l'analyse des sociétés minoritaires et de la démocratie dans le cadre d'une sociologie politique notam- ment francophone. Comme doyenne, elle a accepté la prédominance « francophone », tant comme champ d'études que comme tradition intellectuelle, que nous voulions donner à cet espace.

9.3. De la dualité nationale à la diversité canadienne

J'aimerais maintenant partir de cette réflexion sur l'Université d'Ottawa pour l'étendre à l'évolution du débat canadien sur cette dualité natio- nale évoquée plus haut. Je m'éloigne ici de Caroline ; son cheminement devient ici plutôt un prétexte pour parler des transformations du rap- port anglophone-francophone au Canada.

On peut dire, sans risquer de se tromper, qu'en politique cana- dienne, les vingt années entre la création de la Commission sur le bilinguisme et le biculturalisme (1963) à la signature de la *Loi consti- tutionnelle de 1982* sont marquées par la question de la dualité linguis- tique, ou encore par la question du Québec. En plus des travaux de la Commission BB qui sont un grand moment de conversation binatio- nale, cette période voit la victoire d'un parti souverainiste au Québec (le Parti Québécois, 1976) et l'échec d'un referendum sur la souverai- neté du Québec (1981). À la suite des travaux de la Commission BB, le bilinguisme institutionnel est institué au Canada et des lois sur la reconnaissance du français et de son enseignement voient le jour prin- cipalement au Nouveau-Brunswick et en Ontario. Certes, ce débat se prolonge notamment dans les discussions conduisant à l'Accord du Lac Meech (1987-1990) ou à celui de Charlottetown et son referendum pancanadien (1992).

Or, la *Loi constitutionnelle de 1982* vient changer radicalement le ton du débat. À tout le moins, elle vient fixer politiquement la ques- tion linguistique en l'insérant, ainsi que l'ensemble de la société cana- dienne, sous l'égide d'une Charte des droits et des libertés à saveur individualiste. Cela s'inscrit certes dans la nature du bilinguisme qu'a voulu formuler le gouvernement Trudeau dès sa réaction négative aux recommandations biculturelles de la Commission BB (le Canada n'avait pas deux cultures fondatrices, mais deux langues de communication). En donnant aux tribunaux une certaine primauté sur le Parlement, il allait, dans un premier temps du moins, judiciariser et individualiser (dans le sens de l'individualisme libéral) cette question linguistique. Celle-ci sera de moins en moins interprétée comme un compromis politique entre deux peuples que comme un ensemble de garanties linguistiques données aux individus et subséquemment à la communauté à laquelle ils appartiennent.

Il n'en a pas été ainsi, je pense, des intellectuels canadiens-anglais, du moins pour un grand nombre d'entre eux. Ces derniers ont continué, pour un temps du moins, à concevoir la question identitaire canadienne sous l'angle de la dualité nationale (les deux peuples fondateurs). Encore au début de la décennie 2000, Kenneth McRoberts (2001) pouvait affirmer que le multinationalisme, autrement dit la nature binationale (ou trinationale, en incluant les Autochtones) du Canada, demeurait l'une des traditions intellectuelles importantes au Canada anglais et, j'ajouterai, même au Québec. Il soulignait toutefois déjà que la vie politique canadienne « gardait peu de traces de cette idée ». Philip Resnick (1990), dans ses *Lettres à un ami québécois*, avait déjà rappelé au tournant des années 1990 l'hostilité grandissante des milieux intellectuels et de la gauche canadienne-anglaise vis-à-vis les revendications québécoises. Pour Resnick, ce n'est pas uniquement la vie politique, mais tout le milieu intellectuel qui ne gardait dorénavant que « peu de traces de cette idée », pour reprendre la formule de McRoberts, ou encore qui réagissait avec une hostilité croissante à cette idée.

À mon avis, ces constats seraient encore plus vrais aujourd'hui, quoique l'hostilité envers les revendications du Québec ait plutôt fait place à une certaine indifférence face à la dualité nationale. Certes, le bilinguisme reste une valeur canadienne toujours partagée (plus de 80 % des Canadiens y sont favorables selon les divers sondages). Les écoles d'immersion en langue française pour les élites anglophones demeurent populaires, mais comme le rappelait une récente étude, les élèves qui les ont fréquentées redeviennent à près de 50 % unilingues anglais, faute d'intérêt pour la langue française dans la société qu'ils habitent (Martin et Lapointe, 2021). La fréquentation de ces écoles serait plutôt mue par une logique utilitaire que par une adhésion à la valeur de la dualité linguistique canadienne.

Cette indifférence peut comporter certains avantages. La reconnaissance symbolique du Québec par le Parlement canadien sous le gouvernement Harper en 2006 et l'appui de ce même parlement à la récente résolution (mai 2021) du Bloc québécois confirmant que le Québec a le droit de modifier sa propre constitution le corroborent. Il en est de même, je pense, du projet du projet de loi C-32, déposé en juin 2021, qui propose le renouvellement de la politique sur le bilinguisme canadien. Cette mesure législative modifie considérablement la nature du bilinguisme au Canada en rompant avec le bilinguisme symétrique des lois linguistiques qui existaient depuis les années 1970, pour accepter une asymétrie linguistique. Elle reconnaît en outre que le français, même au Québec, a un statut minoritaire que l'on doit protéger et promouvoir. Or, ces propositions sont accueillies avec une certaine indifférence au Canada anglais.

La dualité nationale qui était centrale dans le débat sur l'identité nationale s'est lentement effacée au cours des années 1980, jusqu'à susciter l'indifférence. Le bilinguisme est devenu pour les Canadiens anglais qui le pratiquent (une faible minorité) plus utilitaire qu'identitaire. Ce qui n'était pas le cas, rappelons-le, des Keith Spicer, Graham Fraser, Bob Rae, Michael Ignatieff ou encore des intellectuels que j'ai cités comme Kenneth McRobarts ou Philip Resnick. Ces derniers croient ou ont cru à un moment donné au rêve d'André Laurendeau et de la Commission BB d'un Canada binational.

Comment expliquer cet effacement ? Philip Resnick l'a associé à une certaine exaspération des Canadiens anglais face à des revendications québécoises qui semblaient sans fin. Je ne crois pas trop à cette hypothèse, d'autant plus que l'enjeu de la dualité nationale, voire de la question nationale tout court, s'est aussi estompé au Québec depuis le dernier referendum (1995). Les Québécois, dans une moindre mesure, dira-t-on toutefois, sont aussi happés par l'engouement pluraliste et l'obsession des chartes, par la « trudeauisation des esprits » comme le disait l'historien Éric Bédard (2011).

Il y a, pour expliquer cette indifférence face à la question de la dualité nationale, des raisons plus profondes. Des raisons qui touchent l'ensemble de la culture politique de nos sociétés et qui ont particulièrement marqué le Canada, comme si le Canada était un avant-poste de la postmodernité. La survalorisation du pluralisme identitaire, ou encore de « la société des identités », pour employer l'expression de Jacques Beauchemin (2004), en serait, à mes yeux, fortement responsable. Ce pluralisme fragmente partout les vieilles identités nationales. Au Canada anglais, il s'est principalement déployé dans les débats entourant d'une part la question autochtone, d'autre part celle du multiculturalisme. Je m'explique.

Je commencerai par la question autochtone qui, bien que participant du pluralisme identitaire, n'est pas pour autant une question de pluralisme identitaire. Je veux dire par là que la revendication des Premières Nations n'est pas, de manière autoréférentielle, celle du pluralisme. Ces peuples revendiquent avant tout une autonomie politique et culturelle. En cela, leur positionnement relève plus de la question « nationale » que de celle du « multiculturalisme ». Il n'est pas anodin, d'ailleurs, que le vocable « Premières Nations » se soit imposé dans la conjoncture canadienne. C'était une manière pour les Autochtones de s'insérer dans une conversation nationale marquée jusque-là par la dualité nationale. Le combat autochtone aurait pu être un prolongement, un approfondissement, de la conversation sur la dualité nationale, son élargissement de deux à trois nations. C'est ce qu'envisageaient les penseurs de la plurinationalité.

Mais il n'en a pas été ainsi. L'Accord du Lac Meech, qui vise à reconnaître le caractère spécifique du Québec, est bloqué, d'abord en 1990 par le geste d'Elijah Harper, député d'origine autochtone du Manitoba, qui refuse l'unanimité nécessaire au Parlement manitobain pour ratifier l'accord. Son refus est motivé par l'absence de préoccupations autochtones dans l'accord. Il faut reconnaître en effet que la question autochtone était relativement absente du débat politique canadien au début des années 1960. On se souviendra que Pierre Elliot Trudeau avait voulu en 1969 se défaire de la *Loi sur les Indiens* de manière à faire de ceux-ci des citoyens comme les autres (sans statut particulier). Cela a plutôt eu comme effet de susciter une revendication autonomiste autochtone qui ne cesse depuis lors de gagner en crédibilité. Au départ une revendication d'autonomie gouvernementale pan-nationale (un troisième niveau de gouvernement), la revendication d'une autonomie autochtone s'est pluralisée par l'effet de la reconnaissance des traités par les tribunaux (Flanagan 2019). La question autochtone s'est alors substituée, dans les préoccupations canadiennes-anglaises, à la question de la dualité nationale (ni l'une ni l'autre n'ayant reçu de solutions autres que symboliques, d'ailleurs).

Je pense que la question autochtone n'aurait pas acquis une telle importance au pays si elle ne surfait pas en quelque sorte sur la vague du pluralisme identitaire. D'autant plus que le poids démographique des Autochtones dans l'électorat canadien est de moins de 5 %. Le pluralisme identitaire est étroitement associé à une culture de reconnaissance des minorités dominées, notamment par la culture occidentale. La question autochtone trouve résonnance dans cette critique de la raison des Lumières. Le rationalisme des modernes, son universalisme juridique, inscrirait l'humanité dans un vaste processus d'homogénéisation culturelle, éliminant du même coup toutes les autres manières de vivre, de penser, voire d'exister. Je pense notamment ici aux travaux du philosophe politique canadien James Tully (1999), qui inscrit la question autochtone dans un plaidoyer pour un pluralisme juridique à l'échelle mondiale. La revendication autochtone a eu un large écho en raison de cette sensibilité occidentale (canadienne) aux victimes de l'histoire ou, si l'on pose la question de manière plus critique, à cette culture de culpabilisation, « le sanglot de l'homme blanc » se substituant au « fardeau de l'homme blanc », comme le disait Pascal Bruckner (2002).

Le multiculturalisme canadien procède plus directement du pluralisme que la question autochtone. On a pensé au départ, surtout au Québec, que la politique de multiculturalisme canadien implanté par le gouvernement Trudeau père, dès 1971, était une simple manœuvre politicienne pour marginaliser l'enjeu de la dualité nationale. Pas de dynamique biculturelle, disait Trudeau père, mais un multiculturalisme qui relevait, diront ses critiques, presque du folklore.

L'insertion en 1982 de la reconnaissance du patrimoine multiculturel (article 27) dans la *Charte canadienne des droits et liberté* et, donc, dans la Constitution, traduisait une volonté plus ferme de faire du pluralisme une des assises de la société canadienne. Le Canada sera l'un des rares pays, on dit le premier, qui inscrira le multiculturalisme dans sa constitution comme l'un de ses fondements identitaires. Plus qu'une tactique politicienne, le Canada inaugurait ainsi une politique nouvelle, fondée sur le pluralisme identitaire. Le multiculturalisme à la Trudeau annonçait un changement d'attitude qui allait bientôt transformer la culture politique de toutes les sociétés occidentales, en substituant la question identitaire à la question sociale. L'ensemble des démocraties occidentales seront marquées par ce changement de culture politique qui ébranle partout le récit national ou plurinational.

La montée du libéralisme individualiste qui avait présidé tant à la *Loi sur les langues officielles* qu'à la Charte de 1982 l'a favorisé. L'identité allait bientôt se trouver lovée dans l'individu et non plus dans une communauté d'histoire. Le Canada serait le premier pays à ne professer aucune culture commune, que des individus pluriels. Une identité cosmopolite qui dépasserait le multiculturalisme[4]. On comprend mieux maintenant comment la connaissance du français a pu devenir quelque chose de simplement utilitaire ou, au mieux, un élément à insérer dans la besace d'un individu se concevant dorénavant de toutes les cultures, sans qu'aucune ne soit la sienne en particulier.

C'est d'ailleurs, pour en revenir à l'Université d'Ottawa, le constat qu'ont fait plusieurs de mes collègues dans la foulée des événements récents ayant secoué l'institution. Je parle évidemment ici des sanctions imposées à la professeure Verushka Lieutenant-Duval pour avoir utilisé le mot « nègre » dans un contexte pédagogique. Le débat s'est rapidement cristallisé entre les communautés linguistiques, la communauté francophone, appuyant la professeure, la communauté anglophone et la politique de la direction universitaire. Les francophones y ont vu un conflit de valeurs comme si la dualité nationale refaisait surface, les anglophones, un vieux relent communautaire, dans une société résolument pluraliste[5].

9.4. Retour à Caroline Andrew

J'ai pris comme prétexte ici, je le rappelle, ma rencontre avec Caroline pour repenser au parcours des deux nations dans les rapports intellectuels du Canada anglais et de la francophonie (québécoise et hors Québec, je n'ose plus dire Canada français). Je n'ai pas tenté de scruter l'évolution de Caroline dans ce parcours, simplement de souligner que son cheminement a été, à bien des égards, atypique, maintenant tout au long de ces tribulations un agir francophone.

Malgré ce détour, je pense être resté fidèle à l'hommage à Caroline auquel ces textes veulent contribuer. Elle a été ma première professeure de politique canadienne. La réflexion que je viens de faire a commencé là, dans cette classe du pavillon Tabaret en septembre 1971. C'est là que j'ai appris à mieux comprendre le Canada, sa dualité sociétale et, particulièrement, le Canada anglais. Pour ce dernier, je dirais qu'elle savait y être à la fois du dehors et du dedans. C'est là

---

4.   J'ai développé cette question dans Joseph Yvon Thériault (2019), *Sept leçons sur le cosmopolitisme : agir politique et démocratie*. Voir Leçon VII, « Le Canada est-il vraiment une société cosmopolite ? », p. 209-229.

5.   Voir le texte d'Anne Gilbert (2020), « L'Université d'Ottawa face à son biculturalisme », *Le Droit*.

aussi, surtout, que j'ai commencé à apprécier cette femme qui a personnifié pour moi, tout au long de sa carrière, l'intellectuelle engagée capable de naviguer entre son engagement et son statut d'universitaire, entre des cultures et des conjonctures politiques, parfois, comme on l'a vu, à contre-courant, mais sans jamais perdre le cap, à savoir que la vocation de l'universitaire était la production et la diffusion des connaissances.

Références

ANDREW, Caroline, André BLAIS et Rachel DESROSIERS (1976). *Les élites politiques, les bas-salariés et la politique du logement à Hull*, Ottawa, Éditions de l'Université d'Ottawa.

BEAUCHEMIN, Jacques (2004). *La société des identités*, Montréal, Athéna.

BÉDARD, Éric (2011). « La trudeauisation des esprits », *Le recours aux sources : essais sur notre rapport au passé*, Montréal, Boréal, p. 77-104.

BRUCKNER, Pascal (2002). *Le sanglot de l'homme blanc*, Paris, Seuil.

FLANAGAN, Tom (2019). *First Nations? Second Thoughts*, 3e éd., Montréal et Kingston, McGill-Queen's University Press.

GILBERT, Anne (2020). « L'Université d'Ottawa face à son biculturalisme », *Le Droit*, 6 novembre.

GUINDON, Roger (1992). *Coexistence équitable : la dualité linguistique à l'Université d'Ottawa. Volume 4 : depuis 1965*, Ottawa, Les Presses de l'Université d'Ottawa.

IGNATIEFF, Michael (2009). *Terre de nos aïeux*, Montréal, Boréal.

LAFOREST, Guy (1992). *Trudeau et la fin du rêve canadien*, Québec, Septentrion.

MARTIN, Laurence et Julie-Anne LAPOINTE (2021). « Les programmes d'immersion mènent-ils au bilinguisme ? », *INFO – Radio-Canada*, [En ligne], [https://ici.radio-canada.ca/nouvelle/1799635/ecoles-programme-immersion-bilinguisme-francais] (consulté le 5 août 2021).

McROBERTS, Kenneth (2001). « Canada and the Multinational State », *Canadian Journal of Political Science/Revue canadienne de science politique*, vol. 34, no 4, p. 683-713.

RESNICK, Philip et Daniel LATOUCHE (1990). *Réponse à un ami canadien*, précédé de *Lettres à un ami québécois*, Montréal, Boréal.

THÉRIAULT, Joseph Yvon (1998a). « L'Université d'Ottawa et la francophonie : le bilinguisme qui soustrait », *Le Droit*, 4 mars.

THÉRIAULT, Joseph Yvon (1998b). « L'Université d'Ottawa et la francophonie : l'Université francophone entre le rêve et la réalité », *Le Droit*, 5 mars.

THÉRIAULT, Joseph Yvon (1998c). « L'Université d'Ottawa et la francophonie : revenir à sa vocation première », *Le Droit*, 6 mars.

THÉRIAULT, Joseph Yvon (2019). « Leçon VII. Le Canada est-il vraiment une société cosmopolite » *Sept leçons sur le cosmopolitisme : agir politique et démocratie*, Montréal, Québec Amérique, p. 209-229.

TULLY, James (1999). *Une étrange multiplicité : le constitutionnalisme à une époque de diversité*, Sainte-Foy (Qc), Presses de l'Université Laval.

CHAPITRE 10

Caroline Andrew au fil de ses écrits

Anne Gilbert

Caroline Andrew est professeure à l'École d'études politiques de l'Université d'Ottawa depuis 1971. Auteure prolifique, elle a publié au fil de sa carrière des dizaines d'ouvrages, articles et chapitres de livre. J'ai recensé plus de 155 titres (26 livres, 67 articles, 58 chapitres de livres et 4 autres publications), sans même compter les multiples conférences qu'elle a données[1], tant au Canada qu'à l'étranger, dans une multitude de tribunes. Ces textes ont été écrits tant en français qu'en anglais : en français, surtout, pour les livres, en proportions à peu près égales pour les articles, et en majorité en anglais pour les chapitres de livre. Si Caroline a eu tendance à privilégier le français en début de carrière, l'anglais s'est imposé par la suite, au fil de ses nombreuses collaborations interuniversitaires au Canada anglais. Elle a publié un chapitre de livre en espagnol.

Ses deux premiers articles ont été publiés en 1975, l'année de l'obtention de son doctorat à l'Université Laval. Sa production a été continue depuis, ne connaissant aucun ralentissement, même lorsqu'elle occupait d'importantes fonctions administratives comme

---

1. J'ai fait une première recension des travaux de Caroline Andrew à l'aide de deux CV couvrant chacun une partie de sa carrière. J'ai ensuite consulté l'outil de recherche de la Bibliothèque Morisset de l'Université d'Ottawa. Enfin, j'ai complété la liste avec Érudit et *ResearchGate*.

celles de directrice du Département de Sciences politiques de l'Université d'Ottawa (1994-1997) et de doyenne de la Faculté des Sciences sociales (1997-2005).

Fait relativement inusité pour qui a multiplié comme elle l'a fait les collaborations disciplinaires et interdisciplinaires, Caroline a rédigé près du tiers des textes qu'elle a signés. Elle est la première auteure de la moitié des ouvrages qu'elle a codirigés et de la majorité de ses textes publiés avec d'autres auteurs, étudiants comme collègues.

Caroline s'est intéressée à un éventail de thématiques, à la rencontre des sciences politiques, de la sociologie des mouvements sociaux, des études des femmes et des autres groupes en quête d'équité. Pour en faciliter la présentation, j'ai regroupé ses publications sous onze rubriques, qui me semblent reproduire assez bien les grands questionnements qui l'ont habitée à différents moments de sa carrière. Si elles suivent un certain ordre chronologique, elles ne s'y conforment pas tout à fait, son cheminement n'ayant rien d'un long fleuve tranquille. Dotée d'un dynamisme hors du commun, sans compter sa curiosité naturelle, elle a mené de nombreux chantiers de recherche en parallèle. Étant donné que certains croisent plusieurs des catégories retenues, ce classement est, il faut l'admettre, on ne peut plus subjectif et sûrement teinté par mes propres biais disciplinaires. En espérant qu'il sera néanmoins utile pour prendre toute la mesure de la contribution unique de Caroline au développement du savoir.

10.1. Condition ouvrière (1975-)

Caroline Andrew s'intéresse à l'inclusion dès ses premiers travaux. Rapports sociaux, pouvoir inégal, luttes urbaines et, plus généralement, mouvements sociaux sont déjà dans sa mire. Son premier livre porte sur la question du logement dans la Ville de Hull, aujourd'hui Gatineau, alors en pleine rénovation urbaine. Comme les ouvrages qui suivront sur la même thématique, il nous offre une excellente radiographie de la condition ouvrière et des processus politiques qui, localement, concourent à sa marginalisation.

Livres

ANDREW, Caroline, André BLAIS et Rachel DESROSIERS (1976). *Les élites politiques, les bas-salariés et la politique du logement à Hull*, Ottawa, Éditions de l'Université d'Ottawa.

ANDREW, Caroline, Serge BORDELEAU et Alain GUIMONT (1981). *L'urbanisation :
une affaire – L'appropriation du sol et l'État local dans l'Outaouais québécois*,
Ottawa, Éditions de l'Université d'Ottawa.

ANDREW, Caroline, Clinton ARCHIBALD, Fred CALOREN et Serge DENIS (1986).
*Une communauté en colère : la grève contre Amoco Fabrics à Hawkesbury en
1980*, Hull, Éditions Asticou.

Articles

ANDREW, Caroline, André BLAIS et Rachel DESROSIERS (1975). « L'information
sur le logement public à Hull », *Recherches sociographiques*, vol. 16, n° 3,
p. 375-383.

ANDREW, Caroline, André BLAIS et Rachel DESROSIERS (1975). « Le logement
public à Hull », *Canadian Journal of Political Science/Revue canadienne de
science politique*, vol. 8, n° 3, p. 403-430.

ANDREW, Caroline, André BLAIS et Rachel DESROSIERS (1977). « Les échevins
et la formulation des politiques : Note méthodologique », *Canadian
Public Administration/Administration publique du Canada*, vol. 20, n° 2,
p. 231-241.

10.2. Le développement local et ses acteurs (1985-)

Les questions du développement et de l'aménagement s'imposent
rapidement à la jeune chercheure. Caroline Andrew s'intéresse plus
particulièrement à la place qu'occupent les acteurs issus du milieu
communautaire sur la scène locale et régionale, à leurs pratiques et
stratégies. La question des innovations au palier local retient aussi
son attention. Bien avant que le concept de développement local se
soit stabilisé dans la littérature, Caroline Andrew nous propose divers
textes sur le potentiel unique qu'offrent les solidarités issues des nouvelles dynamiques sociales pour le développement des territoires.

Livre

KLEIN, Juan-Luis, Caroline ANDREW, Pierre W. BOUDREAULT et Richard MORIN
(dir.) (1986). *Aménagement et développement : vers des nouvelles pratiques ?*,
Montréal, *Cahiers de l'Acfas*, n° 38, Montréal, ACFAS.

Articles

GODBOUT, Jacques, Caroline ANDREW et Mario POLÈSE (1985). « Lectures de
l'urbain », *Recherches sociographiques*, vol. 26, n° 1-2, p. 179-197.

ANDREW, Caroline (1989). « L'individu et le communautaire : impasse ou
nouveau modèle de développement ? The individual and community interests: Impasse or new development model? El individuo y lo

comunitario: ¿bloqueo o nuevo modelo de desarrollo?», *Revue internationale d'action communautaire/International Review of Community Development*, n° 22, automne, p. 81-85.

ANDREW, Caroline (1999). «Building Social Solidarities and the Community Level», *National History*, p. 29-34.

KLODAWSKY, Fran et Caroline ANDREW (1999). «Acting Locally: What Is the Progressive Potential?», *Studies in Political Economy*, n° 59, p. 149-171.

Chapitres de livre

ANDREW, Caroline (1994). «Challenges for a New Political Economy», dans Andrew Johnson, Stephen McBride et Patrick Smith (dir.), *Continuities and Discontinuities: The Political Economy of Social Welfare and Labour Market Policy in Canada*, Toronto, University of Toronto Press, p. 62-75.

Andrew, Caroline (1997). «Globalization and Local Action», dans Timothy Thomas (dir.), *The Politics of the City: A Canadian Perspective*, Toronto, Nelson, p. 139-150.

JUILLET, Luc, Caroline ANDREW, Tim AUBRY et Janet MRENICA (2001). «The Impact of Changes in the Funding Environment on Nonprofit Organizations», dans Kathy L. Brock et Keith G. Banting (dir.), *The Nonprofit Sector and Government in a New Century*, Montréal et Kingston, McGill-Queen's University Press, p. 21-62.

CHIASSON, Guy et Caroline ANDREW (2013). «Les coopératives forestières ou les difficultés du développement à la "périphérie de la périphérie", dans Guy Chiasson et Édith Leclerc (dir.), *La gouvernance locale des forêts publiques québécoises: une avenue de développement des régions périphériques ?*, Québec, Presses de l'Université du Québec, p. 147-168.

RUNNELS, Vivien et Caroline ANDREW (2017). «Youth Futures: A Program and Its Evaluation», dans Ivy Lynn Bourgeault et coll. (dir.), *Population Health in Canada: Issues, Research, and Action*, Toronto et Vancouver, Canadian Scholars, p. 196-203.

Autres

CHIASSON, Guy et Caroline ANDREW (2004). «Gatineau: un exemple du modèle québécois de développement ?», *Cahiers de la CRDC et du CRDT-UQO*.

ANDREW, Caroline et Juan-Luis KLEIN (2010). «Social Innovation: What is it and why is it important to understand it better», Montréal, *Les Cahiers du CRISES*, Collection Études théoriques.

10.3. Femmes et féminisme (1984-)

Caroline Andrew est une pionnière des études des femmes. Elle leur consacre en début de carrière un livre fondateur, où figurent plusieurs des thèmes centraux de sa recherche : famille, travail, participation politique. Elle y démontre clairement que c'est au croisement de ces différentes dimensions de la vie quotidienne que se construit le genre, annonçant la thèse aujourd'hui incontournable de l'intersectionnalité. Les femmes et les multiples lieux de leur affirmation traverseront toute son œuvre.

Livres

ANDREW, Caroline et Beth MOORE MILROY (dir.) (1988). *Life Spaces: Gender, Household, Employment*, Vancouver, University of British Columbia Press.

ANDREW, Caroline (dir.) (1989). *La diffusion de la recherche féministe au Canada : enjeux et perspectives*, Ottawa, Les Presses de l'Université d'Ottawa.

TREMBLAY, Manon et Caroline ANDREW (dir.) (1997). *Femmes et représentation politique au Québec et au Canada*, Montréal, Les éditions du remue-ménage.

ANDREW, Caroline et Linda CARDINAL (dir.) (1999). Femmes, État et société. Numéro spécial. *Recherches féministes*, vol. 12, n° 1.

CODERRE, Cécile, Ann DENIS et Caroline ANDREW (dir.) (1999). *Femmes de carrière/Carrières de femmes : étude de trajectoires familiales, scolaires et professionnelles des gestionnaires québécoises et ontariennes*, Ottawa, Les Presses de l'Université d'Ottawa.

Articles

ANDREW, Caroline (1984). « Les femmes et la consommation collective : les enjeux de l'engagement », *Politique*, n° 5, hiver, p. 109-122.

ANDREW, CAROLINE (1984). « Women and the Welfare State », *Canadian Journal of Political Science/Revue canadienne de science politique*, vol. 17, n° 4, p. 667-684.

ANDREW, Caroline (1985). « La gestion du local : un enjeu pour les femmes ? », *Revue internationale d'action communautaire/International Review of Community Development*, n° 13, printemps, p. 103-108.

ANDREW, Caroline (1990). « Laughing Together: Women Studies in Canada », *International Journal of Canadian Studies/Revue internationale d'études canadiennes*, n° 1-2, p. 135-148.

ANDREW, Caroline, Cécile CODERRE, Andrée DAVIAU et Ann DENIS (1989). « La bureaucratie à l'épreuve du féminin : essai sur les trajectoires familiales de gestionnaires québécoises et ontariennes », *Recherches féministes*, vol. 2, n° 2, p. 55-78.

ANDREW, Caroline, Cécile CODERRE et Ann DENIS (1990). « Stop or Go: Reflections of Women Managers on Factors Influencing Their Career Development », *Journal of Business Ethics*, vol. 9, n° 4, p. 361-367.

SOKOLOFF, Béatrice et Caroline ANDREW (1993). « L'apport des recherches féministes aux analyses du développement local et régional », *Canadian*

Journal of Regional Science/Revue canadienne des sciences régionales, vol. 16, nᵒ 2, p. 157-163.

ANDREW, Caroline et Linda CARDINAL (1994). « L'État paradoxal », *Recherches féministes*, vol. 12, nᵒ 1, p.1-4.

KÉRISIT, Michèle et Caroline ANDREW (1995). « La violence affichée », *Canadian Journal of Women and the Law/Revue Femmes et Droit*, vol. 8, nᵒ 2, p. 337-370.

ANDREW, Caroline (1997). « Les femmes et les gouvernements locaux en Ontario : de nouveaux enjeux », *Recherches féministes*, vol. 10, nᵒ 2, p. 113-126.

GARCEAU, Marie-Luce, Dyane ADAM, Jocelyne LAMOUR et Caroline ANDREW (1997). « Visibilité des femmes et partenariats », *Reflets : revue ontaroise d'intervention sociale et communautaire*, vol. 3, nᵒ 2, automne, p. 23-48.

ANDREW, Caroline (1998). « Les femmes et l'État-providence : question revue et corrigée », *Politique et Sociétés*, vol. 17, nᵒ 1-2, p. 171-182.

CARDINAL, Linda et Caroline ANDREW (2003). « La relève en politique municipale : un enjeu pour les femmes francophones de l'Ontario », *Francophonies d'Amérique*, nᵒ 16, p. 149-164.

ANDREW, Caroline et Linda CARDINAL (2003). « Un pouvoir à partager : les femmes francophones de l'Ontario dans la politique municipale et scolaire, état de la situation », *Reflets : revue ontaroise d'intervention sociale et communautaire*, vol. 9, nᵒ 1, printemps, p. 212–215.

ANDREW, Caroline, Pat HAREWOOD, Fran KLODAWSKY et Alette WILLIS (2004). « Accessing City Hall », *Women and Environments*, nᵒ 62-63, printemps/été, p. 49-50.

ANDREW, Caroline (2006). « Integrating Gender and Diversity in the Governance of Canadian Cities », *Gender Law and Policy Annual Review*, nᵒ 4, p. 3-8.

ANDREW, Caroline et Fran KLODAWSKY (2006). « New Voices: New Politics », *Women and Environments*, nᵒ 70-71, printemps/été, p. 66-67.

DUMONT, Micheline, Caroline ANDREW, Pierre HÉBERT, Patricia ROUX, Louise BIENVENUE, Stéphanie ROUSSEAU, Catherine DES RIVIÈRES-PIGEON et Stéphanie LANTHIER (2008). « Regards sur les paradigmes féministes en recherche/ Looks on Feminist Paradigms in Research », *Recherches féministes*, vol. 21, nᵒ 1, p. 113-130.

CÔTÉ, Denyse et Caroline ANDREW (2013). « Femmes et développement local », *Économie et Solidarités*, vol. 43, nᵒ 1-2, p. 3-9.

ANDREW, Caroline, Fran KLODAWSKY et Janet SILTANEN (2013). « Urban Contestation in a Feminist Register », *Urban Geography*, vol. 34, nᵒ 4, p. 541-559.

SILTANEN, Janet, Fran KLODAWSKY et Caroline ANDREW (2014). « "This is how I want to live my life" : An Experiment in Prefigurative Feminist Organizing for a More Equitable and Inclusive City », *Antipode*, vol. 47, nᵒ 1, p. 260-279.

Klodawsky, Fran, Caroline Andrew et Janet Siltanen (2016). « "The City Will be Ours: We Have So Decided" : Circulating Knowledges in a Feminist Register », *ACME: An International Journal for Critical Geographies*, vol. 15, n° 2, p. 309-329.

Chapitres de livre

Moore-Milroy, Beth et Caroline Andrew (1988). « Gender-Specific Approaches to Theory and Method », dans Caroline Andrew et Beth Moore Milroy (dir.), *Life Spaces: Gender, Household, Employment*, Vancouver, University of British Columbia Press, p. 176-186.

Andrew, Caroline (1993). « Le palier local et les enjeux des femmes : l'expérience d'Ottawa-Carleton », dans Évelyne Tardy et coll. (dir.), *Les Bâtisseuses de la Cité*, Cahiers scientifiques de l'ACFAS, n° 79, Montréal, ACFAS, p. 395-399.

Andrew, Caroline (1997). « Les femmes et le local : les enjeux municipaux à l'ère de la mondialisation », dans Manon Tremblay et Caroline Andrew (dir.), *Femmes et représentation politique au Québec et au Canada*, Montréal, Les éditions du remue-ménage, p. 179-194.

Andrew, Caroline (2002). « Pistes pour la construction d'une méthodologie afin de cerner la réalité des femmes francophones d'Ottawa : leur espace et leur identité », dans Jean-Pierre Wallot (dir.), *Constructions identitaires et pratiques sociales*, Ottawa, Les Presses de l'Université d'Ottawa, 2002, p. 201-204.

Andrew, Caroline (2002). « Women and the Public Sector », dans Christopher J.C. Dunn (dir.), *The Handbook on Canadian Public Administration*, Don Mills (Ont.), Oxford University Press, 2002, p. 159-168.

Andrew, Caroline (2003). « L'État et le mouvement pour la santé des femmes : un rapport complexe, ambigu et paradoxal », dans Francine Saillant et Manon Boulianne (dir.), *Transformations sociales, genre et santé. Perspectives critiques et comparatives*, Sainte-Foy (Qc) et Paris, Presses de l'Université Laval et L'Harmattan, p. 235-246.

Andrew, Caroline (2003). « Women in the Urban Landscape », dans Andrea Martinez and Meryn Elizabeth Stewart (dir.), *Out of the Ivory Tower: Feminist Research for Social Change*, Toronto, Sumach Press, p. 189-204.

Andrew, Caroline (2004). « Women as Citizens in Canada », dans Pierre Boyer, Linda Cardinal et David John Headon (dir.), *From Subjects to Citizens: A Hundred Years of Citizenship in Australia and Canada*, Ottawa, Les Presses de l'Université d'Ottawa, p. 95-106.

Andrew, Caroline (2005). « Les fusions municipales : ouvertures ou obstacles pour les femmes ? », dans Dominique Masson (dir.), *Femmes et politiques : l'État en mutation*, Ottawa, Les Presses de l'Université d'Ottawa, p. 273-295.

Andrew, Caroline (2005). « Diversité des femmes, services municipaux et construction d'un espace public dans la nouvelle ville d'Ottawa », dans Louis Guay et coll. (dir.), *Mouvements sociaux et changements institutionnels : l'action collective à l'ère de la mondialisation*, Sainte-Foy (Qc), Presses de l'Université du Québec, p. 157-170.

Andrew, Caroline (2008). « Gendering Nation-States and/or Gendering City-States: Debates about the Nature of Citizenship », dans Yasmeen Abu-Laban (dir.), *Gendering the Nation State: Canadian and Comparative Perspectives*, Vancouver, University of British Columbia Press, p. 239-251.

Andrew, Caroline (2008). « Women in Cities: New Spaces for the Women's Movement? », dans Sandra Grey et Marian Sawer (dir.), *Women's Movements : Flourishing or in Abeyance?*, Londres, Routledge, p. 116-127.

Andrew, Caroline (2009). « Women and Community Leadership: Changing Politics or Change by Politics? », dans Sylvia Bashevkin (dir.), *Opening Doors Wider*, Vancouver, University of British Columbia Press, p. 19-32.

10.4. Santé, sécurité et bien-être (1999-)

La santé, la sécurité et le bien-être occupent une place très importante dans les travaux de Caroline Andrew. De l'alimentation aux aménagements piétonniers, de l'accès aux services à la prévention et à la promotion de la santé, des évaluations aux politiques, sans oublier les enjeux auxquels sont confrontés les professionnels de la santé, elle a mené de nombreux chantiers de recherche sur ces questions. Elle a fait une contribution unique à la compréhension de l'expérience vécue non seulement par les femmes, mais aussi par les personnes âgées, les Autochtones, les immigrants et réfugiés, et d'autres autres, eu égard à leur santé.

Articles

Gilbert, Anne et Caroline Andrew (2002). « Les facteurs du bien-être de la population vieillissante : le point de vue des intervenants », *Canadian Review of Social Policy/Revue canadienne de politique sociale*, n° 49-50, p. 93-111.

Shaw, Margaret et Caroline Andrew (2005). « Engendering Crime Prevention: International Developments and the Canadian Experience », *Canadian Journal of Criminology and Criminal Justice/Revue canadienne de criminologie et de justice pénale*, vol. 47, n° 2, p. 293-316.

Whitzman, Carolyn, Margaret Shaw, Caroline Andrew et Kathryn Travers (2009), « The Effectiveness of Women's Safety Audits », *Security Journal*, vol. 22, n° 3, p. 205-218.

Grant, Theresa L., Nancy Edwards, Heidi Sveistrup, Caroline Andrew et Mary Egan (2010). « Inequitable Walking Conditions among Older

People: Examining the Interrelationship of Neighbourhood Socio-Economic Status and Urban Form Using a Comparative Case Study », *BMC Public Health*, vol. 10, n° 677, p. 1-16.

GRANT, Theresa L., Nancy EDWARDS, Heidi SVEISTRUP, Caroline ANDREW et Mary EGAN (2010). « Neighborhood Walkability: Older People's Perspectives from Four Neighborhoods in Ottawa, Canada », *Journal of Aging and Physical Activity*, vol. 18, n° 3, p. 293-312.

GRANT, Theresa L., Caroline ANDREW, Nancy EDWARDS, Heidi SVEISTRUP et Mary EGAN (2011). « Creating Walkable Places: Neighbourhood and Municipal Level Perspectives on the Socio-Political Process in Ottawa, Canada », *Journal of Urbanism: International Research on Placemaking and Urban Sustainability*, vol. 4, n° 1, p. 81-104.

VAN HERK, Kimberly A., Dawn SMITH et Caroline ANDREW (2011). « Identity Matters: Aboriginal Mothers' Experiences of Accessing Health Care », *Contemporary Nurse: A Journal for the Australian Nursing Profession*, vol. 37, n° 1, p. 57-68.

VAN HERK, Kimberly A., Dawn SMITH et Caroline ANDREW (2011). « Examining our Privileges and Oppressions: Incorporating an Intersectionality Paradigm Into Nursing », *Nursing Inquiry*, n° 18, p. 29-39.

RUNNELS Vivien, Elizabeth KRISTJANSSON et Caroline ANDREW (2013). « Food for All: Reflecting on How Theory Helped with Public Participation in the Development of Local Food Policy », *Food Studies: An Interdisciplinary Journal*, vol. 2, n° 1, p. 21-31.

SANOU, Dia, Erin O'REILLY, Ismael NGNIE-TETA, Malek BATAL, Nathalie MOUNTAIN, Caroline ANDREW, Bruce K. NEWBOLD et Ivy Lynn BOURGEAULT (2013). « Acculturation and Nutritional Health of Immigrants in Canada: A Scoping Review », *Journal of Immigrant and Minority Health*, vol. 16, n° 1, p. 24-34.

TORRES, Sara, Denise L. SPITZER, Ronald LABONTÉ et Caroline ANDREW (2014). « Community Health Workers in Canada: Innovative Approaches to Health Promotion Outreach and Community Development Among Immigrant and Refugee Populations », *The Journal of Ambulatory Care Management*, vol. 36, n° 4, p. 305-318.

TORRES, Sara, Ronald LABONTÉ, Denise L. SPITZER, Caroline ANDREW et Carol A. AMARATUNGA (2014). « Improving Health Equity: The Promising Role of Community Health Workers in Canada », *Healthcare Policy/Politiques de santé*, vol. 10, n° 1, p. 73-85.

WHITZMAN, Carolyn, Caroline ANDREW et Kalpana VISWANATH (2014). « Partnerships for Women's Safety in the City: "Four Legs for a Good Table" », *Environment and Urbanization*, vol. 26, n° 2, p. 443-456.

Chapitres de livre

ANDREW, Caroline (2000). « Resisting Boundaries? Using Safety Audits for Women », dans Kristine B. Miranne et Alma H. Young (dir.), *Gendering the City: Women, Boundaries and Visions of Urban Life*, Lanham (MD), Rowman & Littlefield, p. 157-168.

ANDREW, Caroline (2016). « Federalism and Feminism: The Canadian Challenge for Women's Urban Safety », dans Melissa Haussman, Marian Sawer et Jill Vickers (dir.), *Federalism, Feminism, and Multilevel Governance*, Londres et New York, Routledge, p. 83-96.

Autre

ANDREW, Caroline (1999). « Les enquêtes de sécurité : stratégies de pouvoir pour les femmes ou outils de contrôle étatique ? », Montréal, Institut d'urbanisme, Université de Montréal.

10.5. Le gouvernement des villes (1990-)

Caroline Andrew a consacré la plupart de ses analyses politiques les plus fines aux villes. Elle les a étudiées avec pragmatisme, sous l'angle des multiples ressorts de l'action publique. Ses travaux sur les mécanismes entourant la prestation des services municipaux illustrent jusqu'à quel point le gouvernement des villes est tributaire des transformations qui s'opèrent aux autres paliers politiques. La démocratie urbaine et les légitimités liées à la représentation politique sont parmi ses thèmes de prédilection. Les fusions municipales à Ottawa et à Gatineau lui ont offert, au tournant des années 2000, un lieu d'observation privilégié des reconfigurations du pouvoir induites par la réorganisation du territoire.

Articles

HARVEY, Jean, Caroline ANDREW et Don DAWSON (1990). « Le loisir à Québec et l'État-providence », *Recherches sociographiques*, vol. 31, n° 1, p. 25-44.

ANDREW, Caroline (1991). « La démocratie et les services urbains », *Trames : revue de l'aménagement*, n° 6, p. 30-32.

ANDREW, Caroline, Jean HARVEY et Don DAWSON (1994). « Evolution of Local State Activity: Recreation Policy in Toronto, *Leisure Studies*, vol. 13, n° 1, p. 1-16.

POIRIER, Christian et Caroline ANDREW (2003). « Décision et consultation au niveau local : dynamiques et tensions entre la démocratie représentative et la démocratie consultative à la Ville d'Ottawa », *Gestion*, vol. 28, n° 3, p. 28-36.

CHIASSON, Guy, Mario GAUTHIER et Caroline ANDREW (2013). « Municipal Political Parties and Politicization: The Case of the 2013 Gatineau Elections », *Canadian Journal of Urban Research/Revue canadienne de recherche urbaine*, vol. 23, n° 2, p. 79-99.

DAWSON, Don, Caroline ANDREW et Jean HARVEY (2013). « Leisure, the Local State and the Welfare State: A Theoretical Overview », *Loisir et Societé/Leisure and Society*, vol. 14, n° 1, p. 191-217.

Chapitres de livre

ANDREW, Caroline et Jeff MORRISON (2001). « Infrastructure », dans Edmund P. Fowler et David Siegel (dir.), *Urban Policy Issues: Canadian Perspective*, 2ᵉ éd., Don Mills (Ont.), Oxford University Press, p. 237-252.

ANDREW, Caroline (2003). « Municipal Restructuring, Urban Services and the Potential for the Creation of Transformative Political Spaces », dans Wallace Clement et Leah F. Vosko (dir.), *Changing Canada: Political Economy as Transformation*, Montréal et Kingston, McGill-Queen's University Press, p. 311-334.

ANDREW, Caroline et Guy CHIASSON (2005). « Fusion de l'agglomération de Gatineau et redéfinition du centre », dans Laurence Bherer et coll. (dir.), *Jeux d'échelle et transformation de l'État : le gouvernement des territoires au Québec et en France*, Québec, Presses de l'Université Laval, p. 119-135.

ANDREW, Caroline (2006). « Evaluating Municipal Reform in Ottawa-Gatineau: Building for a More Metropolitan Future », dans Eran Razin et Patrick J. Smith (dir.), *Metropolitan Governing: Canadian Cases, Comparative Lessons*, Jerusalem, Hebrew University Magnes Press, p. 75-94.

CHIASSON, Guy, Mario GAUTHIER et Caroline ANDREW (2011). « Les élections municipales de 2009 à Gatineau : quel modèle de démocratie urbaine ? », dans Sandra Breux et Laurence Bherer (dir.), *Les élections municipales au Québec : enjeux et perspectives*, Québec, Presses de l'Université Laval, p. 265-288.

ANDREW Caroline (2015). « Ottawa: Would "Telling Its Story" Be the Right Way to Go? », dans Kevin Edson, Alex Jones et Robert Shields (dir.), *City Regions in Prospect? Exploring the Meeting Points between Place and Practice*, Montréal et Kingston, McGill-Queen's University Press, p. 143-160.

ANDREW, Caroline et Angela FRANOVIC (2020). « Rethinking Suburbanization: Towards a Socially Just Transit System for Ottawa », dans Jan Nijman (dir.), *The Life of North American Suburbs*, Toronto, University of Toronto Press, p. 307-327.

Autre

ANDREW, Caroline (2013). « Missed Opportunities: Placemaking by Story Telling », *Curb Magazine*, vol 4, n° 2, p. 18-19.

10.6. Villes-capitales – villes mondiales (1993-2013)

Fine observatrice des dynamiques propres à Ottawa, ville-capitale, Caroline Andrew lui consacre un certain nombre de travaux, ainsi qu'aux autres villes qui, ailleurs dans le monde, ont été érigées au rang de capitale. Elle s'est intéressée non seulement à leur cadre bâti, à leur aménagement et à leurs modalités de gestion, mais aussi à ces dimensions moins tangibles du statut de capitale, qui relèvent des représentations et de l'imaginaire. La place qu'occupent ces capitales sur l'échiquier mondial a aussi fait partie de ses réflexions.

Livres

Taylor, John, Jean G. Lengellé et Caroline Andrew (dir.) (1993). *Capital Cities: International Perspectives/Les capitales : perspectives internationales*, Ottawa, Carleton University Press, 1993.

Andrew, Caroline, Pat Armstrong et André Lapierre (dir.) (1999). *Les villes mondiales : y a-t-il une place pour le Canada ?*, Ottawa, Les Presses de l'Université d'Ottawa, 1999. [Version anglaise : *World Class Cities: Can Canada Play?*].

Articles

Andrew, Caroline et John Taylor (2000). « Capital Cities, Special Cities: How to Ensure Their Successful Development », *Plan Canada*, vol. 90, n° 3, p. 38-39.

Andrew, Caroline, Marisa Canuto et Kathryn Travers (2013). « Le défi d'être, à la fois, local et mondial : Femmes et Villes International », *Économie et Solidarités*, vol. 43, n° 1-2, p. 55-69.

Chapitres de livre

Andrew, Caroline (1999). « Cent ans de plus que Berlin : perspectives politiques sur la construction de la capitale canadienne », *La capitale du Canada : réflexions sur le passé et perspectives d'avenir*, Ottawa, Commission de la Capitale nationale, p. 65-71.

Andrew, Caroline (2007). « Trying to be World-Class: Ottawa and the Presentation of Self », dans Timothy A. Gibson et Mark Douglas Lowes (dir.), *Urban Communication: Production, Text, Context*, Lanham (MD), Rowman & Littlefield, p. 127-140.

Andrew, Caroline (2013). « The Case of Ottawa », dans Nagel Klaus-Jürgen (dir.), *The Problem of the Capital City: New Research on Federal Capitals and Their Territory*, Generalitat de Catalunya, Institut d'Estudis Autonòmics, p. 60-71.

10.7. Les villes dans le système politique canadien (2000-)

Tout un courant de recherche s'intéresse au rôle de la ville comme acteur politique, social et économique. Caroline Andrew le nourrira de ses questionnements sur les transformations du pouvoir local et sur les nouvelles configurations de l'action publique dans un contexte de changements dans les modes d'intervention de l'État. Elle défendra âprement l'idée que les villes doivent être reconnues davantage par le système politique canadien. Pour elle, c'est ici que se jouent certaines des principales questions sociétales du pays, dont l'inclusion. La question du pouvoir des villes reviendra comme un leitmotiv dans ses travaux.

Livres

ANDREW, Caroline, Katherine A. H. GRAHAM et Susan D. PHILLIPS (dir.) (2002). *Urban Affairs: Back on the Policy Agenda*, Montréal et Kingston, McGill-Queen's University Press.

GRAHAM, Katherine A. H. et Caroline ANDREW (dir.) (2014). *Canada in Cities: The Politics and Policy of Federal-Local Government*, Montréal et Kingston, McGill-Queen's University Press.

Article

ANDREW, Caroline (2000). « The Shame of (Ignoring) the Cities », *Journal of Canadian Studies/Revue d'études canadiennes*, vol. 35, n° 4, p. 100-111.

Chapitres de livre

ANDREW, Caroline, Katherine A. H. GRAHAM et Susan D. PHILLIPS (2002). « Urban Affairs in Canada: Changing Roles and Changing Perspectives », dans Caroline Andrew, Katherine A. H. Graham et Susan D. Phillips (dir.), *Urban Affairs: Back on the Policy Agenda*, Montréal et Kingston, McGill-Queen's University Press, p. 3-20.

ANDREW, Caroline et Guy CHIASSON (2011). « A Greater Role for Municipalities », dans Rupak Chattopadhyay et Gilles Paquet (dir.), *The Unimagined Canadian Capital: Challenges for the Federal Capital Region*, Ottawa, Invenire, p. 75-78.

10.8. Questions de gouvernance (1998-)

Caroline Andrew délaissera progressivement l'étude du gouvernement des villes pour aborder celle de leur gouvernance. Elle publiera un certain nombre de travaux phares sur la question, contribuant à imposer une nouvelle vision de la ville moins institutionnelle, plus communautaire. Des nouveaux processus d'élaboration et de mise en place des politiques urbaines jusqu'aux mécanismes alternatifs de négociation entre les divers groupes en présence nécessaires à leur actualisation, elle s'intéressera à diverses facettes de la gouvernance urbaine. Tant les grandes villes du Canada que ses milieux périphériques seront dans sa mire.

Livres

CARDINAL, Linda et Caroline ANDREW (dir.) (2001). *La démocratie à l'épreuve de la gouvernance*, Ottawa, Les Presses de l'Université d'Ottawa.

CLÉMENT, Richard et Caroline ANDREW (dir.) (2012). *Villes et langues : gouvernance et politique*, Ottawa, Invenire, 2012. [Version anglaise : *Cities and Languages: Governance and Policy*].

ANDREW, Caroline, Ruth HUBBARD et Gilles PAQUET (dir.) (2012). *Gouvernance communautaire : innovations dans le Canada français hors Québec*, Ottawa, Invenire.

Articles

ANDREW, Caroline et Michael GOLDSMITH (1998). « Introduction: The Theme of Local Governance », *International Political Science Review*, vol. 19, n° 2, p. 99-100.

ANDREW, Caroline et Michael GOLDSMITH (1998). « From Local Government to Local Governance—and Beyond? », *International Political Science Review*, vol. 19, n° 2, p. 101-117.

JUILLET, Luc et Caroline ANDREW (1999). « Développement durable et nouveaux modes de gouvernance locale : le cas de la Ville d'Ottawa », *Économie et Solidarités*, vol. 30, n° 2, p. 75-93.

ANDREW, Caroline (2000). « La gouvernance locale », *Relations*, n° 659, p. 75-77.

CHIASSON, Guy, Caroline ANDREW, René BLAIS, Jacques BOUCHER et Anne GILBERT (2004). « La gouvernance locale dans les milieux ruraux périphériques québécois », *Économie et Solidarités*, vol. 34, n° 2, p. 132-139.

ANDREW, Caroline (2007). « La gestion de la complexité urbaine : le rôle et l'influence des groupes en quête d'équité dans les grandes villes canadiennes », *Télescope*, vol. 13, n° 3, printemps, p. 60-67.

BURLONE, Nathalie, Caroline ANDREW, Guy CHIASSON et Jean HARVEY (2008). « Horizontalité et gouvernance décentralisée : les conditions de collaboration dans le contexte de l'action communautaire », *Canadian Public Administration/Administration publique du Canada*, vol. 51, n° 1, p. 127-142.

ANDREW, Caroline et David DOLOREUX (2011). « Economic Development, Social Inclusion and Urban Governance: The Case of the City-Region of Ottawa in Canada », *International Journal of Urban and Regional Research*, vol. 36, n° 6, p. 1288-1305.

Chapitres de livres

ANDREW, Caroline (2012). « Initiatives en Ontario », dans Caroline Andrew, Ruth Hubbard et Gilles Paquet (dir.), *Gouvernance communautaire : innovations dans le Canada français hors Québec*, Ottawa, Invenire, p. 51-55.

ANDREW, Caroline (2013). « Les populations marginalisées et la gouvernance locale des forêts », dans Guy Chiasson et Édith Leclerc (dir.), *La gouvernance locale des forêts publiques québécoises : une avenue de développement des régions périphériques ?*, Québec, Presses de l'Université du Québec, p. 189-204.

LECLERC, Édith et Caroline ANDREW (2013). « Les tables de concertation de gestion intégrée des ressources forestières : est-ce que les GIR gouvernent ? », dans Guy Chiasson et Édith Leclerc (dir.), *La gouvernance locale des forêts publiques québécoises : une avenue de développement des régions périphériques ?*, Québec, Presses de l'Université du Québec, p. 127-146.

RUNNELS, Vivien et Caroline ANDREW (2013). « Community-Based Research Decision-Making: Experiences and Factors Affecting Participation », *Gateways: International Journal of Community Research and Engagement*, vol. 6, p. 22-37.

10.9. Diversité, équité, inclusion et citoyenneté (2004-)

Caroline Andrew a consacré les dernières années de sa carrière à l'étude de la diversité. Elle a mené un éventail de projets de recherche sur les défis et les enjeux soulevés par la présence accrue des immigrants dans les villes ontariennes et canadiennes, depuis leur établissement jusqu'à leur accès au travail et aux mécanismes favorisant leur représentation politique. Femme d'action, elle s'est mobilisée activement pour trouver des manières inédites de favoriser leur pleine participation aux affaires de la Cité. C'est ainsi qu'elle nous a offert des réflexions inédites sur la citoyenneté, qu'elle a souhaité la plus inclusive possible. Par ces travaux, elle s'est définitivement imposée en tant que spécialiste incontournable des questions d'équité et d'inclusion.

Livres

ANDREW, Caroline (dir.) (2004). *Nos diverses cités*, Ottawa, Projet Metropolis, Fédération canadienne des municipalités [Version anglaise : *Our Diverse Cities*].

ANDREW, Caroline, Monica GATTINGER, M. Sharon JEANNOTTE et Will STRAW (dir.) (2005). *Accounting for Culture: Thinking through Cultural Citizenship*, Ottawa, Les Presses de l'Université d'Ottawa.

ANDREW, Caroline, John BILES, Myer SIEMIATYCKI et Erin TOLLEY (dir.) (2008). *Electing a Diverse Canada: The Representation of Immigrants, Minorities and Women*, Vancouver, University of British Columbia Press.

ANDREW, Caroline, John BILES, Meyer BURSTEIN, Victoria M. ESSES et Erin TOLLEY (dir.) (2012). *Immigration, Integration, and Inclusion in Ontario Cities*, Montréal et Kingston, McGill-Queen's University Press.

WHITZMAN, Carolyn, Crystal LEGACY, Caroline ANDREW, Fran KLODAWSKY, Margaret SHAW et Kalpana VISWANATH (dir.) (2013). *Building Inclusive Cities: Women's Safety and the Right to the City*, Londres et New York, Routledge.

KLODAWSKY, Fran, Janet SILTANEN et Caroline ANDREW (dir.) (2017). *Toward Equity and Inclusion in Canadian Cities: Lessons from Critical Praxis-Oriented Research*, Montréal et Kingston, McGill-Queen's University Press.

Articles

ANDREW, Caroline (2008). « La Ville d'Ottawa et l'immigration francophone », *Canadian Issues/Thèmes canadiens*, printemps, p. 65-68.

AGRAWAL, Sandeep, Caroline ANDREW et John BILES (2009). « Welcoming Communities: Planning for Diverse Populations », *Plan Canada*, p. 4-5.

ANDREW, Caroline (2010). « Récit d'une recherche-action : la participation et le passage de frontières de femmes immigrantes à la Ville d'Ottawa », *Sociologie et sociétés*, vol. 42, n° 1, p. 227-243.

ANDREW, Caroline, Fran KLODAWSKY et Janet SILTANEN (2013). « Soft Skills and Hard Prejudices: Pathways to improve the Life Chances of Recent Immigrant Women in Ottawa, Canada », *Diversities*, vol. 15, n° 1, p. 67-78.

Chapitres de livre

ANDREW, Caroline (2005). « Multiculturalism, Gender, and Social Cohesion: Reflections on Intersectionality and Urban Citizenship in Canada », dans Gerald P. Kernerman et Philip Resnick (dir.), *Insiders & Outsiders: Alan Cairns and the Reshaping of Canadian Citizenship*, Vancouver, University of British Columbia Press, p. 316-325.

ANDREW, Caroline (2010). « Gender, Substantive Citizenship and Multiculturalism in Canada: Perspectives, Debates and Silences », dans Miyoko Tsujimura et Mari Osawa (dir.), *Gender Equality in Multicultural Societies: Gender, Diversity and Conviviality in the Age of Globalization*, Sendai, Tohoku University Press, p. 137-150.

ANDREW, Caroline et Rachida Abdourhamane HIMA (2011). « Federal Policies on Immigrant Settlement », dans Erin Tolley et Robert Young (dir.), *Immigrant Settlement Policies in Canadian Municipalities*, Montréal et Kingston, McGill-Queen's University Press, p. 49-72.

BRADFORD, Neil et Caroline ANDREW (2011). « The Harper Immigration Agenda : Policy and Politics in Historical Context », dans Christopher Stoney et Bruce Doern (dir.), *How Ottawa Spends*, Montréal et Kingston, McGill Queen's University Press, p. 138-262.

ANDREW, Caroline, John BILES et Erin TOLLEY (2012). « Follow the Leader? Integration and Inclusion in Ottawa », dans Caroline Andrew et coll. (dir.), *Immigration, Integration, and Inclusion in Ontario Cities*, Montréal et Kingston, McGill-Queen's University Press, p. 49-82.

DE GRAAUW, Els et Caroline ANDREW (2012). « Immigrant Political Incorporation in American and Canadian Cities », dans Carlos Teixeira, Wei Li et Audrey Kobayashi (dir.), *Immigrant Geographies of North American Cities*, Don Mills (Ont.), Oxford University Press, p. 179-206.

ANDREW, Caroline et Crystal LEGACY (2013). « The Role of Partnerships in Building Inclusive Cities », dans Carolyn Whitzman, Crystal Legacy, Caroline Andrew, Fran Klodawsky, Margaret Shaw et Kalpana Viswanath (dir.), *Building Inclusive Cities: Women's Safety and the Right to the City*, Londres et New York, Routledge, p. 90-102.

ANDREW, Caroline (2014). « Newcomers to the City: Institutional and Noninstitutional Modes of Civic Participation for Newcomers in the City of Ottawa », dans Andrew Sanction et Chen Zhenming (dir.), *Citizen Participation at the Local Level in China and Canada*, Hoboken (N.J.), Taylor and Francis, p 270-281.

ANDREW, Caroline et David DOLOREUX (2014). « Linking Innovation and Inclusion: The Governances Question in Ottawa », dans Neil Bradford et Allison Bramwell (dir.), *Governing Urban Economies : Innovation and Inclusion in Canadian City-Regions*, Toronto, University of Toronto Press, p. 137-160.

ANDREW, Caroline et Rachida Abdourhamane HIMA (2014). « Federal Policies on Immigrant Settlement », dans Katherine A. H. Graham et Caroline Andrew (dir.), *Canada in Cities: The Politics and Policy of Federal-Local Government*, Montréal et Kingston, McGill-Queen's University Press, p. 298-329.

BILES, John, Erin TOLLEY, Caroline ANDREW, Victoria ESSES et Meyer BURNSTEIN (2011). « Integration and Inclusion in Ontario: The Sleeping Giant Stirs », dans John Biles et coll. (dir.), *Integration and Inclusion of Newcomers and Minorities across Canada*, Montréal et Kingston, McGill-Queen's University Press, p. 195-246.

KLODAWSKI, Fran, Caroline ANDREW et Janet SILTANEN (2018). « Closing Reflections », dans Fran Klodawski, Janet Siltanen et Caroline Andrew (dir.), *Toward Equity and Inclusion in Canadian Cities: Lessons from Critical Praxis-Oriented Research*, Montréal et Kingston, McGill-Queen's University Press, p. 306-310.

10.10. Le Canada et ses régions (1989-)

Tout au long de son parcours, Caroline Andrew s'est interrogée sur les dynamiques qui concourent à l'édification et aux transformations des lieux et territoires. Gatineau et Ottawa, l'Outaouais, l'Ontario français, milieux qu'elle a bien connus pour y avoir évolué pendant près de 50 ans, ont ainsi été au centre de ses travaux. Elle a aussi publié divers textes sur le Canada dans son ensemble, dont elle a su, mieux que quiconque, faire ressortir la nature paradoxale. Dans toutes ces synthèses régionales, les appartenances et les identités, ainsi que les acteurs qui en sont porteurs, occupent une place particulière.

Livres

GAFFIELD, Chad, André CELLARD, Gérald PELLETIER, Odette VINCENT DOMEY, Caroline ANDREW et André BEAUCAGE (dir.) (1994). *Histoire de l'Outaouais*, Québec, Institut québécois de recherche sur la culture.

ANDREW, Caroline (dir.) (1999). *Dislocation et permanence : l'invention du Canada au quotidien*, Ottawa, Les Presses de l'Université d'Ottawa.

CARDINAL, Linda, en collaboration avec Caroline ANDREW et Michèle KÉRISIT (2001). *Chroniques d'une vie politique mouvementée : l'Ontario francophone de 1986 à 1996*, Ottawa, Le Nordir.

Articles

ANDREW, Caroline, Hélène DION et Brigitte JACQUES (1989). « Les groupes de femmes de l'Outaouais et l'identité régionale : étude exploratoire », *Cahiers de géographie du Québec*, vol. 33, n° 89, p. 253-261.

ANDREW, Caroline (2002). « Ottawa : le regard touristique », *Téoros*, vol. 21, n° 1, p. 32-35.

ANDREW, Caroline (2017). « Canada and Society », *Canadian Journal of Political Science/Revue canadienne de science politique*, vol. 50, n° 1, p. 329-343.

Chapitres de livre

ANDREW, Caroline (1994). « Regionalismo: La experiencia canadiense », dans Mario Rapoport (dir.), *Globalización, Integración e Identidad nacional: Análisis comparado Argentina-Canadá*, Buenos Aires, Grupo Editor Latinoamericano, 1994, p. 223-242.

ANDREW, Caroline (1999). « Les métropoles canadiennes », dans Caroline Andrew (dir.), *Dislocation et permanence : l'invention du Canada au quotidien*, Ottawa, Les Presses de l'Université d'Ottawa, p. 61-79.

ANDREW, Caroline (1999). « La politique sociale et la construction du pays », dans Caroline Andrew (dir.), *Dislocation et permanence : l'invention du Canada au quotidien*, Ottawa, Les Presses de l'Université d'Ottawa, p. 205-228.

CHIASSON, Guy et Caroline ANDREW (2009). « Modern Tourist Development and the Complexities of Cross-Border Identities within a Planned Capital Region », dans Robert Maitland et Brent W. Ritchie (dir.), *City Tourism: National Capital Perspectives* », Cambridge, CABI, p. 253-277.

ANDREW, Caroline, Brian RAY et Guy CHIASSON (2011). « Ottawa-Gatineau: Capital Formation », dans Larry S. Bourne et coll. (dir.), *Canadian Urban Regions: Trajectories of Growth and Change*, Don Mills (Ont.), Oxford University Press, p. 202-235.

ANDREW, Caroline (2012). « Federal Policies on Image-Building: Very Much Cities and Communities », dans Jean Harvey et Robert Young (dir.), *Image-Building in Canadian Municipalities*, Montréal et Kingston, McGill-Queen's University Press, p. 27-46

ANDREW, Caroline et Guy CHIASSON (2012). « La Ville d'Ottawa : représentation symbolique et image publique », dans Richard Clément et Caroline Andrew (dir.), *Villes et langues : gouvernance et politiques – Symposium international*, Ottawa, Invenire.

ANDREW, Caroline, Brian RAY, Guy CHIASSON et Marie LEFEBVRE (2014). « La fonction capitale et l'emploi », dans Anne Gilbert et coll., *La frontière au quotidien : expériences des minorités à Ottawa-Gatineau*, Ottawa, Les Presses de l'Université d'Ottawa, p. 41-57.

ANDREW, Caroline et David DOLOREUX (2016). « Moving from Complaisance Revisited: Ottawa Trying Again to Define its Regional Advantage », dans David A. Wolfe et Meric S. Gertler (dir.), *Growing Urban Economies: Innovation, Creativity, and Governance in Canadian City-Regions.*, Toronto, University of Toronto Press, p. 139-156.

10.11. Hommages (2003-)

Enfin, avec la générosité qu'on lui connaît, Caroline Andrew a aussi écrit quelques textes-hommage.

Livre

ANDREW, Caroline, Ruth HUBBARD et Jeffrey ROY (dir.) (2009). *Gilles Paquet : homo hereticus*, Ottawa, Les Presses de l'Université d'Ottawa.

Article

ANDREW, Caroline (2004). « The Urban Legacy of Jean Chrétien », *Review of Constitutional Studies/Revue d'études constitutionnelles*, vol. 9, n° 1-2, p. 53-70.

Chapitre de livre

ANDREW, Caroline (2003). « Le chercheur et l'expert : dialogue avec Vincent Lemieux », dans Jean Crête (dir.), *Hommage à Vincent Lemieux : la science politique au Québec – Le dernier des maîtres fondateurs,* Sainte-Foy (Qc), Presses de l'Université Laval, p. 455-464.

Biographies

Sahada Alolo est directrice de l'engagement communautaire chez Multifaith Housing Initiative. Elle est actuellement détachée à titre de codirectrice du Conseil d'orientation sur la santé mentale et les dépendances d'Ottawa. Elle consacre sa carrière à collaborer auprès d'organisations cherchant à établir des liens entre diverses communautés. Elle est également présidente du conseil d'administration de l'Organisation des femmes musulmanes d'Ottawa, membre exécutive de l'Association afro-canadienne d'Ottawa et coprésidente du Conseil sur l'équité police-collectivité du Service de police d'Ottawa. Sahada Alolo détient un doctorat en leadership pédagogique de l'Université Creighton aux États-Unis.

Nathalie Burlone est professeure titulaire à l'École d'études politiques de l'Université d'Ottawa. Elle est directrice du Réseau de recherche en politiques sociales au Centre d'étude en gouvernance de l'Université d'Ottawa (https://sciencessociales.uottawa.ca/gouvernance/axes-recherche/politiques-sociales) et codirectrice de *Revue Gouvernance/ Governance Review* (https://www.erudit.org/fr/revues/gouvernance/). Ses recherches portent principalement sur la construction des problèmes publics dans une approche ancrée dans l'analyse de discours. Le premier axe de recherche s'intéresse aux enjeux à haute teneur émotive et morale, particulièrement l'aide médicale à mourir au Canada et au Québec (CRSH 2020-2024). Le second explore le(s) rôle(s) de l'intensité émotive dans la construction et la transformation de certains enjeux publics.

Jean-Sébastien Caron de Montigny est étudiant à la maîtrise en sciences sociales du développement à l'Université du Québec en Outaouais. Il s'intéresse particulièrement aux questions de démocratie locale, de participation et d'inclusion des citoyens aux affaires de la ville. Depuis 2018, il s'est impliqué dans plusieurs projets de recherche rejoignant ces sujets, notamment sur les formes de collaboration entre les municipalités et les entreprises d'économie sociale. Il est membre du Centre de recherche sur le développement territorial.

Guy Chiasson est professeur titulaire au Département des sciences sociales de l'Université du Québec en Outaouais. Il est chercheur régulier du Centre de recherche sur le développement territorial et est membre de l'Association des Sciences Régionales de Langue Française (ASRDLF). Ses travaux de recherche portent sur les gouvernements locaux et leur rôle en matière de développement et d'aménagement des territoires. Ses projets de recherche récents portent sur les transformations des modèles de gouvernance dans les milieux ruraux et urbains canadiens, y compris la gouvernance locale des forêts dans plusieurs régions canadiennes.

Denyse Côté est professeure titulaire au Département de travail social de l'Université du Québec en Outaouais. Elle dirige l'ORÉGAND (Observatoire sur le développement régional et l'analyse différenciée selon les sexes). Militante, organisatrice communautaire, diplômée en science politique (MA) et en sociologie (Ph. D.), elle a axé ses recherches, entre autres, sur les groupes communautaires et sur les groupes de femmes. Elle s'intéresse plus précisément à la mise en rapport du secteur associatif avec les instances gouvernementales ainsi qu'au jeu d'acteurs entourant les mouvements féministes québécois et haïtiens. Elle mène depuis plusieurs années des recherches sur ces questions, dont une sur les interventions post-séisme auprès des groupes de femmes haïtiens.

Anyck Dauphin détient un Ph. D. en économie et est professeure au Département des sciences sociales de l'Université du Québec en Outaouais. Ses recherches actuelles adoptent une perspective multidisciplinaire et se penchent sur l'expérience de réinstallation des réfugiés syriens à Gatineau, notamment par rapport à la francisation et à l'emploi, sur les facteurs d'attraction et de rétention des familles immigrantes en milieu rural, sur la situation des personnes immigrantes sur le marché du travail, sur les pratiques des PME en matière d'intégration des travailleurs nouvellement arrivés et sur le rôle des quartiers dans la résilience des nouveaux arrivants.

Aude-Claire Fourot est professeure agrégée en études urbaines et en science politique ainsi que directrice de l'Institute of Governance Studies à l'Université Simon Fraser à Vancouver. Ses recherches combinent l'action publique, la politique comparée et la politique canadienne, notamment à l'échelle locale. Elle est l'auteure de *L'intégration des immigrants : cinquante ans d'action publique locale* (PUM, 2013). Elle a aussi codirigé *Citizenship as a Regime: Canadian and International Perspectives* (MQUP, 2018) ainsi que *Le Canada dans le monde : acteurs, idées, gouvernance* (PUM, 2019). Parmi ses récentes publications, on compte la codirection de *L'accueil hors des grandes villes*, un numéro spécial publié par la *Revue européenne des migrations internationales*.

Winnie Frohn est professeure retraitée du Département d'études urbaines et touristiques de l'Université du Québec à Montréal. Ses recherches portent sur le logement communautaire ainsi que sur les choix en aménagement du territoire. De 1985 à 1993, Elle a été conseillère à la Ville de Québec et vice-présidente du Comité exécutif (1989 à 1993). Sa collaboration avec des groupes de femmes et des groupes communautaires s'est manifestée par son appui à la création des conseils de quartier et de la Commission femmes et ville. Le Rassemblement populaire, dont elle était membre, visait à faire la politique différemment, notamment en permettant la dissidence.

Anne Gilbert est professeure émérite au Département de géographie de l'Université d'Ottawa, où elle mène divers travaux sur les langues et les cultures au Canada. Elle s'intéresse aux lieux et aux territoires vécus et institutionnels des minorités francophones du pays et à leur géographie imaginaire. Ses travaux récents portent sur la dynamique de l'espace francophone dans la région d'Ottawa-Gatineau et sur ses paysages linguistiques. Anne Gilbert a été directrice de recherche au Centre interdisciplinaire de recherche sur la citoyenneté et les minorités (CIRCEM). Elle a aussi dirigé le Centre de recherche en civilisation canadienne-française (CRCCF). On lui a décerné l'Ordre des francophones d'Amérique en septembre 2013. Elle est membre de la Société royale du Canada.

Fran Klodawsky est professeur émérite au Département de géographie et des sciences de l'environnement de l'Université Carleton. Elle se spécialise notamment dans la politique publique et l'inclusion et l'exclusion sociales dans les villes, en particulier en ce qui a trait au logement et à la perspective féministe sur les villes, sur l'organisation communautaire, sur le logement et sur l'itinérance. Dans le cadre de son travail, elle a autant recours à des méthodes quantitatives que qualitatives dans un environnement de collaboration basé sur la communauté. Elle est l'une des membres fondatrices d'Initiative : une ville pour toutes les femmes et y a joué un rôle de conseillère pédagogique. Elle a aussi été secrétaire du conseil pour Femmes et Villes International. Elle a aussi siégé à titre de présidente pour l'organisme Alliance to End Homelessness à Ottawa et présidente et vice-présidente de Multifaith Housing Initiative.

Anne Mévellec est professeure titulaire à l'École d'études politiques de l'université d'Ottawa. Ses recherches portent sur l'action publique territoriale. Elle s'intéresse à la fois aux réformes administratives modifiant l'organisation du territoire, aux politiques menées par les municipalités ainsi qu'à la sociologie du personnel politique et administratif local. Parmi ses publications, on trouve *Genre et professionnalisation de la politique municipale* (en collaboration avec M. Tremblay, PUQ, 2016). Elle est directrice de l'axe Action publique et territoire du Centre d'étude en gouvernance, et codirectrice de la *Revue Gouvernance/Governance Review*.

Sylvie Paré est professeure titulaire au Département d'études urbaines et touristiques de l'École des sciences de la gestion de l'Université du Québec à Montréal et membre du réseau Villes Régions Monde, du GEST, de l'IREF et du RéQEF. Ses intérêts de recherche sont l'entrepreneuriat immigrant féminin, dans les contextes urbains et régionaux, la transformation des quartiers, dont la Cité-Jardin du Tricentenaire et le quartier Hochelaga-Maisonneuve et la gestion de la diversité en milieu municipal. Elle vient de codiriger un numéro spécial des *Cahiers de géographie du Québec* sur le thème du genre des territoires. Elle s'intéresse plus particulièrement aux enjeux de l'inclusion dans les villes.

Joseph Yvon Thériault est professeur associé (retraité, 2019) de sociologie à l'Université du Québec à Montréal. Il a été, à cette même institution, titulaire de la Chaire de recherche du Canada en mondialisation, citoyenneté et démocratie. Il est particulièrement reconnu pour ses travaux en sociologie politique (les sociétés démocratiques) et en études des identités collectives des sociétés francophones d'Amérique (Québec, Acadie, Francophonie canadienne). Joseph Yvon Thériault est aussi professeur émérite de l'Université d'Ottawa où il a enseigné de 1978 à 2008. Il y fut notamment le directeur fondateur du Centre interdisciplinaire de recherche sur la citoyenneté et les minorités (CIRCEM) et titulaire de la Chaire de recherche Francophonie et identité. Il est membre de la Société royale depuis 2004.

Luisa Veronis est professeure agrégée au Département de géographie, environnement et géomatique de l'Université d'Ottawa et titulaire de la Chaire de recherche en immigration et communautés franco-ontariennes. Ses recherches portent sur les géographies sociales et politiques de l'immigration et sur l'intégration des migrants et des groupes minoritaires dans les villes canadiennes. La question des enjeux liés à la mondialisation, au transnationalisme, à la citoyenneté et à la gouvernance est au cœur de ses travaux. Elle a mené plusieurs projets collaboratifs et interdisciplinaires sur l'expérience du territoire dans la région transfrontalière d'Ottawa-Gatineau.

Rachel Walker détient un baccalauréat en anthropologie de l'Université d'Ottawa. Elle s'intéresse aux domaines de la sociolinguistique et de l'anthropologie linguistique, en particulier aux langues minoritaires, au bilinguisme et aux pratiques et identités linguistiques. Elle a été assistante de recherche pour plusieurs projets dans le cadre du partenariat de recherche Immigration et résilience en milieu urbain ; plus précisément, elle a travaillé avec Luisa Veronis sur une étude de quartier pour comprendre les expériences d'établissement et d'intégration des familles immigrantes nouvellement arrivées dans la région d'Ottawa-Gatineau.

Politique et politiques publiques

Directrice de collection : Geneviève Tellier

L'étude de la politique a pris un nouvel essor dans le contexte des débats sur la mondialisation, les nouvelles revendications citoyennes et les transformations de l'État-providence. Dans ce contexte, tant la recherche sur les régimes politiques, les idées et les processus politiques que sur les politiques publiques contribue à renouveler notre regard sur l'évolution des sociétés contemporaines. Les politiques publiques sont aujourd'hui au cœur de l'action politique et étatique. Elles viennent circonscrire les orientations et les objectifs privilégiés par les gouvernements et par l'action citoyenne et collective. L'analyse politique devient plus complexe et dynamique, embrassant une plus grande diversité de phénomènes politiques, sociaux, économiques, culturels et identitaires. La collection *Politique et politiques publiques* constitue un lieu idéal pour accueillir des ouvrages qui font avancer la réflexion sur ces questions au Canada et ailleurs dans le monde.

Œuvres les plus récentes de la collection *Politique et politiques publiques*

Stéfanie Morris, Karina Juma, Meredith Terretta et Patti Tamara Lenard, *Ordinary People, Extraordinary Actions: Refuge Through Activism at Ottawa's St. Joe's Parish*, 2022.

Stéphanie Collin, *Lumière sur la réforme en santé au Nouveau-Brunswick : évolution, jeux d'acteurs et instruments*, 2021.

Diane Saint-Pierre et Monica Gattinger (dir.), *Cultural Policy: Origins, Evolution, and Implementation in Canada's Provinces and Territories*, 2021.

Julien Landry, *Les* think tanks *et le discours expert sur les politiques publiques au Canada (1890-2015)*, 2021.

Hélène Knoerr et Alysse Weinberg (dir.), *Immersion at University Level: Rethinking Policies, Approaches, and Implementations*, 2020.

Sarah Todd et Sébastien Savard (dir.), *Canadian Perspectives on Community Development*, 2020.

Simon Dalby, *Anthropocene Geopolitics: Globalization, Security, Sustainability*, 2020.

Frances Widdowson, *Separate but Unequal: How Parallelist Ideology Conceals Indigenous Dependency*, 2019.

Helaina Gaspard, *Canada's Official Languages: Policy versus Work Practice in the Federal Public Service*, 2019.

Marie Drolet, Pier Bouchard et Jacinthe Savard (dir.), *Accessibility and Active Offer: Health Care and Social Services in Linguistic Minority Communities*, 2017.

John Hilliker, *Le ministère des Affaires extérieures du Canada, Volume I : les années de formation, 1909-1946*, 2017.

Monika Jezak (dir.), *Language is the Key: The Canadian Language Benchmarks Model*, 2017.

Découvrez la liste complète des titres parus
aux Presses de l'Université d'Ottawa :
www.presses.uOttawa.ca